me parut plus animée qu'à l'ordinaire. Ses couleurs étaient ravissantes, et elle avait le sourire sur les lèvres. D'une main elle soutenait la queue de sa robe, et elle avait abandonné l'autre à une foule de femmes qui se pressaient pour la baiser. Celles qui étaient mieux instruites du sort qui l'attendait sanglotaient autour d'elle et la recommandaient en tous cas à la Providence. Rien ne peut rendre ce tableau. Il faut l'avoir vu. Madame Roland répondait à toutes avec une affectueuse bonté; elle ne leur promettait pas son retour; elle ne leur disait pas qu'elle allait à la mort; mais les dernières paroles qu'elle leur adressait étaient des recommandations touchantes. Elle les invitait à la paix, au courage, à l'espérance, à l'exercice des vertus qui conviennent au malheur. Un vieux geôlier, nommé Fontenay, dont le bon cœur avait résisté à trente ans d'exercice de son cruel métier, vint lui ouvrir la grille en pleurant. Je m'acquittai au passage de ma commission de Clavières. Elle me répondit en peu de mots, et d'un ton ferme. Elle commençait une phrase, lorsque deux guichetiers de l'intérieur l'appelèrent pour le tribunal. A ce cri, terrible pour tout autre que pour elle, elle s'arrêta, et me dit en me serrant la main : — « Adieu, monsieur; faisons la paix, il est temps. » — Levant les yeux sur moi, elle s'aperçut que je repoussais mes larmes et que j'étais violemment ému. Elle y parut sensible, mais n'ajouta que ces deux mots : « Du courage ! »

Après avoir entendu son arrêt, elle rentra dans la prison avec cette légèreté d'allure qui la distinguait, et d'un signe énergique, elle fit comprendre à ses compagnons qu'elle était condamnée à mort. C'était le 18 brumaire, c'est-à-dire le 8 novembre [1]. L'exécution, selon l'usage, devait suivre immédiatement la sentence. Au moment du départ, madame Roland embrassa tous les prisonniers de sa chambrée, qui étaient devenus ses amis, et comme l'un d'eux fondait en larmes : « Eh quoi ! lui dit-elle, vous pleurez ! Quelle faiblesse ! » Pour elle, continue le témoin de cette scène, elle était animée, riante ; le feu sacré brillait dans ses yeux. « Eh bien, dit-elle à un autre prisonnier, je vais mourir pour la patrie et la liberté ; n'est-ce pas ce que nous avons toujours demandé ? »

La charrette portait deux victimes : à côté de madame Roland, Lamarche, ci-devant directeur-général de la fabrication des assignats. Ce n'était point un vieillard, comme on l'a dit, mais un homme abattu sous l'horreur de ces derniers moments. Madame Roland lui adressa la parole, l'encouragea ; elle réussit même à le faire sourire. Pendant la partie du trajet qui se faisait le long des quais, elle put jeter un dernier regard sur la maison où elle avait passé son enfance. On arriva enfin sur la place de la Révolution, vers les cinq heures, à la nuit tombante. Madame Roland, par égard pour son compagnon, voulut qu'il la précédât sur l'échafaud. « Montez le premier, dit-elle, vous n'auriez pas la force de me voir mourir ! » Et comme l'exécuteur hésitait à le permettre :

---

[1]. Et non pas le 9, comme le veut M. Faugère, qui, par une seconde erreur, fait mourir madame Roland le 10.

« Pouvez-vous, ajouta-t-elle en souriant, refuser à une femme sa dernière demande? » Son tour vint, ses yeux s'arrêtèrent sur une grande statue de la Liberté qui décorait la place de la Révolution ; c'est alors qu'elle prononça le mot fameux : « O liberté, comme on t'a jouée ! » Ce furent ses dernières paroles. Son corps fut enterré non loin du lieu du supplice, dans le cimetière de la Madeleine ; aucun signe ne marqua sa tombe.

L'histoire ne connaît rien de plus beau que la fin de madame Roland. Jamais on n'a mis plus de bonne grâce dans la mort, plus de simplicité dans l'héroïsme.

Madame Roland avait souvent répété que son mari ne lui survivrait pas. Elle avait bien jugé : en apprenant la condamnation de sa femme, il perdit connaissance. Quelques jours après, le 15 novembre, il sortit de sa retraite, s'assit sur le bord d'un chemin, et se perça le cœur d'une épée.

Buzot, pendant ce temps, était caché à Saint-Émilion. C'est là que lui parvint la nouvelle de son malheur. Il fut durant plusieurs jours dans un désespoir voisin de la folie. « *Elle* n'est plus, écrivait-il dans une lettre récemment retrouvée, — *elle* n'est plus, mon ami ! Les scélérats l'ont assassinée ! Jugez s'il me reste quelque chose à regretter sur la terre ! » Il fit en même temps ses dernières dispositions, chargeant l'ami auquel il écrivait de brûler les lettres de madame Roland qu'il lui avait remises en dépôt, et lui léguant le portrait de cette femme si tendrement adorée. Buzot vécut, du reste, bien des mois encore, se traînant de cachette en cachette : ce n'est qu'au mois de juillet suivant qu'on trouva son corps et celui de Pétion, dans un champ de blé, à moitié dévorés par les loups. Quelques jours de plus, et le 9 thermidor leur aurait sauvé la vie.

La lettre que je viens de citer, et qui était adressée à Le Tellier, montre assez que Buzot et madame Roland n'avaient pas emporté leur secret tout entier avec eux dans la mort. Ce secret avait fini par transpirer. Louvet y a fait allusion dans le *Récit de mes périls* : « Pauvre Buzot, il emportait au fond du cœur des chagrins bien amers, que je connaissais seul, et que je ne dois pas révéler. » Louvet se trompait ; il n'était pas seul à savoir la cause de ces chagrins. Jany était dans la confidence ; il avait même cherché à détourner madame Roland du dessein qu'elle avait formé de parler de cet attachement dans ses Mémoires. « J'apprécie, lui répondait-elle, le sentiment qui vous porte à désirer que mon secret ne soit jamais divulgué. Mais il ne m'est plus permis de me taire. Il est connu, il a été dénaturé, j'ai été calomniée. » Il est étrange d'après cela que le souvenir de cet attachement, ou plutôt du nom de celui qui en était l'objet, n'ait pas été mieux conservé. On savait vaguement que l'héroïne avait aimé ; les traces n'en avaient pas été si bien effacées de ses écrits qu'on ne les eût remarquées ; mais la tradition qui nommait Buzot est précisément celle qui avait le moins de cours. Il a fallu une rencontre extraordinaire de circonstances pour restituer cet épisode à l'histoire.

Les Mémoires de madame Roland parurent deux ans

après sa mort, et ajoutèrent à l'éclat de son nom. Madame Roland n'avait jamais aspiré à être auteur. Elle ne l'est devenue que par circonstance, pour servir la cause à laquelle elle s'était vouée; par passe-temps, pour se distraire pendant les cinq mois que dura sa prison; par nécessité, enfin, pour se justifier des accusations de ses ennemis. Ses Mémoires, à l'origine, devaient être purement politiques; elle finit par y joindre le récit de sa vie privée, qui en est devenu la partie la plus célèbre. J'en ai déjà indiqué le principal défaut : madame Roland a eu trop constamment devant les yeux le modèle que lui fournissaient les *Confessions* de Rousseau. Elle s'est trop complétement inspirée de ce livre. Elle en a tout imité, les aveux compromettants, les récits, les descriptions, les portraits, les réflexions morales un peu sentencieuses, les apostrophes un peu déclamatoires. La conséquence en est, qu'en dépit d'un talent véritable, d'une manière assez vive et personnelle, nous n'avons dans ces Mémoires, si j'ose ainsi parler, qu'une formation secondaire. Or c'est là un grand défaut; ou, si l'on veut, un grand malheur dans les lettres : on n'y accorde le premier rang qu'à l'originalité, et, dans les meilleures copies, on se préoccupe moins de l'artiste que de son modèle. Madame Roland, d'ailleurs, écrit mal. Je ne veux pas parler des incorrections fréquentes, presque grossières, mais qui portent leur excuse avec elles dans des feuilles écrites pour ainsi dire au pied de l'échafaud. C'est le fond même du style qui est mauvais chez madame Roland, c'est l'exubérance des épithètes, ce sont les vilains mots abstraits dont la Révolution a inondé le pur et charmant français du XVIII₎ siècle, c'est le tour oratoire et l'emphase. Ce qui n'empêche pas que souvent, lorsque le courant d'un sentiment très-vrai ou très-puissant vient à passer par là, ce style, un peu trouble, ne prenne tout à coup de l'éclat ou du charme, et ne nous donne d'admirables pages. Les Mémoires ressemblent assez à la personne même de madame Roland : il y a de la force, il y a de l'agrément, mais l'impression générale est incertaine, mêlée, et l'ensemble manque de goût et d'une entière distinction.

Essayons, en terminant, de tracer le portrait de l'héroïne. Aussi bien, est-ce un tort peut-être que de vouloir trouver un livre dans les Mémoires : ce qu'on doit y chercher, ce qu'on y trouve certainement de plus mémorable, c'est l'auteur elle-même.

Madame Roland était-elle jolie? Pour nous représenter ce qu'elle était, vers le commencement de la Révolution, à l'âge de trente-cinq ans, nous nous garderons de consulter la toile d'Heinsius, au palais de Versailles; c'est un portrait de fantaisie, où il est impossible de reconnaître un seul des traits de l'orginal. Nous ne nous arrêterons pas davantage devant le profil que M. Plon a mis en tête de son édition des Mémoires : le dessinateur s'est inspiré de diverses gravures, ce qui est un procédé arbitraire, et d'autant moins acceptable ici que madame Roland a protesté contre tous les portraits qu'on avait faits d'elle ; elle va jusqu'à dire qu'aucun ne donne l'idée de sa personne. Mais nous avons, pour suppléer aux représentations graphiques, la description qu'elle a elle-même tracée, et les souvenirs de plusieurs personnes qui l'ont connue. Or ces rapports s'accordent assez bien. Madame Roland, cela est clair, s'était fort regardée dans la glace; elle s'était étudiée, analysée avec soin; mais elle a mis à se peindre la sincérité qui lui était naturelle, et il ne paraît pas qu'elle se soit flattée.

Le régistre d'écrou de Sainte-Pélagie lui donne une taille de cinq pieds. Elle n'était donc pas grande, mais elle était bien faite; elle avait l'embonpoint de la santé et beaucoup de fraîcheur. Ses traits se distinguaient moins par la régularité que par l'agrément : le front large et indiquant la pensée, la bouche un peu grande, mais garnie de belles dents, le nez un peu gros, le menton rond et retroussé, l'œil à fleur de tête, les cheveux longs et flottants. Les yeux, comme les cheveux, étaient châtain foncé. Sur ce point, il ne peut y avoir de doute, malgré l'assertion de son compagnon de la Conciergerie, le comte Beugnot, qui lui donne des cheveux blonds et des yeux bleus. Et puis, qu'on vienne nous parler de témoignage oculaire et de certitude historique! Il est vrai d'ajouter que M. de Lamartine a cru pouvoir concilier les autorités : « Des yeux bleus, dit-il, qu'avait brunis l'ombre de la pensée. »

Aux traits que je viens d'énumérer, il faut joindre un teint coloré, un sourire charmant, un beau regard, ouvert, franc, vif. Sa figure offrait un mélange de douceur, d'esprit et de naïveté. Elle conserva toujours un certain air d'adolescence. Sa démarche était légère ; elle ne pouvait sortir d'une voiture sans sauter. Ses manières avaient la simplicité et le naturel plutôt que l'aisance du grand monde. Avec tout cela, un sang bouillant, des nerfs excitables; un tempérament ardent, voluptueux même, c'est elle qui le dit; des alternatives de langueur et de gaieté, d'activité et d'abattement; une disposition caressante ; le besoin d'être distinguée, chérie ; une union rare de retenue et de grâce, de modestie et de tendresse. On le voit, la beauté de madame Roland était une beauté d'expression, celle qui vient de l'intelligence et de l'âme, celle que tout le monde ne sent pas et ne goûte pas. Camille Desmoulins, par exemple, s'étonnait qu'elle eût des adorateurs. « Il a eu raison, dit-elle fièrement à cette occasion; je ne lui ai jamais parlé ! »

La voix de madame Roland se distinguait par un timbre sonore, sa parole par une sorte de prosodie musicale, qu'ont remarqués tous ceux qui l'ont connue. Ils n'ont pas été moins frappés de son éloquence. Elle parlait bien, presque trop bien, avec une élégance, un choix de termes qu'on aurait voulu moins parfait. « Esprit, dit Lemontey, bon sens, propriété d'expressions, raison piquante, grace naïve, tout cela coulait sans étude entre des dents d'ivoire et des lèvres rosées. » Parfois, cependant, cette conversation puisait de l'éclat dans les accents d'une sincérité passionnée. Madame Roland se piquait de la raison des sages, mais elle saisissait les idées avec son imagination et les allumait de son enthousiasme. Cette exaltation avait ses inconvénients :

de l'engouement, des préjugés, peu de connaissance du monde, beaucoup d'aveuglement sur le compte des hommes qui l'entouraient. Sa politique est toute affaire de sentiment. Les vertus des hameaux et la tyrannie des rois, tel est le fond de son *credo* républicain.

J'ai noté, chemin faisant, bien des disparates dans le caractère de madame Roland. Je n'en connais guère de plus contradictoire en apparence, qui échappe plus lorsqu'on croit le tenir, qui tour à tour déroute davantage la critique et l'admiration. Il y a de tout chez cette femme: elle unit la grâce de son sexe à la sagesse du philosophe et à la virilité du tribun ; elle a la douceur et l'héroïsme; elle doute par l'esprit et elle croit par le cœur ; elle est à la fois inoffensive et haineuse, bonne et injuste, calme et exaltée, sensée et extravagante, ravissante et vulgaire, virginale et passionnée. Elle est maîtresse de ses sens sans l'être de son cœur; elle connaît la tendresse qui trouble et dédaigne celle qui s'abandonne. Il y a dans ses facultés plus de diversité que de richesse, plus de richesse que d'équilibre, plus d'équilibre que d'harmonie; du reste, fermée à tout ce qui est petit, lâche, déshonorant; nature franche et vivante; santé de l'esprit et de l'âme; au total, noble et superbe créature ! Riouffe a bien dit : madame Roland est l'un des miracles de la Révolution.

On parle souvent du sang qu'a versé la Révolution, et je suis du nombre de ceux à qui ce sang fait horreur. Je ne sais cependant si je n'ai plus de dégoût encore pour les niaiseries, les lâchetés, la boue dont elle est restée aussi tachée. Il y a des moments où les instincts généreux qui donnèrent l'impulsion au mouvement, où les principes importants qui se sont dégagés de la mêlée, ne suffisent pas à voiler tant de ridicule et de bassesse. On éprouve le besoin de s'assurer qu'au milieu même de ces saturnales, la vertu humaine ne s'est pas laissée sans quelque témoignage; et alors, chose étrange, ce sont des femmes qui attirent et consolent le regard : c'est Marie-Antoinette et sa dignité dans le martyre; c'est Charlotte Corday, qui nous a fait accepter, admirer l'assassinat; c'est madame Roland, enfin, avec son grand cœur et ses illusions sublimes.

XIV

LES LOISIRS D'UN MAGISTRAT

M. le procureur-général de la cour de cassation a toujour eu l'ambition de représenter en sa personne les anciennes traditions de la magistrature française. Il a pris pour modèles ces graves génies qui ont honoré la robe, les l'Hospital, les Domat, les d'Aguesseau : comme eux, il a de bonne heure associé les études religieuses aux travaux du jurisconsulte. Il a réuni en sa personne le ministère de la loi divine et celui de la loi humaine. Spectacle touchant! La même main qui foudroyait naguère l'assurance sur la vie, lance aujourd'hui ses traits contre les témérités de la critique. Quel que soit le danger social qui nous menace, M. le procureur-général est toujours là.

Le volume dont je veux entretenir mes lecteurs m'en a remis un autre en mémoire. M. Dupin a publié, en 1858, des *Règles de droit et de morale tirées de l'Écriture sainte* [1], manuel d'un contenu varié, d'un emploi commode, d'un format portatif, et que je m'étonne de

---

1. *Mises en ordre et annotées* par M. Dupin, docteur en droit, etc., in-18.

ne pas voir plus répandu. Qui n'éprouve, en effet, le besoin d'avoir un *corpus theologiæ* dans sa poche? Qui ne se trouve souvent dans des circonstances où un texte de l'Écriture sainte, appliqué à propos, suffirait pour le tirer d'embarras? C'est à ces besoins, si généralement sentis, que M. Dupin a entrepris de satisfaire. Il a voulu, dit-il, « présenter un corps de doctrine dans lequel le lecteur puisse trouver aisément ces maximes dont l'invocation est une force pour ceux qui savent les alléguer à propos. »

Le manuel de M. Dupin se compose de passages des saintes Écritures, rangés sous cinq chefs, distribués en titres, sections et paragraphes, portant chacun un numéro d'ordre, et formant ainsi une espèce de supplément aux cinq Codes. La seule différence, c'est que les articles nous sont donnés ici sur deux colonnes, en latin et en français. Utile innovation et dont le but est facile à saisir: le texte français est pour ceux qui ne savent pas le latin, et le texte latin pour ceux qui ne savent pas le français. Tout le monde, de cette manière, est sûr d'y trouver son compte. Les petits livres de M. Dupin sont comme la bénédiction du souverain-pontife; ils s'adressent *urbi et orbi*.

La méthode de l'auteur entraînait un inconvénient. Des passages de la Bible, pris au hasard, séparés du contexte, devaient offrir quelque obscurité. M. Dupin a paré à cette difficulté en joignant un commentaire à son texte. Ce commentaire, d'ailleurs, ne sert pas seulement à éclairer le sens. Ce n'est pas même son principal usage. M. Dupin a eu une idée très-originale, et qui montre à quel point l'alliance de la théologie et du droit peut devenir féconde. Ses notes, dit il, « ont pour objet principal d'établir une *conférence* des textes bibliques avec la loi romaine et la loi française, là où ils se rencontrent et peuvent s'éclairer mutuellement. »

Au surplus, tout en se renfermant dans ces limites, M. Dupin a su, dans ses notes, glisser une foule d'observations très-piquantes, très-actuelles, brûlantes d'à-propos. L'histoire contemporaine, par exemple, y revit tout entière. Il faut voir tout ce que l'auteur a mis là d'esprit et d'érudition.

Simon Machabée fait un discours au peuple : Vous savez, dit-il, combien nous avons combattu, etc. « Voilà, fait remarquer M. Dupin, une *circulaire électorale* fondée sur de nobles motifs. »

Un prophète se plaint des fraudes dont les places publiques sont le théâtre : « *De plateis ejus*, suggère le commentateur ; il semble qu'il s'agisse ici de quelque agiotage pratiqué à la Bourse de Jérusalem, *sur la place.*» L'érudition a-t-elle jamais trouvé un jeu de mots plus piquant ?

Jérémie annonce aux Juifs l'invasion d'un peuple étranger et dont la langue leur sera inconnue. « *Cujus ignorabis linguam*, dit notre légiste : des Cosaques, des Kalmouks ; » et il éclaircit sa pensée par un couplet d'une chanson de Béranger.

Josué fait périr cinq rois dans une caverne ; exemple bien propre, selon M. le procureur-général, à fermer la bouche à ceux « qui blâmeraient le général Pélissier, lorsqu'il commandait en Algérie, d'avoir ainsi renfermé et fait périr dans une caverne des Arabes qui s'y étaient réfugiés, et qu'il y fit brûler en représailles d'un massacre exercé par eux sur des Français. » On remarquera cette belle langue du barreau : exercer des massacres sur un peuple !

Mais c'est l'histoire de la seconde république que M. Dupin se plaît surtout à retrouver dans les livres saints. Il y a un passage du Deutéronome qui porte : Vous tremblerez jour et nuit. « *Nocte et die*, s'écrie notre magistrat ; que ceux qui les ont vues se rappellent les journées et les nuits de juin 1848! »

Je citerai encore la note qui accompagne la parabole des vignerons meurtriers. « Ce propriétaire a loué sa vigne à des cultivateurs qui, en se constituant ses locataires et ses redevanciers, ont bien reconnu par là qu'ils allaient jouir de la *chose d'autrui*. Mais ils ne pouvaient en jouir que moyennant une *redevance*, une *part des fruits* : et c'est pour s'affranchir de cette obligation qu'on va les voir conspirer entre eux la mort des agents et du fils du propriétaire, afin de demeurer gratuitement les maîtres de la propriété. C'est ce procédé qu'il s'agissait de généraliser en 1848 (Prédications du Luxembourg) : Pendons le propriétaire, et nous ne paierons plus de loyer ! Sous le premier Empire, un auteur dramatique faisait dire à un propriétaire avec beaucoup plus de raison : Quand on ne veut pas payer de loyer, il faut avoir une maison à soi. »

Cette dernière remarque me semble le chef-d'œuvre du genre. A moins peut-être que le lecteur ne préfère la suivante. Il est question d'un sceptre de gloire, *baculus gloriosus*. « *Baculus gloriosus*, insinue M. Dupin; ceci pourrait servir d'épigraphe à l'éloge d'un maréchal. »

L'ouvrage se termine par un appendice où l'auteur a rangé des expressions et des passages de l'Écriture sous diverses rubriques et sous forme de dictionnaire. En voici des exemples : « CLUBS. Des assemblées de sang, *conventicula de sanguinibus.* » — FEMME (mauvaise). Il est bon de tenir tout sous clef lorsqu'on a une méchante femme. *Eccl.* XLII, 6. » — « VIVAT. Qu'il vive éternellement ! Vive le roi ! 1 *Reg.* X, 24. » Ainsi il n'est pas un mot qui ne suggère à M. Dupin quelque application piquante, quelque allusion ingénieuse. Telle est la puissance d'une érudition saine servie par une imagination brillante ; l'auteur ne peut ouvrir les Prophètes ou les Apôtres sans voir surgir de leurs écrits, tantôt des conseils pour les maris mal partagés, tantôt des réminiscences de notre histoire contemporaine.

Quelques services que ce volume fût appelé à rendre à la société, M. Dupin n'a pas cru avoir assez fait en le publiant. Il a compris que son œuvre n'était pas complète. Après nous avoir offert les règles de la morale il nous devait celles de la foi. Il nous avait appris ce qu'il faut faire, restait à dire ce qu'il faut croire. De là un nouveau petit livre, qui porte le titre de *Jésus devant Caïphe et Pilate*, mais qui, selon l'habitude de M. Dupin, donne infiniment plus qu'il ne promet. Vous n'y cherchez qu'une dissertation sur le procès de Jésus-Christ,

22.

vous y trouvez un manuel complet de la religion chrétienne [1].

On y trouve bien d'autres choses encore. Essayons de faire l'inventaire de toutes ces richesses. Il importe que le lecteur sache ce qu'on lui donne pour son argent.

En premier lieu, l'acheteur reçoit une réimpression de la fameuse réponse de M. Dupin à M. Salvador, au sujet de la condamnation de Jésus. Cet opuscule, qui parut pour la première fois en 1828, pourrait sembler un peu vieilli aujourd'hui. M. Dupin n'est point de cet avis. Loin de là, il est persuadé que sa dissertation est le résumé et comme le dernier mot de la défense du christianisme. Un nouvel incrédule paraît-il? vite, une nouvelle édition de la brochure. Cela répond à tout. M. Salvador est resté sous le coup ; M. Strauss, dit-on, en a souffert ; M. Renan, à son tour, va y laisser ses lauriers.

Il est vrai que M. Renan n'a pas adopté la thèse de M. Salvador et que dès lors l'écrit de M. Dupin ne lui paraît pas applicable. Mais c'est justement là qu'il faut admirer la souplesse d'esprit de M. le procureur-général et l'habileté des transitions au moyen desquelles il établit l'accord entre les diverses parties de ses ouvrages. La brochure sur M. Salvador se termine par le fameux mot de Rousseau : « Oui, si la vie et la mort de Socrate sont d'un sage, la vie et la mort de Jésus sont d'un dieu. »

---

1. *Jésus devant Caïphe et Pilate, ou Procès de Jésus-Christ, suivi d'un choix de textes*, etc. — Juin, 1864.

D'un dieu ! vous l'entendez. Or l'ouvrage de M. Renan, « ce nouvel Arius, » ne tend-il pas à dépouiller le Christ du caractère divin ? « Une telle audace, confondue jadis par Athanase et par les pères du conseil de Nicée, a déjà soulevé de nobles indignations ; les réfutations dogmatiques, les prédications apologétiques ne feront point défaut à la défense de la foi chrétienne. » Ainsi s'exprime M. Dupin, et, nouvel Athanase, le voilà qui rassemble tous les textes propres à montrer que Jésus « est engendré de Dieu et participant de sa substance, *consubstantialem patri.* » Voilà donc de quoi se compose la seconde partie du volume. Elle contient « les principaux fondements de la religion chrétienne extraits des saintes Écritures, et classés pour son usage personnel et celui de ses amis dans la foi, par A.-M.-J.-J. Dupin, *quos ad usum proprium amicorumque ejusdem fidei participantium è sacris Scripturis excerpere et colligere curavit,* etc. Conformément à son usage constant, M. Dupin a soin ici encore de mettre le latin et le français en regard. Les matières, du reste, ne se suivent pas dans un ordre très-rigoureux. Il y a un chapitre sur la fausse philosophie, un extrait de la messe des morts, puis enfin certaines pièces rares et depuis longtemps épuisées, telles que le Symbole des Apôtres, celui de Nicée, celui d'Athanase. On lit dans ce dernier que « la foi catholique nous oblige à adorer un seul Dieu en trois personnes et trois personnes en un seul Dieu, sans confusion des personnes, ni division de substance ; » le Symbole ajoute que celui qui ne conserve pas cette foi « dans tous ses points et dans toute sa pureté périra infailliblement pour l'éternité. » Telles sont les convictions éclairées auxquelles les méditations d'une longue carrière ont amené M. Dupin.

Nous avons déjà le Procès du Christ et une collection de textes sur le mystère de la Trinité, deux opuscules « qui se complètent l'un par l'autre et se prêtent un mutuel appui. » Ce n'est pas tout. M. Dupin, considérant que la charité est une chose « nécessaire à tout le monde, » a rassemblé tous les passages de l'Écriture relatifs à la charité. Ces exhortations, il faut le dire, font un assez singulier effet à côté du Symbole de saint Athanase, qui tout à l'heure damnait les dissidents avec si peu de mansuétude. On se demande aussi pourquoi M. Dupin a mis la charité dans son petit livre, et n'y a pas mis les autres vertus chrétiennes qui, elles aussi, sont nécessaires à tout le monde. Du moment, en effet, qu'il prenait l'utilité de tel ou tel sujet pour principe de la composition de son volume, on ne voit vraiment pas pourquoi il a oublié les deux autres vertus théologales, les quatre vertus cardinales, des avertissements contre les sept péchés capitaux, voire des maximes d'économie domestique ou des recettes pour faire les confitures. Tout cela est utile ; ce n'est qu'une affaire de plus ou de moins, et l'on a de la peine à comprendre que M. Dupin se soit arrêté en route.

Je n'étonnerai personne, du reste, en disant que M. Dupin n'a pas traité tant de graves sujets sans y mêler les agréments de son esprit, et même parfois sans faire les plus intéressantes découvertes. On lui doit entre autres un très-bel exemple du calembour appliqué au déchiffrement des documents historiques. Il est parvenu, au moyen de cette méthode, à constater qu'une de nos institutions charitables est originaire de l'Égypte et a été établie par Dieu en personne. Voici, en effet, ce qu'on lit à la page 219 du volume, à propos des sages-femmes du royaume de Pharaon, qui avaient refusé de noyer les enfants mâles des Israélites : « (Hospices de la Maternité). Et parce que les sages-femmes avaient craint Dieu, *il établit leurs maisons* Exod. I, 21. »

Continuons notre inventaire. Les maximes relatives à la charité sont suivies d'une collection de prières. Le lecteur reconnaissant y trouvera le *Pater noster*, l'*Ave Maria*, le *Domine salvum fac regem*. Il me semble que M. Dupin aurait bien pu mettre *imperatorem*. Il est vrai qu'il traduit *rex* par *celui qui règne*, au moyen de quoi la prière restera appropriée à tous les régimes.

Cette partie du recueil se termine par les *suffrages* que divers prélats ont adressés à M. Dupin, en recevant le fruit de ses labeurs théologiques. Je me contenterai d'en citer un, celui de Mgr le cardinal Dupont, archevêque de Bourges. Il est ainsi conçu : « Colligés par une main habile, ces textes sacrés sont un *élixir*. (Ce n'est pas moi qui souligne.) L'usage n'en pourra être que fort salutaire à l'âme : elle s'y ravivera. » Le lecteur ne trouve-t-il pas que la métaphore tirée de l'élixir est poursuivie par le prélat avec bien de l'agrément ?

Sommes-nous au bout ? Pas encore. M. Dupin a éprouvé le besoin de mettre son volume sous la pro-

tection de la Vierge. Il le termine donc par l'histoire de
la chapelle de Notre-Dame du Morvand. C'est M. Dupin
lui-même qui a fait construire cet édifice sur une montagne dite du *Banquet*, au centre d'un magnifique panorama. Il faut savoir que M. Dupin a pour prénoms
Marie-Geneviève, et que, par conséquent, la Vierge
est sa patronne. Souvent, en regardant le sommet du
Banquet, « à l'heure de l'*Angelus*, quand le soleil,
déjà disparu pour les hameaux de la plaine, dorait
encore la cime de la montagne, » il avait regretté
qu'aucun signe religieux ne vînt rompre la monotonie
de ce lieu élevé. La difficulté était d'acquérir les diverses parcelles de terrain nécessaires pour la construction de l'édifice. Le paysan morvandiau est naturellement défiant, il s'imaginait qu'on voulait placer des
canons sur la hauteur pour mieux dominer la contrée.
On finit par le rassurer, et la chapelle fut construite.
M. Dupin, dans sa reconnaissance, se croit obligé de nous
donner les noms et adresses de tous ceux qui ont concouru à la construction et à l'ornementation de l'édifice,
jusqu'à celle du serrurier qui a fourni la croix, jusqu'à
celle du zingueur qui a couvert le toit. Vient ensuite le
récit de l'inauguration. Elle fut faite par Monseigneur
l'évêque de Nevers. Il ne s'agissait de rien moins, selon
le prélat, que « de proclamer Marie *souveraine du Morvand*. » Il ne faut pas croire cependant que cette dénomination cachât les préoccupations d'un des vieux
partis. Bien loin de là, « Monseigneur développa la
parole de l'Empereur, l'*Empire c'est la paix*, et il en

fit une admirable application à la Sainte-Vierge, en montrant que son empire sur les âmes est la paix des intelligences qu'elle éclaire, la paix des cœurs qu'elle console, et la paix des consciences dont elle est le refuge. » Des brefs du pape ont attribué à la chapelle de Notre-Dame du Morvand des indulgences pour ceux qui la visiteraient avec les intentions convenables. Disons enfin qu'une gravure sur bois présente l'image de cet édifice, sur lequel, n'était la modestie du fondateur, on aurait pu inscrire : *Mariæ erexit Dupin.*

Pour le coup, nous voici au bout du livre de M. Dupin. Le lecteur a pu juger de la puissance de conception qui a réuni tant de sujets en apparence hétérogènes : une brochure de droit, des textes sur la Trinité, des exhortations morales, un discours de Monseigneur de Nevers, la description d'une chapelle, l'adresse d'un serrurier et d'un zingueur. Le lecteur a pu s'assurer en même temps qu'il ne faut pas mesurer l'importance du livre à son étendue. Quel malheur que M. le procureur-général soit du nombre des Quarante et se trouve ainsi exclu des concours de l'Académie ! Et que l'illustre compagnie, après avoir naguère refusé un de ses prix à M. Taine, aurait eu bonne grâce à couronner M. Dupin ! Les livres de celui-ci sont moins gros, mais combien la matière en est plus grave ! Les études de l'auteur sont moins approfondies, mais combien elles sont plus variées ! Je veux bien que la pensée y soit moins originale, mais on m'accordera que les tendances en sont plus orthodoxes. Donner le prix à M. Taine, c'eût été tout simplement couronner un savant et un écrivain ; en plaçant un laurier sur le front de M. Dupin, l'Académie aurait rendu hommage à un magistrat qui, non content d'avoir réédité le *Pater* et le *Credo*, a porté le culte de l'Immaculée jusque sur les sommets du Morvand !

XV

L'HISTOIRE DE CÉSAR

La publication de ce volume comptera parmi les faits notables du règne de Napoléon III. C'est proprement un acte sans précédent. Si plusieurs souverains ont manié la plume, aucun ne l'a fait dans des circonstances semblables et n'en a appelé avec tant d'éclat à l'opinion publique de son temps. Il n'y a point de comparaison à établir entre un pareil ouvrage et les écrits théologiques d'un Henri VIII ou d'un Jacques Ier. Il n'y en a pas davantage à faire entre le « philosophe bienfaisant » descendu du trône de la Pologne, et un empereur assis sur celui de France. Louis XIV a laissé des papiers d'État et Napoléon Ier des Mémoires militaires, mais ces documents n'ont paru qu'après la mort de leurs auteurs. Tout au plus pourrait-on citer ici les *Mémoires de Bran-*

---

1 *Histoire de Jules César*, tome 1er, Paris, 1865.

debourg, et encore l'analogie paraît-elle bien légère lorsqu'on se rappelle que Frédéric-le-Grand écrivait dans une langue qui n'était point celle de son peuple, et qu'il s'adressait, pour tout public, à quelques beaux-esprits de l'étranger. Ce qui me paraît, en effet, former l'originalité du livre qui va nous occuper, ce n'est pas seulement que l'auteur soit un chef de dynastie et l'un des arbitres du sort de l'Europe ; ce n'est pas qu'un souverain si haut placé n'ait point cru déroger à son rôle en se livrant à de minutieuses recherches d'érudition ; c'est le fait même d'une publication hasardée dans des circonstances si périlleuses.

Étrange spectacle, en vérité, et, comme je le disais en commençant, l'un des plus extraordinaires que nous ait donnés un règne fécond en imprévu ! Voici un prince qui, par la Constitution dont il a doté la France, a appelé sur sa propre personne la responsabilité directe de tous ses actes ; un prince qui, par la puissance dont il dispose, éveille assurément à l'étranger plus d'inquiétude que de sympathie ; et comme si ce n'était pas assez d'un pareil fardeau, voici ce prince qui n'hésite point à se jeter dans le domaine des lettres, à s'exposer aux critiques des gens du métier, à fournir une satisfaction maligne à quiconque pourra le convaincre d'une inexactitude dans les faits ou d'une impropriété dans les termes ; qui, enfin, ne se livre pas seulement à ce sort commun des auteurs, mais s'y livre plus désarmé qu'un autre, et se met dans cette position vraiment ingrate, d'être obligé de remporter un succès littéraire ou de subir un amoindrissement de dignité.

On m'en croira : plus le monarque semble se découvrir aujourd'hui dans la personne de l'écrivain, moins, pour ma part, j'éprouve d'empressement à en profiter. C'est en historien que le chef de l'État s'offre à nous aujourd'hui, et c'est en historien qu'il sied de le traiter. Il y aurait un égal manque de convenance, ce me semble, à aduler et à attaquer en lui le souverain, lorsque, pour un jour, il consent à être jugé comme un simple citoyen de la république des lettres.

Après quoi, il faut bien reconnaître que l'auteur a rendu la tâche de la critique plus délicate qu'il ne le pense lui-même. Son livre est une histoire, il est vrai, mais une histoire qui est en même temps une justification de César, et une justification de César qui est en même temps une apologie dynastique. Il en est un peu du héros de l'ouvrage comme du portrait dont le crayon de M. Ingres l'a orné ; le vainqueur de Pharsale prend çà et là un faux air de Napoléon, et, comme si cela n'était pas encore assez, on distingue dans l'image de ce dernier lui-même plus d'un trait qui se confond avec ceux de son héritier actuel. Il y a donc dans le livre plusieurs intentions qui se superposent, et il est impossible d'y séparer l'histoire ancienne de l'histoire moderne. Ainsi l'a voulu l'écrivain. Son but, il ne s'en est point caché, a été de faire de la biographie de César un plaidoyer en faveur d'une thèse de politique contemporaine.

Nous verrons tout à l'heure quelle est cette thèse; commençons par dire quelques mots du récit où elle ira puiser ses arguments.

Il ne faut pas croire que ce récit disparaisse sous les préoccupations dont j'ai parlé. Non, nous avons ici une histoire pour tout de bon, très-sérieuse, très-étudiée Elle l'est presque trop, en un sens, puisque cette vie de César remonte jusqu'aux origines de Rome, nous retrace pas à pas les développements de la république, et nous offre jusqu'à une description complète du bassin de la Méditerranée. De là un certain manque de proportion entre l'ouvrage et cette introduction, qui est à elle seule toute une histoire romaine. Quant à la narration, elle est grave, austère, un peu sèche. J'en louerais davantage la clarté, si j'y avais trouvé une idée parfaitement nette des révolutions politiques, et, par exemple, de la restauration opérée par Sylla, ou même du dessein poursuivi par César. Il faut moins encore y chercher les récits animés, les portraits vivants, les traits de l'éloquence. L'auteur, on le dirait, s'est fait scrupule de sacrifier aux grâces, et les modèles qu'il semble s'être proposés sont les Mémoires de l'Académie des Inscriptions, plutôt que ces ouvrages où un art éminemment français a marié les agréments du style aux recherches de la science.

Voici donc le grand et réel mérite de l'*Histoire de Jules César*, c'est un recueil de laborieuses recherches sur l'histoire romaine. Je hasarderai cependant une remarque. La science historique se compose de deux choses: l'érudition qui rassemble les témoignages et la critique qui les pèse. Or, c'est par l'érudition que l'ouvrage dont nous parlons se distingue principalement. L'esprit critique y fait parfois défaut. Ainsi l'auteur, tout en rejetant les fables qui enveloppent les premiers temps de Rome, retient l'opinion qui fait durer la royauté deux cent quarante-quatre ans, tandis qu'il est bien clair que cette date tombe avec l'histoire de Romulus. On s'étonne également de voir les discours fictifs que Salluste et Tite-Live mettent dans la bouche de leurs personnages, reproduits ici de confiance, absolument comme si le sénat romain avait eu des sténographes et un *Moniteur*. Ce n'est pas tout : notre historien ne distingue pas entre les autorités ; il ne les classe pas selon le degré de confiance que chacune mérite ; il puise avec un empressement trop égal dans des sources de premier ordre et dans de simples recueils d'anecdotes tels que les biographies de Plutarque et de Suétone. Au reste, j'ai hâte de le dire, ces objections de détails ont peu d'importance, en comparaison de celles que soulèvent les principes généraux professés par l'illustre historien.

Le plus considérable de ces principes est celui-ci : le moyen d'arriver à la vérité, en écrivant l'histoire, n'est autre que de suivre la logique. Ce principe, pour dire le moins, me semble paradoxal. On avait généralement pensé, jusqu'ici, que le moyen d'arriver à la vérité historique était de réunir les documents originaux, de les comparer et d'en tirer les faits ; de distinguer, parmi ces faits, ceux qui sont certains, ceux qui sont douteux et ceux qui doivent être rejetés ; de les reproduire, enfin, autant que possible, sous leur physionomie originale et dans leur enchaînement naturel. Au milieu de ces délicates opérations, le premier devoir de l'historien, croyait-on, était de s'abstenir de toute vue systématique. On supposait qu'il ne pouvait jamais assez se dépouiller de lui-même, ni trop éviter d'enfermer les faits dans des catégories logiques, parce que la logique, quoi que nous en ayons, c'est toujours notre logique, et qu'appliquer aux faits des règles de cette nature, c'est risquer d'introduire dans l'histoire les fantaisies du jugement individuel. Il y a deux choses, en effet, qui nous débordent de toutes parts et qui nous déborderont éternellement : la nature et l'histoire, et c'est pourquoi la disposition la plus convenable à l'historien, aussi bien qu'au naturaliste, est la patience qui ne se lasse jamais d'interroger la réalité, comme la plus dangereuse est la hardiesse qui ramène les choses à des conceptions *à priori*.

Je ne demande pas mieux, du reste, que de suivre l'auteur dans l'application qu'il fait lui-même de son principe. Cette application est double : il veut que la logique détermine l'appréciation des faits et qu'elle préside au jugement porté sur les grands hommes.

Je commence par les faits. Que demandent ici les règles de la logique ? Elles demandent, nous dit-on, qu'un grand effet soit toujours rapporté à une grande cause; ou, ce qui revient au même, que dans les grands événements nous reconnaissions « leur raison d'être impérieuse. » Mais pourquoi borner cette règle aux grands événements et aux grandes causes ? La logique, si je ne me trompe, exige que nous généralisions et, dès lors, que nous formulions ainsi le principe invoqué par l'auteur : tout effet a une cause, et la cause de chaque effet est toujours proportionnée à ce dernier. D'un autre côté, il est impossible d'exprimer ainsi le principe dont il s'agit sans s'apercevoir que l'histoire n'en saurait tirer parti. Je n'ignore pas qu'on a quelquefois parlé de petites causes comme ayant produit de grands effets, mais ceux qui se sont servis de ces termes, ne les ont pas employés dans un sens rigoureux, et ont confondu l'occasion, qui peut être hors de proportion avec les événements qu'elle détermine, et la cause qui est nécessairement toujours égale à l'effet produit, puisque, au fond, elle ne fait qu'un avec lui. Au surplus, l'auteur de l'*Histoire de Jules César* s'est lui-même chargé de nous montrer que l'axiome dont il s'agit n'est qu'une espèce de tautologie. Quand on dit que les rois de Rome ont disparu parce que leur mission était accomplie (p. 21), cette proposition n'ajoute rien au fait de la disparition des rois, puisque, s'ils avaient subsisté plus longtemps, nous aurions été obligés d'en conclure que leur mission n'était pas encore épuisée. Quand on affirme que si un petit État, tel que la république romaine, parvint à s'élever au-dessus des autres, cet État devait avoir en lui des éléments particuliers de supériorité (p. 61), cette assertion ne jette aucune lumière sur les causes de la supériorité des Romains, mais nous apprend tout simplement que le fait a eu une cause, et une cause suffisante, ce qui s'entend de soi-même pour peu qu'on ait une teinture de l'art de raisonner. Mais le passage le plus propre à montrer que le nouveau principe n'est proprement qu'une pétition de principe, c'est le suivant : « Cet aperçu rapide des maux déjà sensibles qui travaillaient la société romaine nous conduit à cette réflexion : Le sort de tous les gouvernements, quelle que soit leur forme, est de renfermer en eux des germes de vie qui font leur force, et des germes de dissolution qui doivent un jour amener leur ruine. Suivant donc que la République fut en progrès ou en décadence, les premiers ou les seconds se développèrent ou dominèrent tour à tour : c'est-à-dire, tant que l'aristocratie conserva ses vertus et son patriotisme, les éléments de prospérité prédominèrent ; mais, dès qu'elle commença à dégénérer, les causes de perturbation prirent le dessus et ébranlèrent l'édifice si laborieusement élevé. » Cela rappelle la célèbre définition de Bichat, d'après laquelle la vie est l'ensemble des forces qui s'opposent à la mort. Et que sera la mort ? L'ensemble des forces qui s'opposent à la vie ? Ne nous voilà-t-il pas bien avancés !

Je passe à la seconde application de la logique à l'histoire. Elle concerne les hommes dont l'influence sur leur siècle atteste le génie. La puissance de leur conception une fois reconnue, l'auteur demande qu'on s'incline ; et, comme la grandeur des vues ne fait qu'un pour lui avec l'élévation des sentiments, il veut qu'on ne leur prête pas plus de faiblesses morales que de défaillances intellectuelles. « Lorsque des faits extraordinaires, telles sont ses expressions, attestent un génie éminent, quoi de plus contraire au bon sens que de lui prêter toutes les passions et tous les sentiments de la médiocrité. » Et ailleurs, dans une phrase que je ne prétends pas donner pour un exemple favorable du style de l'écrivain : « Ne cherchons pas sans cesse de petites passions dans de grandes âmes. Le succès des hommes supérieurs, et c'est une pensée consolante, tient plutôt à l'élévation de leurs sentiments qu'aux spéculations de l'égoïsme et de la ruse; ce succès dépend bien plus de leur habileté à profiter des circonstances que de cette présomption assez aveugle pour se croire capable de faire naître les événements qui sont dans la main de Dieu seul. »

J'en demande pardon à l'illustre historien, mais ici la logique est en défaut, ou plutôt, comme la logique ne saurait se tromper, mais seulement les logiciens, je dirai que le raisonnement qu'on vient de lire repose sur une observation incomplète. Exprimerai-je toute ma pensée? Rien ne m'a plus surpris, dans le premier volume de l'*Histoire de César*, que cette théorie d'après laquelle le héros serait tout grandeur et tout génie, un être supérieur qu'on ne pourrait sans sacrilége rabaisser dans la sphère de nos faiblesses et de nos inconséquences. Comme si le contraire n'était pas le lieu-commun des moralistes! Comme si l'histoire n'était pas remplie, dans tous les ordres de célébrités, d'exemples qui nous montrent la réunion la plus surprenante de la grandeur et de la bassesse, un Bacon, un Rousseau, un Marlborough! Comme si le résultat le plus net de l'expérience n'était pas précisément de nous faire modifier ces jugements tout d'une pièce que la jeunesse aime à porter, et de nous apprendre à reconnaître, dans les plus nobles natures, les contrastes les plus étranges, quelquefois les disparates les plus choquantes ! Et, s'il en est ainsi, quel étonnement ne doit-on pas éprouver en voyant un écrivain qui a voyagé dans les deux mondes; qui a été tour à tour proscrit, prétendant, prisonnier et chef d'empire; qui a fait la guerre et la diplomatie; qui a étudié l'histoire puisqu'il prend aujourd'hui la plume pour l'écrire, qui, en un mot, a eu plus qu'un autre l'occasion de se mêler aux hommes et d'apprendre à les connaître, et qui a conservé dans toute sa fraîcheur la foi de la jeunesse à la réalisation de l'idéal.

Je n'ai pas besoin de dire qu'une pareille façon d'envisager les grands hommes ne peut rester sans influence sur la manière de présenter les faits. L'auteur de l'*Histoire de César* a subi les conséquences de son système. Il ne montre pas seulement pour celui dont il raconte la vie une partialité naturelle; il ne se contente pas même de transformer l'histoire en apologie, ce qui déroge déjà un peu à la gravité et à la sincérité du genre : non, il va jusqu'au bout de sa théorie, et n'hésite, en aucune circonstance, à attribuer à son héros les vues les plus étendues et les motifs les plus désintéressés. S'agit-il, par exemple, du triumvirat : Pompée et Crassus ont pu y chercher la satisfaction, celui-ci de son avarice, celui-là de son amour du pouvoir, « mais on *doit* prêter à César un mobile plus élevé, et lui supposer l'inspiration du vrai patriotisme. » Suit un long passage où la situation de la République est présentée telle « qu'elle *devait* apparaître à la vaste pensée » de ce même César. Et ainsi de suite dans tout le volume : nous assistons à chaque page à une espèce d'induction philosophique, dont le point de départ n'est autre que le dogme de l'infaillibilité des hommes providentiels.

Cette expression « d'hommes providentiels » m'avertit que nous n'avons pas encore épuisé la théorie du héros. Cette théorie a son côté religieux. Les héros ne sont pas seulement des hommes de génie, ils sont encore des envoyés de la Providence, et si l'humanité est tenue de leur prêter des motifs purs, elle a surtout pour devoir de comprendre leur mission et de s'y soumettre. Nous touchons ici à la pensée intime de l'ouvrage. L'auteur ne s'en cache pas : le but qu'il s'est proposé en écrivant a été « de prouver que lorsque la Providence suscite des hommes tels que César, Charlemagne, Napoléon, c'est pour tracer aux peuples la voie qu'ils doivent suivre. » Et il ajoute : « Heureux les peuples qui les comprennent et qui les suivent ! Malheur à ceux qui les méconnaissent et les combattent ! » Il était difficile de marquer plus nettement les préoccupations politiques, et, pourquoi ne le dirais-je pas, puisque rien n'est en soi plus naturel et plus légitime ? les préoccupations dynastiques, personnelles même, qui, dans la pensée de l'écrivain, se rattachent à son apologie de Jules César.

Quoi qu'il en soit, voici le héros transformé en Messie. Avons-nous gagné quelque chose à cette transformation ?

L'idée est-elle devenue plus claire, la théorie plus acceptable ? Il ne semble pas. Dieu, comme on l'a très-bien dit, est la cause de tout, mais il n'est l'explication de rien. La Providence, en effet, est partout si elle est quelque part, et il est contradictoire de se la représenter comme une force qui se partage le monde avec le hasard, et qui abandonne les intérêts vulgaires à celui-ci pour se réserver le soin des grands hommes et des grandes choses. Que dirons-nous, d'ailleurs, des revers qui atteignent parfois les hommes les plus considérables ? Si César est un personnage providentiel, il faut bien que Brutus le soit aussi. Si le Dieu des batailles a voulu Austerlitz, il a sans doute également voulu Waterloo. Mais ce n'est pas tout. Qui jugera du rang providentiel des hommes, et à quoi se reconnaîtra leur mission ? Si elle se reconnaît à leurs qualités d'esprit et de caractère, au rôle politique et social qu'ils jouent dans le monde, pourquoi ne pas dire tout simplement que les peuples ont intérêt à suivre la direction des hommes qui paraissent capables de les guider ? Mais non, cela ne suffit pas ; ce qu'on exige de nous, c'est une obéissance aveugle, et l'évocation de la Providence, en élevant les maîtres du monde dans une sphère supérieure à l'humanité, a justement pour but ici d'imprimer à notre soumission le caractère de la foi religieuse. Il faut que le héros soit placé en dehors de toute discussion. César aura beau arborer l'étendard de la guerre civile, sa personne n'en restera pas moins sacrée. Napoléon aura beau entraîner la France à travers les sierras de l'Espagne ou les steppes de la Russie ; il aura beau soulever contre elles les ressentiments de vingt nations opprimées, il n'en aura pas moins de droit à la docilité de son peuple et à la soumission même de ceux qu'il a réduits en servitude ! Je me suis servi tout à l'heure du mot de dogme : on voit que je n'ai pas exagéré. La doctrine dont il s'agit n'est rien moins qu'un évangile nouveau, et qui revient à peu près à ceci : Pour le génie, le droit de s'emparer de la dictature ; pour les nations, le devoir de se soumettre à toutes les entreprises du génie.

Consultons l'histoire, puisque aussi bien la croyance dont nous parlons nous est présentée comme une thèse historique. L'histoire est-elle favorable à cette thèse ? Ne nous montre-t-elle pas plutôt à chaque page l'inutilité des dictatures, ou ce qui revient au même, l'impuissance des usurpations à rien fonder ?

La dictature n'a pas de lendemain, parce que le héros n'a pas d'héritier. Plus l'homme de génie a tenu de place dans le monde, plus grand est le vide qu'il laisse après lui ; plus son œuvre a été personnelle, moins elle peut avoir de continuateur. César a eu Auguste pour successeur, mais Auguste a eu Tibère, Caligula, Claude, Néron. L'empire de Charlemagne, puisque Charlemagne a été introduit dans ce débat, se poursuit sous un Louis-le-Débonnaire et s'éteint avec un Charles-le-Gros. Après Olivier Cromwell, Richard Cromwell. Toutefois, le plus éclatant de ces exemples est Napoléon lui-même. Sa dynastie s'est, il est vrai, relevée d'une manière inattendue ; mais le second empire vit du prestige bien plus que des traditions du premier, et ses chances de durée les plus

certaines sont précisément le soin qu'il mettra à ne pas être la continuation du régime dont il s'est porté l'héritier.

Les grandes dictatures ne fondent rien; est-ce à dire qu'elles ne laissent aucune trace de leur passage? Non, sans doute; il faut seulement distinguer, à cet égard, entre le nivellement qui renverse les institutions, et le développement qui les améliore ; entre l'égalité qui est une conquête purement négative, et la liberté qui est le principe même de la civilisation. La première de ces œuvres peut s'accomplir par la dictature, parce qu'elle s'accomplit par la force. Aussi les grands hommes dont nous avons parlé se sont-ils tous illustrés par une initiative de ce genre : leur génie était essentiellement révolutionnaire. César a continué les Gracques et Marius, Napoléon a exploité 89. L'un et l'autre, ils ont conçu l'empire comme l'égalité sous un maître; l'un et l'autre, ils ont fait de la démocratie la base du pouvoir absolu. « Égalité devant la loi, disait l'empereur en 1814, dans un entretien avec Sismondi; égalité devant la loi, nivellement des impôts, abord de tous à toutes les places, j'ai donné tout cela. Le paysan en jouit, voilà pourquoi je suis son homme. » Telle est, en tout temps, la tâche des hommes providentiels. Après quoi, il faut bien ajouter que l'héroïsme qui séduit l'imagination n'est point la condition absolue de cette œuvre, et qu'un Louis XI et un Richelieu y peuvent travailler avec autant de succès que des Césars.

Mais si le héros peut quelque chose pour l'égalité, qui

n'est que l'abolition des privilèges, il ne peut rien pour la liberté, c'est-à-dire pour le progrès essentiel des sociétés. C'est que la liberté ne se décrète point. On l'écrit en vain dans les chartes. Le suffrage universel et la domination de la majorité ne font pas nécessairement un avec elle. La liberté est une vertu, car elle est avant tout le respect de la liberté d'autrui. La liberté, c'est l'amour de la liberté, c'est la conviction de son droit absolu, c'est la confiance qu'elle renferme la solution de tous les problèmes, comme la garantie de tous les intérêts. Aussi faut-il que la liberté se fonde elle-même; on ne la fabrique pas plus qu'on ne fait des hommes, qu'on ne produit des caractères. On n'en devient capable qu'en l'exerçant. On n'y arrive que par la lutte séculaire des forces sociales qui s'entrechoquent jusqu'à ce qu'elles aient appris à s'équilibrer. Bien loin que la liberté puisse être le don d'un maître, elle n'a jamais été qu'une conquête. Le héros en est si peu le champion, qu'il en est plutôt l'adversaire naturel. L'histoire a-t-elle conservé un seul exemple d'une dictature qui ait abouti à une émancipation? Nous a-t-elle transmis le nom d'un seul souverain qui ait usurpé pour affranchir? Une pareille tâche n'implique-t-elle pas contradiction? En vain notre historien affirme-t-il que César fut forcé de s'emparer du pouvoir (p. 410); on n'est jamais forcé de s'embarquer dans une entreprise sans issue. Pour moi, je ne sais si je me trompe, mais je ne puis jamais relire cette histoire des derniers temps de la république romaine, sur lesquels notre attention vient d'être si impérieusement ramenée, sans y voir resplendir en traits de feu ce grand enseignement politique : Un État n'est bien sauvé qu'à la condition de se sauver lui-même, parce que le salut consiste précisément dans l'exercice des forces nécessaires pour triompher des périls : tout le reste est artificiel et ne dure que pour un temps.

XVI

LA MONARCHIE DE 1830

M. Rouher, au commencement de la session qui vient de finir [1], a parlé du gouvernement de Juillet dans des termes singulièrement rigoureux. S'il fallait en croire M. le ministre d'État, la monarchie de 1830 se serait montrée, à l'étranger, sans force et sans dignité : absorbée par les luttes parlementaires, elle n'aurait rien produit.

C'est contre cette assertion que proteste aujourd'hui un ancien ministre du roi Louis-Philippe. En répondant à M. Rouher, M. le comte de Montalivet n'a point voulu faire une œuvre de parti. Il se plaît à rappeler que, fils d'un ancien ministre et d'un ami de Napoléon Ier, il a toujours su concilier ces souvenirs de famille avec le service du roi détrôné. Il estime que défendre le gouvernement de Louis-Philippe contre des reproches passionnés, ce n'est défendre ni la personne d'un souverain, ni une forme de gouvernement, mais la France même et une génération d'hommes qui ont servi la France.

---

[1] Celle de 1864.

Noble langage, et auquel tout le monde doit s'associer [1].

Le jour de l'histoire, à vrai dire, n'est pas encore venu pour le gouvernement de Juillet. Cette période de dix-huit années est trop près de nous. A défaut d'espérances, elle éveille trop de souvenirs. On ne peut dire qu'elle ait laissé des partis en présence, mais elle a laissé des opinions en lutte. Ainsi s'explique l'injustice des jugements de M. le ministre d'État. La réponse de M. de Montalivet, de son côté, est naturellement une apologie. L'ancien ministre de Louis-Philippe a pris la plume pour repousser des attaques, non pour écrire l'histoire. A supposer qu'il ait senti les fautes du régime qu'il a servi, ce n'était pas son rôle que de les signaler. On le voit, nous sommes de part et d'autre assez loin encore des appréciations complétement désintéressées.

A certains égards, la tâche de M. de Montalivet était facile. En disant trop, M. le ministre d'État lui avait fourni des armes. On ne peut affirmer qu'un gouvernement n'a rien fait, quand il a forcé l'Europe de reconnaître le droit qu'a toute nation de disposer d'elle-même; quand il a brisé les traités de 1815, dans la partie de leur texte la plus hostile à la France, nous voulons dire la création du royaume des Pays-Bas; quand, à Ancône, il a fait échec à la prépondérance de l'Autriche en Italie; quand il a réussi à interdire aux puissances du Nord

---

[1]. *Rien! Dix-huit années de gouvernement parlementaire*, par M. le comte de Montalivet, ancien ministre. 1864.

toute intervention dans les États libres; quand, de Turin à Naples, il a favorisé des réformes libérales; quand, selon l'expression du comte de Nesselrode, il s'est environné de tous côtés d'un rempart d'États constitutionnels organisés sur le système français. Qu'on ajoute à cela la transformation de notre marine, les fortifications de Paris, la conquête de l'Algérie et l'influence que cette conquête a exercée sur le développement de notre puissance militaire, et l'on sera bien obligé d'avouer que les reproches de M. Rouher respirent plus le zèle que l'équité.

Contrairement à l'opinion générale, et sauf quelques exceptions, nous pensons que la politique étrangère a été le grand côté du règne de Louis-Philippe. C'est à l'intérieur que ce règne s'est montré faible. C'est là, dans le domaine de la législation et de l'administration, que les luttes parlementaires ont surtout entravé son action. Et, cependant, sur ce terrain même, l'accusation de n'avoir rien fait, serait injuste. Un gouvernement ne subsiste pas pendant dix-huit ans, et ne gouverne pas un pays tel que la France, sans introduire une foule d'améliorations dans les conditions de la vie civile et sociale de la nation. Un régime qui ne produirait rien ne durerait pas dix-huit mois. La monarchie de Juillet a donc agi et beaucoup agi. Elle a élevé des monuments, créé des routes, ouvert des canaux, amélioré la législation pénale, fondé l'enseignement primaire, ménagé le crédit de l'État, et, ce qui n'est pas moins méritoire, elle a ménagé les libertés du pays. Ici encore, M. de Montalivet a beau jeu contre les exagérations du ministre d'État.

Est-ce à dire que les reproches de M. Rouher aient été absolument sans prétexte? Nous ne le pensons pas. Le règne de Louis-Philippe a été plus prospère que grand. Il a manqué de force. Tout en faisant beaucoup de bonnes choses, il n'a pas eu d'initiative très-féconde. Il a été sage, modéré, libéral, mais il l'a été sans éclat, et, par conséquent, sans prestige.

La monarchie de Juillet eut, dès le commencement, à lutter contre un vice d'origine. Les gouvernements issus d'une révolution sont de deux sortes. Les uns, comme celui de Napoléon Ier et de Napoléon III, sont le produit d'une révolution qui finit; ils répondent à ces besoins d'ordre et de sécurité qui, une fois inquiétés, font bon marché des franchises le plus chèrement achetées. Les autres sont le produit d'une révolution qui commence : ils représentent la réaction populaire contre les excès de l'autorité ; ils sont chargés de satisfaire à des besoins d'innovation. Tel fut le gouvernement de Louis-Philippe. Mais qui ne voit la différence que cette diversité d'origine apporte dans les conditions du gouvernement? Dans le premier cas, le gouvernement, selon l'expression de M. de Montalivet, n'a qu'à descendre le courant du fleuve; dans le second, il a à remonter un torrent qui a rompu ses digues naturelles. L'un s'appuie sur les éléments stables et résistants de la société, le second sur des passions qui menacent de l'entraîner : appelé à gouverner, c'est-à-dire à modérer, celui-ci se trouve dans une sorte de contradiction perpétuelle entre les forces qui le portent et la tâche qui lui est dévolue. Ainsi que le nom l'indique, une révolution est un mouvement désordonné, un mouvement qui ne se modère que quand il s'épuise : essayer, au lendemain même de son triomphe, de le faire rentrer dans les limites régulières de la vie d'un peuple, est la tâche la plus ingrate qui se puisse concevoir. Louis-Philippe l'a essayé, mais sans succès ; il crut avoir réussi : c'était une illusion. Arrêtée en apparence, la révolution de 1830 s'est achevée en 1848. Le pays a voulu en avoir le cœur net ; il a voulu pousser l'épreuve jusqu'au bout. Voilà ce qu'il faut reconnaître, lorsqu'on veut juger équitablement le gouvernement des dix-huit années. Le héros du 18 brumaire lui-même eût été fort empêché au lendemain de l'insurrection de juillet, et il est certain qu'à cette date, le régime sous lequel nous vivons aujourd'hui eût été tout simplement impraticable.

M. de Montalivet a indiqué une autre cause de la faiblesse dont le règne de Louis-Philippe était frappé. « Est-ce à dire que nous n'aurions aucune réserve à faire, aucun regret à exprimer, aucune faute à signaler, quand ce ne serait que l'absence absolue de ce charlatanisme honnête, armé de drame et d'imprévu, qui n'est pas interdit aux individus, mais qui peut s'élever à la hauteur d'une qualité politique essentielle dans les gouvernements appelés à conduire les héroïques descendants, les grands enfants des Gaulois ? » La critique, on le voit, est discrète, ainsi qu'il convient lorsqu'il s'agit de bonnes intentions et de grandes infortunes. L'histoire, elle, ira un peu plus loin. Le gouvernement de Juillet n'a pas seulement manqué de charlatanisme, mais, ainsi que nous le disions tout à l'heure, de prestige; il n'a pas vu que les gouvernements modernes reposant sur l'opinion, ne subsistent qu'à la condition de la dominer sans cesse; il n'a pas compris enfin que l'opinion, pour se laisser séduire, a besoin de mouvement, d'imprévu, qu'elle aime les conceptions audacieuses et ne se livre entièrement qu'aux grands succès.

M. Rouher, en parlant des difficultés parlementaires qui ont entravé le gouvernement de Louis-Philippe, semble attribuer la faiblesse de ce régime aux libertés politiques dont la France jouissait alors. C'est une erreur. La faiblesse du dernier règne provenait, au contraire, de l'insuffisance des libertés stipulées; de la force, par exemple, qu'une représentation trop étroite de la nation prêtait au parti révolutionnaire. Et ce que nous disons des institutions n'est pas moins vrai de l'esprit dont s'inspirait le gouvernement. Bien loin d'avoir été trop parlementaire, il a péri pour n'avoir pas accepté assez franchement les conditions du régime parlementaire. Bien loin d'avoir été trop libéral, le roi n'a pas eu assez de confiance dans la liberté. Il est des gens, on le sait, qui doutent que le régime constitutionnel eût réussi à s'acclimater en France ; mais une chose est claire, c'est que le gouvernement de Juillet n'a pas osé faire complétement l'épreuve de ce régime.

Nous avons essayé d'être plus juste pour le gouvernement de Juillet que n'a été M. Rouher, plus dégagé en même temps dans notre appréciation que ne pouvait l'être M. de Montalivet. Mais, nous devons le dire, ce qui nous a frappé dans les assertions de M. le ministre d'État, c'est moins ce qu'elles ont d'inexact que ce qu'elles ont d'inopportun.

Le gouvernement qui nous régit hésite visiblement entre des conseils différents. Il montrera parfois une grande modération ; il parlera de conciliation ; il dira comme M. le ministre de l'instruction publique : « Respectons les hommes qui ont avant nous porté le poids du jour, pour que nous soyons respectés à notre tour malgré nos fautes. » Il fera appel à toutes les forces vives du pays, sans distinction d'étiquette ou d'origine. D'autres fois, au contraire, il montrera de l'humeur ; il traitera les opposants comme des adversaires, les serviteurs des régimes passés comme des vaincus ; il mettra l'empire dans une espèce d'antagonisme avec tout ce qui a été avant lui, avec tout ce qui n'est pas lui. Eh bien, c'est à cette dernière et moins bonne inspiration que M. Rouher a cédé, lorsqu'il a tenu le langage que lui reproche M. de Montalivet.

La conduite dont nous parlons est d'autant moins sage, qu'elle est moins naturelle. L'empire n'est pas nécessairement l'adversaire du gouvernement de Juillet. Il n'a point combattu ce gouvernement, il ne l'a point renversé, il lui a simplement succédé. Pourquoi donc ne reconnaîtrait-il pas les services que ce gouvernement a pu rendre à la France, et la légitimité des besoins dont ce gouvernement a été la satisfaction ?

De deux choses l'une : l'Empir est essentiellement un

établissement dynastique, il s'appuie sur une opinion, il affecte une forme déterminée, il représente un principe exclusif; ou bien il est l'expression du suffrage universel, et, comme tel, il aspire à planer au-dessus de toutes les divisions, à se prêter à tous les besoins. Dans le premier cas, il n'est qu'un parti en face d'autres partis est-ce là ce que veulent des apologistes trop zélés?

FIN

TABLE

I. — Le Comte de Cavour	1
II. — Dominique	17
III. — Waterloo	29
IV. — La Comédie de Dante Alighieri	45
V. — Les Mémoires de Foucault	65
VI. — Le Faust de Goethe	81
VII. — Le Dix-huitième siècle	95
VIII. — Madame de Sévigné et son cousin Bussy	109
IX. — Un Critique sous l'Empire	126
X. — Sismondi	145
XI. — Maurice de Guérin	225
XII. — La Correspondance de Lacordaire	261
XIII. — Madame Roland	283
XIV. — Les Loisirs d'un magistrat	385
XV. — L'Histoire de César	397
XVI. — La Monarchie de 1830	413

FIN DE LA TABLE

CLICHY. — Impr. de Maurice LOIGNON et Comp., 12, rue du Bac-d'Asnières.

m'y faire, écrit Émilie. Dernièrement encore, chez madame de Jully. Serait-ce la nécessité de se distraire du chagrin de vivre sans moi? Mais pourquoi prendre un genre de dissipation qui mène aussi sûrement à l'indifférence et à l'oubli? Ai-je cherché, moi, à me distraire? Je me console de mes peines par leur cause même, en attendant qu'elles finissent. »

Madame d'Épinay a admirablement retracé l'histoire de cette passion sur le déclin. Le cœur se serre en présence de cette tragédie aussi vieille que le monde : le sort d'une femme aimante, fidèle, qui a tout donné, qui s'est donnée elle-même, et désormais délaissée froidement comme une fantaisie épuisée.

« Francueil est venu me demander à dîner. J'ai été assez contente de lui, mais je ne sais ce qui manque à tout cela; il y a quelque chose à dire, je ne sais pas bien quoi. Je n'ai pu causer seule avec lui. »

« Madame de Jully m'a demandé comment allait mon âme. Je n'en sais rien, lui ai-je dit. — Pauvre sotte! m'a-t-elle répondu d'un air qui, je l'avoue, m'a inquiétée. »

« Francueil est gai, il paraît content, à quelques moments de rêverie près. Il semble ne rien regretter; il me sacrifie la chasse qu'il aime; il passe auprès de moi le temps que ces messieurs mettent à cet amusement. Malgré cela, je ne suis point heureuse; je m'en veux, mais en jetant les yeux sur le passé j'y trouve une si grande différence, que je ne puis m'empêcher d'en avoir l'âme déchirée. Ce n'est pas seulement son ton avec moi qui est changé, mais ses systèmes généraux le sont aussi;

il est moins réservé dans ses propos : il parle plus légèrement des femmes. Jamais il ne faisait autrefois de plaisanteries sur elles en ma présence; il semblait qu'il respectât tout le sexe en moi : ce n'est plus cela. Ma plus légère peine troublait son repos; à présent ce sont des vapeurs qu'il me conseille de dissiper. Il troque des bijoux, des chevaux. Ne voilà-t-il pas de singuliers griefs! Mais j'avoue que tout cela me choque. Je n'ose lui en parler; je crains trop de lui déplaire, et que mes reproches ne lui semblent minutieux. »

Émilie croit avoir des motifs de jalousie, et alors elle est maladroite, elle se plaint. « J'ai dit tout ce que je ne devais pas dire; je fais sans cesse le contraire de ce que mon intérêt même exige. J'ai raison, je suis à plaindre, et je finis par avoir tort et par être blâmée. Avec qu'elle dureté il m'a reçue et écoutée, lui qui a l'âme si tendre, qui prend tant de plaisir à faire du bien! » On lui parlait jadis à genoux, maintenant on la rudoie!

La jalousie d'Émilie n'était que trop fondée. Francueil était occupé de madame de Versel, l'un de ces personnages que madame d'Épinay nous peint dans ses Mémoires avec tant de couleur et de naturel. La physionomie de cette jeune femme avait un mélange de naïveté et de finesse qui donnait à ses paroles un sens qu'elles n'auraient pas eu dans la bouche d'une autre. Quelquefois, elle regardait fixement et étonnée comme un enfant. Tantôt elle est gauche, presque laide; tantôt elle est remplie de grâce, elle a de l'éclat. Francueil, à la vérité, s'observe en présence d'Émilie; mais tout à coup, quelle trahison ! il est question d'un voyage : ils sont cinq ou six qui ont formé le projet d'aller voir madame d'Houdetot en Normandie; Francueil et madame de Versel sont de la partie. Les voici en route, dans la même berline, vis-à-vis l'un de l'autre ! de quinze jours ils ne se quitteront. Émilie n'y tient plus ; elle propose à son mari de partir aussi, de suivre les autres, d'arriver sans prévenir personne. Elle sent bien qu'elle court au devant de sa destinée, mais l'incertitude est pire que le malheur. Et, en effet, en arrivant, du premier coup d'œil elle reconnaît qu'elle est de trop. Francueil est visiblement embarrassé, et madame de Versel porte à son doigt une bague qu'Émilie avait voulu avoir et que Francueil lui avait refusée !

Il ne manque plus qu'un aveu. C'est madame de Versel elle-même qui s'en chargera. Madame d'Épinay et elle sont à la campagne, une après-midi, chacune devant son métier à tapisserie. La conversation tourne sur le sort des femmes qui aiment. Madame de Versel finit par se laisser arracher son secret : Francueil est amoureux d'elle, il l'est jusqu'à la folie; pour elle, elle y a mis de la coquetterie, quelque chose de plus peut-être, mais si elle a trahi son amie, c'est sans le savoir. Il semble même qu'à partir de ce moment, elle s'attache à décourager Francueil. Le coup n'en est pas moins porté dans l'âme d'Émilie. Elle ne voit plus partout que fausseté, inconstance, vide affreux; elle veut se jeter dans la dévotion, elle soupire après le cloître, elle s'adresse à l'abbé Martin, le directeur de sa mère. Cet abbé Martin est un prêtre comme il y en a peu. Ce n'est ni l'abbé mondain du dix-huitième siècle, ni le directeur rigoriste et borné de tous les temps : c'est un homme qui comprend la religion avec élévation, et qui ne croit pas la desservir en y mêlant les conseils de l'expérience et du bon sens. « Je vois, madame, dit-il après avoir écouté sa pénitente, je vois que vous allez faire de Dieu un pis-aller. Si l'on méprise le monde quand on le quitte pour Dieu, on peut dire de même qu'on méprise Dieu quand on ne le quitte que pour le monde [1] ; croyez-vous, madame, que ce soit là la disposition qu'il attend de vous? Croyez-vous que quand vous aurez quitté le rouge, fait succéder les Essais de Nicole aux Essais de Montaigne, et fermé votre porte à la bonne compagnie, il n'y aura plus de danger pour vous? Les tentations viendront vous chercher au pied des autels. La dévotion consiste principalement dans la privation de choses très-douces, et cette privation ne manque presque jamais d'aigrir l'humeur. Vous avez à vous plaindre de votre mari : vous aurez mille fois moins d'indulgence pour ses travers, si vous donnez dans une dévotion excessive. Cela ne devrait pas être, mais cela sera, par la seule raison que vous ne croirez plus avoir aucune faute à vous pardonner. »

Émilie jusque-là n'avait parlé que de son mari ; elle finit par avouer la vraie cause de son chagrin. La sagesse de l'abbé Martin n'est point en défaut devant cette confession. Il n'est plus étonné des projets de réforme de

[1] Il faut entendre : quand on ne le cherche que par dégoût et fatigue du monde.

madame d'Épinay, mais il a moins de confiance que jamais dans leur solidité. Il connaît ces femmes qui sont trompées dans leur besoin d'aimer, et qui élisent Dieu pour amant quand les autres leur manquent. Mais le mauvais succès d'un parti si légèrement pris est la punition des motifs qui l'ont fait prendre : la conversion a fait du bruit, la cause en est sue, on a donné un scandale, et, qui pis est, on l'a donné en pure perte, car on ne tarde pas à retourner au monde. Le prêtre finit par des conseils plus imprévus encore : Émilie voulait cesser de voir celui dont elle accusait l'infidélité ; l'abbé Martin l'en détourne. « Il n'est ni prudent, ni honnête d'en agir ainsi. La personne dont il est question est faite apparemment pour être votre ami, puisqu'il a été avoué pour tel par toute votre famille. En pareil cas, une rupture affichée est une sottise, et une sottise déshonorante. Éloignez-le insensiblement, ce sera bien fait : mais, tant que vous serez contrainte de le voir, traitez-le comme vos autres amis sans distinction. » Que dites-vous de l'abbé Martin? Ne semble-t-il pas que la direction de conscience ainsi entendue s'élève au rang d'un sacerdoce moral?

Francueil fit tout ce qu'il fallait pour rendre plus facile la rupture qui était devenue inévitable. Il se lia avec une actrice, la sœur même de celle qu'entretenait M. d'Épinay; de sorte que le mari et l'amant devinrent confidents et compagnons de débauche. Duclos, toujours officieux, ne manqua pas d'en instruire Émilie. Elle pensa en perdre la tête ; une fièvre violente, accompagnée de délire, s'empara d'elle pendant plusieurs jours : Francueil et elle eurent enfin une explication. « Il se défendit si mal, avec tant d'emportement et si peu de raisons honnêtes ; il me parut si déterminé à continuer la même vie ; je vis tant de fausseté dans sa conduite, que j'oubliai toutes mes résolutions, je lui fis les reproches les plus amers sur son infidélité, et, ne le jugeant plus digne de ma tendresse ni de mon estime, après avoir exhalé ma colère, je me sentis tout à coup si parfaitement détachée de lui, au moins je le crus, que je lui dis avec le plus grand sang-froid : « Tout est fini entre nous, monsieur ; la conduite que vous tiendrez à l'avenir décidera si vous pouvez revenir au nombre de mes amis, ou si vous resterez à mes yeux couvert du mépris que celle que vous tenez depuis six mois vous attire. » Francueil, depuis ce temps, ne fut plus avec madame d'Épinay que sur le pied d'une ancienne relation d'amitié. Il venait la voir, mais quand il n'avait rien de mieux à faire, et sans qu'Émilie s'en inquiétât beaucoup. La jalousie, cependant, allait ranimer pour un instant l'ancienne passion de Francueil. Grimm va entrer en scène.

Il y avait déjà quelque temps que Grimm, âgé alors d'une trentaine d'années et secrétaire du comte de Friesen, avait été introduit chez madame d'Épinay par Rousseau. Rousseau en faisait grand cas alors, et ne parlait de son ami qu'avec enthousiasme. Grimm était grand, mais dégingandé. Il avait l'œil gros, l'air allemand ; sa timidité lui donnait de la gaucherie, sa paresse quelque chose de nonchalant. Contraint avec les étrangers, il retrouvait de la gaieté au milieu de ses amis, mais sans jamais aller jusqu'à l'abandon. Un certain fond de réserve, de sécheresse, de roideur même, lui avait fait une réputation d'homme despotique : de là ce nom de *Tyran le blanc* que lui avait donné Gauffecourt, par une double allusion à son caractère et à son habitude de se peindre les joues à la céruse. Sa conversation manquait, non pas de force et d'autorité, mais de correction et d'aisance. Absolu dans ses idées, il fuyait la discussion et évitait même de se prononcer. Au total, esprit fin, mais un peu enveloppé, juste et ferme sans beaucoup de séve ; des vues à lui et arrêtées sur toutes choses ; un mélange de sauvagerie et de dédain ; tout au fond, de la sensibilité, de la bonté, de la sûreté. Il fallait du temps pour apprendre à le connaître; et madame d'Épinay elle-même, dans le beau portrait qu'elle a fait de son ami, n'a pas essayé de dissimuler les disparates de ce caractère : la pénétration jointe à une sorte de niaiserie, l'art d'inspirer la confiance sans en témoigner, des lumières lorsqu'il s'agissait de donner des conseils aux autres, et le manque d'adresse pour réussir dans ses propres affaires.

Grimm n'était encore chez madame d'Épinay que sur un pied de visite et de politesse, lorsqu'une circonstance des plus cruelles pour notre héroïne rapprocha tout à coup ces deux existences, qui allaient bientôt s'unir si étroitement.

Nous connaissons déjà la belle, la froide, l'indolente madame de Jully. Quelle ne fut pas la surprise d'Émilie lorsqu'un jour, à la promenade, sa belle-sœur se mit à son tour à lui faire des confidences! Madame d'Épinay en resta comme pétrifiée. « Je croyais que vous aimiez votre mari. Il vous aime tant! — Non, je n'ai point à me plaindre de Jully. J'ai beaucoup d'estime et d'amitié pour lui, mais je n'ai jamais eu que cela. — J'ai cru que vous l'aviez épousé par amour et que vous l'aimiez passionnément. — Il l'a bien voulu croire, mais il n'en a jamais rien été? Voici le vrai. De B... était éperdûment amoureux de moi et voulait m'épouser; j'y aurais consenti, car je l'aimais assez, mais j'ai découvert en lui une humeur si violente, une jalousie, une injustice, car la jalousie, chez les hommes, n'est autre chose qu'injustice et que tyrannie, ne vous y trompez pas; enfin, ce caractère m'a alarmée. M. de Jully s'est présenté, je l'ai préféré, voilà tout. Plus, d'ailleurs, je le connais, et plus je m'applaudis de mon choix. Il est bon enfant, doux, complaisant, faible, sans nerf, mais sans vice; en un mot, il est tout propre à jouer son rôle décemment, et je lui en sais gré : c'est un grand mérite au moins que celui-là. Au reste, il a cru être amoureux de moi, mais je vous promets qu'il s'est trompé. — Que dites-vous donc, ma sœur? Il vous adore comme le premier jour. — Quoi! parce qu'il me donne continuellement des bijoux dont je ne fais nul cas, des robes qu'il choisit presque toujours contraires à mon goût, qu'il me loue des loges au spectacle le jour que je veux rester chez moi? Eh! ne voyez-vous pas que ce sont ses fantaisies qu'il caresse, et non les miennes. Mais priez-le de faire céder un de ses caprices ou de ses goûts aux miens, vous verrez cette perle des maris devenir, tout en douceur, le sultan le plus despote. — Au moins votre conduite vous dément-elle. Vous avez l'air de n'avoir tous deux qu'une volonté. — Sans doute, voilà le grand secret. Avec un caractère comme celui de M. de Jully, il ne s'agit pas tant d'avoir sans cesse une volonté, que de lui avoir appris dans quelques occasions importantes qu'on en a une qui ne plie que quand on le veut bien. Il sait qu'elle est là; cela suffit. Au reste, la complaisance ne me coûte rien, à moi : dans le courant de la vie il y a si peu de choses qui méritent qu'on y mette de l'importance. Mais nous voilà bien loin de ce que je voulais vous confier. J'aime, je vous l'ai dit; savez-vous qui ? — Non, en vérité; serait-ce Maurepaire? — Non, c'est Jelyotte. — Jelyotte! vous n'y pensez pas, ma sœur, un acteur de l'Opéra! un homme sur qui tout le monde a les yeux, et qui ne peut décemment passer pour votre ami! — Doucement, s'il vous plaît; je vous ai dit que je l'aimais, et vous me répondez comme si je vous demandais si je ferais bien de l'aimer. »

Madame de Jully ne fut pas la seule conquête du célèbre chanteur. Jelyotte n'était ni beau, ni bien fait, mais sa voix lui tenait lieu de tous les charmes. Marmontel raconte que les jeunes femmes en étaient folles; on les voyait hors d'elles-mêmes, s'élancer à moitié de leurs loges, donner en spectacle leur propre émotion. Aimable, d'ailleurs, homme comme il faut, avec beaucoup de tact et de discrétion, Jelyotte était reçu dans la meilleure société. Pour ce qui est de la liaison qui nous occupe, ce ne fut pas l'acteur qui la rompit, ce fut la grande dame. Si madame d'Épinay avait été étonnée des premiers aveux de sa belle-sœur, elle le fut bien plus encore lorsque, peu de mois après, madame de Jully vint lui demander un nouveau service : « Que voulez-vous de moi? — Que tu me débarrasses de Jelyotte. — Comment? — Je ne l'aime plus. — Je vous avais bien prédit que cette liaison ne pouvait pas durer. — Oh! tes prédictions n'avaient pas le sens commun, car c'est sa faute, et non la mienne!... — Cela ne se peut, et sûrement... — Non, en vérité, je n'ai point de torts; est-ce ma faute s'il ne me fait pas jouir de moi? — Comment? — Sans doute! il est si accoutumé à me trouver aimable et jolie, qu'il ne prend plus seulement la peine de me le dire : vous conviendrez, j'espère, que ce n'est pas la peine d'avoir un amant. — Je devrais être faite à votre ton, ma sœur, mais il m'est pourtant toujours nouveaux. Quelque plaisir qu'on ait à s'entendre louer par quelqu'un qu'on aime, il suffit que toutes ses actions nous prouvent qu'il nous préfère. — Vous n'y entendez rien, ma sœur ; on ne peut s'empêcher de répéter sans cesse ce qui nous occupe tout entier. Dès l'instant qu'on n'est plus persécuté par ce besoin, on est tiède, et la tiédeur ne me convient pas. » La conclusion de tout cela fut que madame de Jully en aimait un autre, un chevalier de V., et qu'elle priait sa belle-sœur de congédier Jelyotte. « Envoyez-le chercher; parlez-lui de ma réputation, de la réforme que je veux apporter dans ma conduite, parlez-lui de ma santé, de mon mari, de tout ce qu'il vous plaira, pourvu que vous le mettiez au point de s'entendre dire de ma bouche que je ne veux plus vivre avec lui. Il est honnête que ce soit moi qui prononce les derniers mots, mais je n'y veux pas de réplique. »

A quelques mois de là, madame de Jully fut atteinte de la petite vérole. Après avoir été quatre jours entre la vie et la mort, elle mourut le cinquième. Le matin du dernier jour, elle recouvra sa connaissance. Madame d'Épinay ne l'avait pas quittée. « Me trouvant près de son lit, dit-elle je fus assez longtemps sans qu'elle m'aperçut; à la fin, je lui pris la main et la lui serrai. « Sommes-nous seules? me demanda-t-elle. — Oui, ma sœur, » lui dis-je. Alors, tirant de sa poche un petit portrait d'elle : « Tiens, dit-elle, c'est pour toi. » Les larmes m'étouffaient, je ne pus proférer un seul mot; je me jetai la tête sur son lit; j'allais baiser ses mains, elle les retira. « Adieu, ma bonne amie, ma véritable sœur : ayez soin du chevalier. Si je meurs, consolez-le; il vous consolera aussi. » Elle se retourna et laissa échapper quelques larmes. « Convenez, dit-elle encore, que c'est mourir bien jeune! » Je sortis de la chambre dans un état impossible à rendre, et mille fois plus mourante qu'elle. Les médecins arrivèrent vers les neuf heures du matin ; ils chantèrent victoire : j'avoue qu'elle avait un certain regard fixe qui me faisait douter de ce miracle. Lorsqu'ils furent sortis, je m'approchai de son lit : « Eh bien, lui dis-je, voilà le cinquième jour, et tout va au mieux. — Oui, selon eux, dit-elle; mais je ne me sens pas bien ; j'étouffe, j'ai des frissons, ma tête n'est pas nette ; je crois que demain ils seront bien étonnés. — Pourquoi? lui dis-je. Elle ne répondit point. Il lui prit une douleur violente à la tête ; elle jeta un cri en me demandant précipitamment ses poches. Je fus un moment à les trouver ; elle chercha longtemps sans trop savoir ce qu'elle faisait. A la fin, elle tira une clef et répéta plusieurs fois : « C'est la clef, c'est celle... » Elle ne put achever, et ce furent les dernières paroles qu'elle prononça. Le transport revint, et à cinq heures du soir elle n'était plus. »

Madame d'Épinay avait pris la clef machinalement et sans savoir ce qu'elle en devait faire. En y repensant, elle comprit qu'il pouvait y avoir des papiers à détruire. Il se trouva, en effet, que la clef ouvrait un secrétaire où Émilie avait quelquefois vu sa belle-sœur serrer les lettres du chevalier après les avoir lues. Alors, profitant d'un moment favorable, elle prit tous les papiers que renfermait le secrétaire, les jeta au feu, puis remit la clef à M. de Jully. Cette démarche allait devenir pour elle la source des plus cruels chagrins. M. d'Épinay devait cinquante mille écus à M. de Jully, et l'acte qui en faisait foi était égaré ; les recherches les plus minutieuses restèrent sans résultat. Mais une femme de chambre avait vu madame d'Épinay entrer dans le cabinet où était le secrétaire, et avait remarqué ensuite que la cheminée était pleine de papier brûlé. Émilie n'essaya point de nier ce qu'elle avait fait, mais elle devait éviter de compromettre la mémoire de sa belle-sœur, et par conséquent de donner à entendre de quelle nature étaient les papiers qu'elle avait livrés aux flammes ; de là la situation la plus fausse. M. de Jully voulait ravoir son argent ; M. d'Épinay se frottait les mains de se voir quitte ; madame de Chambon, la mère de la défunte, s'irritait des soupçons que cette aventure semblait jeter sur la réputation de sa fille ; M. d'Houdetot, plein d'admiration pour un coup si hardi, semblait se dire à lui-même : Pourquoi diable cette femme n'est-elle pas la mienne ! On ne parlait plus d'autre chose à Paris. Quant à madame d'Épinay, elle était au supplice et privée de tout moyen de se justifier. « Je revois des gens qui n'étaient pas venus chez moi depuis un siècle ; les uns m'examinent jusqu'au fond de l'âme, les autres hasardent des questions qu'ils n'ont point droit de me faire, et couvrent leur insultante curiosité du voile de l'intérêt. » Elle trouva cependant un champion, un seul. Grimm, qui la connaissait très-peu alors, prit sa défense dans un dîner où tout le monde l'attaquait. Il se refusait à croire, disait-il, qu'une femme d'esprit, noble, généreuse, se fût rendue coupable d'une action infâme. Et comme l'un des convives avait prononcé l'expression de *gens perdus* : — « Qui dit cela ? reprit M. Grimm. Messieurs, je le répète, je ne connais particulièrement ni monsieur ni madame d'Épinay, je ne sais s'ils sont coupables ou non ; mais, ma foi, cela me donne un souverain mépris pour ceux qui sont pressés de le croire. » Le baron d E..., le seul qui eût parlé affirmativement, se leva, et répondit qu'il fallait avoir une furieuse opinion de soi-même pour oser menacer les autres de son mépris. M. Grimm, répliqua qu'il fallait avoir bien peu d'honneur pour avoir besoin de déshonorer les autres si vite. » Là-dessus les deux antagonistes descendirent dans le jardin pour se battre, et Grimm fut blessé. Il était encore retenu chez lui par les suites de cette blessure, lorsque le papier perdu, cause de toute la mésaventure, se retrouva entre les mains d'un homme d'affaires à qui madame de Jully l'avait confié. Madame d'Épinay était complétement blanchie. Ceux qui l'avaient accusée furent obligés de lui faire des excuses. Le pauvre de Jully seul avait quelque chose sur le cœur; car, enfin, si les papiers du secrétaire n'avaient pas été brûlés pour détruire des comptes, qu'est-ce que madame de Jully avait donc eu tant d'intérêt à faire disparaître? Il s'en ouvrit à madame d'Épinay. « Je l'ignore absolument, mon frère, répondit-elle; j'ai brûlé sans rien voir. — Vous ne soupçonnez pas ce que ce pouvait être? — Non, mon frère. — Si celle-là avait des intrigues! mais cela n'est pas vraisemblable, n'est-ce pas? — Madame de Jully faisait beaucoup de bien, mon frère; il serait tout simple qu'elle eût voulu en dérober les traces. — Je le crois. Vous le croyez aussi? — C'est, à mon avis, le seul soupçon que nous puissions nous permettre. Il faut nous y tenir. » Il soupira et partit.

Grimm se présenta chez madame d'Épinay, dès que l'état de sa blessure le lui permit. Il fut reçu avec un empressement naturel, triompha peu à peu de la froideur que faisait naître sa réserve, et finit par obtenir toute la confiance d'Émilie. Elle trouvait en lui ces qualités de circonspection et de conduite qui lui faisaient précisément défaut à elle-même, et qui lui rendaient un guide plus nécessaire. Leurs relations furent donc d'abord d'un caractère assez sérieux ; ils étaient l'un et l'autre sur leur garde. Madame d'Épinay savait par expérience qu'il est des pentes sur lesquelles il ne faut pas s'aventurer. Grimm, de son côté, ne voulait aimer qu'une femme digne de lui, et il ne voulait l'aimer que d'une manière digne d'elle. Il s'en expliqua avec Diderot, qui s'était alarmé de son attachement naissant pour une femme dont la réputation était généralement attaquée. C'est Diderot lui-même qui a rapporté cette conversation.

« J'ai en dégoût, ainsi s'exprima Grimm, un simple commerce d'intrigue. Soit orgueil, soit délicatesse, je veux être aimé par choix, de préférence et uniquement. Je veux pouvoir tout sacrifier à celle que j'aime sans en rougir, et qu'elle n'accepte de moi que ce qu'elle est prête à me rendre. J'apprécie à fort peu de chose la satisfaction des sens et l'ivresse qu'elle donne, quand elle est séparée des sentiments d'estime et de confiance ; ce plat délire ne va ni à mon esprit ni à mon cœur. Je prétends trouver dans celle qui me confiera son bonheur la certitude du mien ; quelque événement qui m'arrive, je veux qu'elle en soit occupée loin de moi, comme je le serai d'elle ; et que ce soit, enfin, le respect et l'estime de nous-mêmes qui nous mettent au-dessus de la gêne et des inconvénients inévitables lorsqu'on brave un préjugé généralement reçu dans la société où l'on vit. Voilà, mon ami, comme je puis être heureux et comme il me convient de l'être. — Et voilà le bonheur que vous vous promettriez avec madame d'Épinay ? — Oui, sans doute. — Et vous la croiriez bien faite pour le goûter et le procurer ? — Plus qu'aucune femme que j'aie jamais connue, me répondit Grimm avec fermeté. »

Est-il besoin de dire que madame d'Épinay devint une seconde fois victime de ses illusions? Elle s'était rassurée avec Francueil, en se persuadant que la tendresse, que l'amour même pouvait accepter des limites infranchissables. Elle se rassura avec Grimm, en se disant qu'elle n'avait pris en lui qu'un ami, un guide, et sa sécurité fut d'autant plus naturelle peut-être, que Grimm mettait moins d'aménité dans ses avis; le despotisme de l'homme semblait être chez lui l'ascendant de la vertu. Ce qui est certain, c'est que le champion de madame d'Épinay ne tarda pas à occuper auprès d'elle cette position singulière, équivoque, et avec cela régulière et reconnue dont il y a tant d'exemples au dix-huitième siècle, et qui est l'un des traits de mœurs les plus caractéristiques de la société à cette époque.

Avant d'arriver là, toutefois, Grimm eut à braver la jalousie de Francueil et à délivrer madame d'Épinay des caprices d'un homme devenu indigne d'elle.

IV

Madame d'Épinay, après les infidélités de Francueil, pouvait se croire maîtresse de ses actions comme de son cœur. Mais elle avait compté sans ces retours étranges que peuvent exciter dans un homme, soit le reste d'une ancienne tendresse, soit des velléités de jalousie, soit les piqûres de l'amour-propre. Du moment qu'elle voulut revendiquer son indépendance, Francueil se sentit blessé comme s'il avait encore des droits sur elle. Ce fut bien pis encore, lorsqu'il s'aperçut qu'un nouveau sentiment s'était emparé d'Émilie. Un jour, il trouva sa porte fermée, et il se répandit en plaintes. Elle, de son côté, s'indigna et prétendit rester libre; il fallut en venir aux explications : « Je lui ai dit que mon intention était de fixer clairement notre situation l'un vers l'autre; que j'avais lieu de croire, d'après la conduite qu'il avait tenue avec moi, que son projet avait été de me réduire au titre de son amie; qu'il devait voir par la liberté que je lui laissais que ce plan était aussi de mon goût, mais que je croyais convenable et honnête de nous rendre réciproquement notre liberté; et j'ai ajouté que j'étais tout aussi décidée à conserver les droits de l'amitié sur son cœur qu'à l'y réduire, et à ne lui pas permettre d'en réclamer d'autres à l'avenir. Cette déclaration, à laquelle il ne s'attendait pas, l'a sensiblement affligé. Il a voulu savoir si ce n'était pas quelqu'autre engagement qui l'avait tout à fait effacé de mon cœur. Je lui ai répondu que cette question était inutile et offensante, et que la démarche que je faisais auprès de lui prouvait que je ne me croyais pas libre. Il me dit qu'il avouait à regret que sa conduite avec moi aurait pu me rendre maîtresse de moi-même, sans un excès de délicatesse dont il sentait tout le prix, mais qu'il respectait mon secret. « Vous aimez et Grimm vous aime, j'en suis sûr; » puis il ajouta. « J'en mourrai de désespoir; je ne veux plus vous voir, il faut fuir, j'ai tout perdu. » Et il s'est jeté à mes genoux en fondant en larmes. Je lui ai dit tout ce que la compassion, la justice, la raison et l'amitié m'ont inspiré de plus consolant; je n'ai pu le calmer. J'ai eu beau lui représenter qu'il me devait une tout autre conduite. « Je le sais, m'a-t-il répondu, mais elle est au-dessus de mes forces. » En vérité, lorsque je me représente l'état où je l'ai laissé, j'ai grand besoin de me rappeler l'indifférence dont il m'a accablé depuis plus de deux ans pour me trouver d'accord avec moi-même. »

Madame d'Épinay respectait trop les souvenirs d'un amour qu'elle ne partageait plus, pour ne pas se croire obligée de consoler Francueil; elle continua donc de le voir, cherchant à lui montrer l'injustice et la déraison de sa conduite, l'assurant qu'elle conserverait toujours pour lui les sentiments les plus affectueux, le suppliant d'éviter une rupture qui ne pouvait qu'être injurieuse à l'un et à l'autre. Francueil se rendit et promit de continuer à venir chez elle, mais à la condition qu'elle lui épargnerait les occasions d'y trouver Grimm. Émilie eut beau faire, elle ne put empêcher que les rivaux ne se rencontrassent un jour dans son salon : position des plus fausses pour elle-même, entre Francueil qui lui reprochait un manque d'égard, et Grimm qui l'accusait d'un manque de prudence et de dignité.

Le rôle de Grimm en toute cette affaire est à remarquer. Il a compris la nécessité d'affranchir madame d'Épinay de la chaîne dont elle traînait encore le bout; il a senti que cette aimable femme était trop pleine de pitié et peut-être de complicité secrète pour se dégager par ses propres efforts : il a donc entrepris de venir à son aide. « Il m'exhorte fort, pour ma réputation et pour mon repos, de ne plus me prêter aux asservissements que Francueil exige de moi; j'avais déjà senti que je ne le pouvais sans me compromettre, mais la compassion m'entraînait. » Il faut avouer néanmoins que, tout en mettant à la tâche qu'il a entreprise beaucoup de dévouement, de tact et de sagesse, Grimm y met aussi la sécheresse qui lui est naturelle. Il pèse sans beaucoup d'égards sur les décisions d'Émilie. Il se dépite en voyant avec quelle facilité elle se laisse dominer par les impressions du moment et il la menace de la laisser à elle-même. Émilie ne lui répond qu'en s'attachant à lui : « Pourquoi, répond-elle plaintivement, pourquoi vouloir me fuir, tandis que j'ai tant besoin de vous? Sans admettre que je possède les qualités supérieures que vous me supposez, je sens que j'en acquiers chaque fois que je cause avec vous; vous me parerez des vôtres; je sens que vos principes sont suivant mon cœur. Quand je suis avec vous, une joie pure remplit mon âme, et quand je vous quitte, j'éprouve encore longtemps une satisfaction qui n'est mêlée d'aucun retour pénible, et qui m'était tout à fait inconnue. Oui, mon ami, je veux toujours vous avoir près de moi; je fais gloire de votre tendresse, de votre estime. Avec vous, je ne craindrai rien. Mais voyez vous-même si vous n'êtes point effrayé de vous attacher à une pauvre malheureuse, tourmentée par le sort et par des circonstances si bizarres, qu'il est, je crois, difficile d'en voir jamais réunies de pareilles. »

La situation devait tôt ou tard amener un éclat. Francueil n'était pas maître de ses passions. C'était avec lui toujours à recommencer. En vain faisait-il des promesses et paraissait-il revenu à la raison : le lendemain il se répandait de nouveau en plaintes. La tendre Émilie ne pouvait voir ce désespoir sans se sentir l'âme déchirée ; elle travaillait à ramener son ami, elle cherchait à le consoler, se flattant chaque fois d'avoir réussi, et espérant de la meilleure foi du monde que chaque scène serait la dernière. Grimm, plus clairvoyant, ne lui ménageait pas les avertissements. « Avec une pitié aussi mal entendue, me disait-il, vous perpétuez son malheur : il fallait, dès le premier moment, lui interdire les plaintes et même votre présence, s'il eût insisté. Aujourd'hui, et au point où en sont les choses, je crois que s'il cherche de nouveau à vous parler, vous devez lui annoncer avec beaucoup de fermeté, qu'il ne doit plus songer à vous entretenir de ce que vous ne voulez plus entendre ; lui dire que votre amitié pour lui vous a portée à une condescendance dont il vous met dans le cas de vous repentir, et que c'est à lui à présent à chercher les moyens qu'il croira les plus efficaces pour sa guérison ; mais qu'il ne faut pas à l'avenir qu'il vous y fasse entrer pour rien, et que, pour trancher court aux remarques qu'on ne peut s'empêcher de faire, vous lui conseillez de partir. Vous adoucirez cet arrêt par l'assurance des sentiments que vous lui devez, et que vous lui conserverez sans doute. Voilà, madame, me dit froidement M. Grimm, ce qu'exige le respect que vous vous devez à vous-même. »

Ce ton glaça Émilie ; il lui semblait entendre un despote au lieu d'un ami. D'ailleurs, si elle comprenait la nécessité de rompre avec Francueil, elle redoutait encore plus un éclat, qui n'aurait pu se faire qu'aux dépens de sa réputation, et dans lequel le monde, nécessairement mal informé, lui aurait attribué tous les torts. Il ne fallut rien de moins, pour la décider à agir, que la crainte d'un duel entre Grimm et Francueil. Dans cette appréhension, elle prit le parti d'écrire à ce dernier ; elle lui retraça toute sa conduite passée, lui demanda de quel droit il troublait son repos, exigea qu'il s'éloignât jusqu'à ce qu'il eût recouvré la raison et qu'il pût paraître devant elle sans manquer aux égards qu'il lui devait. « Je l'assurai que, s'il ne suivait pas exactement ce que je lui prescrivais, il perdrait à jamais mon estime et mon amitié, qu'il m'aurait été bien doux de pouvoir lui conserver. Je lui disais encore que j'avais la plus grande répugnance à agir avec cette rigueur, parce qu'il m'était et me serait toujours cher, à moins qu'il ne me forçât de l'effacer totalement de mon cœur. »

Cette fois-ci, la fermeté de madame d'Épinay l'emporta. Francueil lui renvoya ses lettres et son portrait. Il y avait joint une lettre de douze pages, « où tout ce que le délire, le repentir, le désespoir et le regret peuvent suggérer était peint. Il me disait un éternel adieu, et comptait partir le lendemain pour ses terres. Je fus saisie de douleur en pensant à l'état affreux où il était, et j'avoue que la comparaison de ce qu'il souffrait pour moi avec la dureté de M. Grimm, ne fut pas favorable à ce dernier. Il fut frappé de mon abattement, à ce qu'il m'a dit depuis, et du désespoir qui était peint sur mon visage. » Grimm ne se trompait probablement pas en supposant que madame d'Épinay était restée intérieurement plus attachée à Francueil qu'elle ne se l'avouait à elle-même. Madame d'Épinay, de son côté, reprochait à Grimm de la tyrannie; il lui semblait qu'il avait montré plus de zèle que d'indulgence et de discrétion. « Je conviens, dit-elle, qu'il avait pu prendre le change sur ma conduite, mais je n'en eus pas moins de peine à oublier sa dureté, malgré tout le regret qu'il m'en témoigna et tout le soin qu'il mit à la réparer. — Cet événement, ajoute-t-elle, a jeté dans mon âme des traces de désespoir si profondes, que je m'en ressentirai, je crois, toute ma vie, et, quoique je sois à présent tranquille, j'a en moi une mélancolie qu'il m'est impossible de vaincre. »

Resté à savoir si toute cette douleur ne fut pas en pure perte. Les femmes mettent dans leurs affections une sincérité si passionnée, qu'elles sont toujours exposées à être dupes de la légèreté de notre sexe. Madame d'Épinay avait cru à Francueil, à sa lettre, à son désespoir : quelques mois après, elle apprenait qu'il était à Chenonceaux, menant gaie et joyeuse vie. « Cette découverte m'a mise à mon aise, dit-elle ; je vois que l'amour-propre, bien plus que le sentiment, a causé son dépit. » Et, quelques mois après, lorsqu'il revient de la campagne : « On dit qu'il se porte à merveille ; j'avoue que si j'ai été sincèrement contente de le savoir en bonne santé, ce qui suppose qu'il est heureux ; je n'ai pu me défendre d'un peu de peine de l'oubli total qu'il semble faire de moi. » La pauvre femme en avait été pour ses frais de compassion.

Tout cela se passait en 1755. Plus tard, à la mort de son père, Francueil cessa de prendre ce nom pour ne plus porter que celui de Dupin. Plus tard encore, à l'âge de plus de soixante ans, il épousa en secondes noces Aurore de Saxe, fille naturelle du maréchal de Saxe. Il en eut un fils, qui a été le père de madame George Sand. Madame Sand est donc la petite-fille de notre Francueil ; elle a, dans son enfance, connu sa grand-mère, madame Dupin, et elle a entendu de sa bouche bien des souvenirs qu'elle a recueillis dans ses Mémoires. « Ma grand-mère, dit-elle, hésita longtemps à faire cette alliance, non que l'âge de M. Dupin fût une objection capitale, mais parce que son entourage à elle le tenait pour un trop petit personnage à mettre en regard de mademoiselle de Saxe, comtesse de Horn. Le préjugé céda devant des considérations de fortune, M. Dupin étant fort riche à cette époque. Pour ma grand'mère, l'ennui d'être séquestrée au couvent dans le plus bel âge de la vie, les soins assidus, la grâce, l'esprit et l'aimable caractère de son vieux adorateur, eurent plus de poids que l'appât des richesses. Après deux ou trois ans d'hésitation, durant lesquels il ne passa pas un jour sans venir au parloir déjeuner et causer avec elle, elle couronna son amour et devint madame Dupin. »

Ici se place un curieux et gracieux portrait du mari septuagénaire. C'est madame Dupin qui parle, en s'adressant à notre illustre romancier, encore tout enfant. « Votre grand-père, ma fille, a été beau, élégant, soigné, gracieux, parfumé, enjoué, aimable, affecteux, et d'une humeur égale jusqu'à l'heure de la mort. Plus jeune, il avait été trop aimable pour avoir une vie aussi calme, et je n'eusse peut-être pas été aussi heureuse avec lui; on me l'aurait trop disputé. Je suis convaincue que j'ai eu le meilleur âge de sa vie, et que jamais jeune homme n'a rendu une jeune femme aussi heureuse que je le fus; nous ne nous quittions pas un instant, et jamais je n'eus un instant d'ennui auprès de lui. Son esprit était une encyclopédie d'idées, de connaissances et de talents qui ne s'épuisa jamais pour moi. Il avait le don de savoir toujours s'occuper d'une manière agréable pour les autres autant que pour lui-même. Le jour il faisait de la musique avec moi; il était excellent violon, et faisait ses violons lui-même, car il était luthier, outre qu'il était horloger, architecte, tourneur, peintre, serrurier, décorateur, cuisinier, poëte, compositeur de musique, menuisier, et qu'il brodait à merveille. Je ne sais pas ce qu'il n'était pas. Le malheur, c'est qu'il mangea sa fortune à satisfaire tous ces instincts divers et à expérimenter toutes choses; mais je n'y vis que du feu, et nous nous ruinâmes le plus aimablement du monde. Le soir, quand nous n'étions pas en fête, il dessinait à côté de moi, tandis que je faisais du parfilage, et nous nous faisions la lecture à tour de rôle; ou bien quelques amis charmants nous entouraient et tenaient en haleine son esprit fin et fécond par une agréable causerie. J'avais pour amies de jeunes femmes mariées d'une façon plus splendide, et qui pourtant ne se lassaient pas de me dire qu'elles m'enviaient bien mon vieux mari. ».

Madame Sand complète ces détails sur le caractère de son grand-père et sur la manière dont il mangea sa fortune. Il menait un train de prince. Prodigue, sensuel, il avait à ses gages une troupe de musiciens, de cuisiniers, de parasites, de laquais, de chevaux, de chiens. Il voulait être heureux et que tout le monde le fût avec lui. Il mourut après dix ans de mariage, laissant un grand désordre dans ses comptes avec l'État, aussi bien que dans ses affaires personnelles. Il prit congé de sa femme en l'engageant à lui survivre longtemps et à se faire une vie heureuse. Tel fut l'homme que madame d'Epinay avait aimé des meilleures forces de sa jeunesse et de son âme.

La liaison avec Grimm ouvre une nouvelle période dans la vie de madame d'Épinay. C'est comme un second mariage, un mariage de raison, où la tendresse ne fait pas défaut, mais où elle apparaît soutenue par l'estime et calmée à la fois par l'âge et par la lassitude, effet des longues douleurs. Grimm, pour Émilie, est surtout un mentor; elle aime à se laisser conduire par lui; elle jouit de la sécurité qu'il lui inspire. Il faut dire que Grimm paraît digne de ces sentiments. Il est tout à fait ce que le dix-septième siècle appelait un honnête homme, le dix-huitième un homme vertueux. Madame d'Esclavelles, elle-même, avait fini par accepter la position prise par sa fille. » Ah! mon ami, s'écrie madame d'Épinay, vous êtes si honnête, que vous faites taire jusqu'aux scrupules de la dévotion! » Singulier temps, où l'on avait réussi à faire de l'ordre avec le désordre, où la morale, pour me servir d'une expression de M. Saint-Marc Girardin, était plus corrompue que les mœurs, et les devoirs transposés et intervertis plutôt que détruits.

Le comte de Friesen était mort; Grimm, qui avait perdu en lui un protecteur, en trouva un autre dans le duc d'Orléans. Celui-ci le fit attacher, en qualité de secrétaire, au maréchal d'Estrées. C'était en 1757, au début de la guerre de Sept Ans; le maréchal partait pour la Westphalie, il emmena Grimm. La douleur de madame d'Épinay s'exprime avec beaucoup de naturel et de grâce dans la correspondance dont cette séparation fut l'origine. On aimera en trouver ici quelques passages :

« Eh bien, mon ami, vous voulez donc que je me dise : Il remplit sa vocation, nous subissons notre sort. Que ces raisons sont faibles et qu'elles ont encore peu de pouvoir sur moi! Vous êtes si raisonnable, si austère, qu'il faut que j'aie un grand fonds de confiance en vous et une grande habitude de vous tout dire pour oser vous montrer toute la folie de mon cœur. Comme vous me le disiez un jour, je crois que je serai enfant jusqu'à l'âge où l'on retombe en enfance : mon ami, je le suis au point d'en faire gloire. J'ai bien de la peine à vous pardonner le refus de ce certain portrait relégué dans votre antichambre. Il est vrai qu'il fait un peu la grimace, mais j'en aurais tiré un grand parti, de cette grimace : j'aurais regardé sans cesse autour de moi pour voir si je n'avais pas agi ou parlé de travers. Mais laissons votre portrait, mon cœur et ma folie. Je veux vous tenir si bien au courant de tout ce qui vous intéresse, que vous puissiez croire quelquefois ne nous avoir pas quittés. »

Une autre fois, elle analyse ses sentiments, et reconnaît très-bien dans l'amour cette espèce d'égoïsme à deux, dont il est vain de chercher à le dépouiller. Il s'agit de madame de Verdelin, qui aimait M. de Margency, un assez froid et assez sot personnage.

« Néanmoins elle en paraît contente, ajoute madame d'Épinay; elle dit qu'elle l'aime pour lui, et que, pourvu qu'il soit heureux, elle ne désire rien. Ce sentiment est-il bien juste? Je suis loin de cette perfection, car je ne la crois pas dans la nature. Sûrement cette femme est romanesque. Le bonheur de deux personnes qui s'aiment est si étroitement lié qu'il ne fait qu'un. On peut faire réciproquement des sacrifices à la raison, à la fortune, à l'honneur; mais la douleur est la même. Sans doute, on veut par-dessus tout le bonheur de l'objet que l'on chérit, mais l'on veut qu'il soit heureux par nous; c'est un droit dont on est jaloux à proportion qu'on est heureux par lui ; et quand l'un des deux y a renoncé, il n'y a plus de bonheur ni de repos : l'espèce de repos qu'il acquiert avec le temps est un néant mille fois plus à craindre que la mort. »

Voici maintenant une lettre d'un autre ton, et qui rappelle assez madame de Sévigné :

« Je reçois une lettre de Paris. Eh! vraiment oui, la grande armée d'Alsace est décidée. Cela est-il bien vrai? Il me semble que nous aurions tout gagné si je vous voyais revenir en France. Mais qu'est-ce que c'est que ce bois dont on me parle par où il faut passer pour gagner les ennemis? Il sera sûrement bien gardé. Passera-t-on à travers? Cela n'est pas croyable; et si l'on file à l'abri du bois, on n'est pas à l'abri d'une embuscade : convenez que cela fait peur à imaginer. Mon Dieu, mon ami! tenez, je n'y veux plus penser; mais j'y pense sans le vouloir. Je crains bien que le moment ne soit arrivé où vous ne serez plus en sûreté. Je n'ose le demander, de peur qu'on ne me réponde que cela est vrai. »

Madame d'Épinay nous a conservé les réponses de Grimm. Ainsi qu'il arrive souvent aux hommes, les lettres de celui-ci paraissent froides, roides, verbeuses, en comparaison de celles de son amie. Grimm est tout raison, et quand il veut parler sentiment il a l'air de se battre les flancs. Je cite un passage de ses lettres pour en indiquer le ton, mais surtout parce qu'il achève de nous faire connaître madame d'Épinay et ce que j'appellerai l'esprit de leur liaison.

« Une des choses, ma tendre amie, qui vous rend le plus chère à mes yeux, est la sévérité et la circonspection sur vous-même que vous avez surtout en présence de vos enfants ; il faut bien se résoudre à blâmer quelquefois devant eux ce qui fait au fond le bonheur de la vie ; mais c'est que la société et ses sottes institutions ont tout corrompu. On ne saurait réformer, il faut donc se soumettre. Les enfants sont bien pénétrants ! Ils ont l'air de jouer : ils ont entendu, ils ont vu. Oh ! combien de fois cette crainte a corrompu la douceur des moments passés près de vous ! Mon amie, cela nous fait sentir plus que jamais qu'il n'est pas permis à tout le monde d'enfreindre certaines lois de la société ; il faut bien des vertus solides pour donner le droit de mépriser ce qu'on appelle la pédanterie de la morale. Faites le bien, comme vous avez coutume de faire, et ne me parlez plus de votre diable de sophiste, qui ne voit jamais les choses que d'un œil. »

Ce sophiste était Rousseau, dont les torts envers madame d'Épinay ont beaucoup contribué à troubler la vie de celle-ci, et dont les calomnies, perpétuées par les *Confessions*, ont jeté une ombre funeste sur la mémoire de cette trop généreuse femme.

Rousseau était sur le point de retourner à Genève, où on lui offrait une place de bibliothécaire, lorsque madame d'Épinay le retint en lui proposant d'habiter l'Ermitage. C'était une petite maison, à l'entrée de la forêt de Montmorency, qui appartenait à M. d'Épinay et qu'Émilie fit arranger sans en rien dire à personne. Quand tout fut prêt, elle écrivit à celui qu'elle appelait *son ours*. « Il y a cinq chambres, disait-elle, une cuisine, une cave, un potager d'un arpent, une source d'eau vive, et la forêt pour jardin. Vous êtes le maître, mon bon ami, de disposer de cette habitation si vous vous déterminez à rester en France. » Le philosophe répondit de la manière la moins gracieuse : « Que vous entendez mal vos intérêts, disait-il, de vouloir faire un valet d'un ami, et que vous me pénétrez mal si vous croyez que de pareilles raisons puissent me déterminer. » — « Votre lettre m'avait fait rire d'abord, répond madame d'Épinay, tant je la trouve extravagante ; ensuite elle m'a affligée pour vous, car il faut avoir l'esprit bien gauche pour se fâcher de propositions dictées par une amitié qui doit vous être connue, et pour supposer que j'aie le sot orgueil de vouloir me faire des créatures. » Rousseau finit par céder, et même par accepter beaucoup d'autres bienfaits de sa protectrice. C'étaient, chaque jour, les attentions les plus délicates, des présents ouverts ou cachés. Grimm et Diderot, en même temps, faisaient en secret quatre cents livres de rente à Thérèse et à sa mère. Tels étaient les amis que Rousseau devait s'aliéner tour à tour par les procédés les plus offensants.

Il y eut là plusieurs querelles successives, toute une suite de brouilles entre le solitaire et ceux qui lui étaient le plus attachés.

Le premier hiver arrivé, Rousseau, malgré son amour de la solitude, commença à se sentir isolé. Il se plaignait qu'on ne vînt pas le voir. Ses amis, d'un autre côté, Diderot surtout, lui reprochaient d'avoir été s'établir si loin d'eux, et le pressaient de venir passer l'hiver à

Paris. Rien n'empêche d'admettre que Diderot ait été un peu emphatique et tracassier dans une affaire qui, au fond, ne le regardait pas. Mais que dire de Rousseau, qui, ayant trouvé dans le *Fils naturel*, publié vers cette époque, les mots : « Il n'y a que le méchant qui soit seul, » y vit une allusion à sa position et en fit un crime à Diderot? Heureusement que madame d'Épinay intervint avec son tact et sa mesure habituels ; elle insista pour que les deux amis se vissent; ils le firent, et la paix se rétablit. Elle ne devait pas durer longtemps.

L'égoïsme, qui faisait le fond de la sauvagerie de Rousseau, éclatait à chaque instant. Gauffecourt, dans le même hiver dont nous parlons, eut une attaque d'apoplexie; il voulait voir Rousseau, lui confier quelques affaires. Madame d'Épinay en écrivit au solitaire; celui-ci s'emporta. Il ne pouvait abandonner Thérèse; les chemins étaient affreux ; il ne comprenait rien aux affaires, et ne voulait en entendre parler à aucun prix. Gauffecourt, d'ailleurs, n'avait-il pas assez d'autres amis? Cette lettre est tout simplement odieuse.

Autre scène, mais comique cette fois. Nous sommes toujours dans le même hiver. Il paraît cependant que les chemins se sont raccommodés : voilà Rousseau, du moins, qui s'est mis en tête d'aller à Paris. Et pourquoi? Pour se réconcilier, dit-il, avec Diderot, à qui il a de nouveau écrit des choses désagréables. Évidemment, ce n'est là qu'un prétexte : l'histoire qu'il fait à madame d'Épinay est si peu vraisemblable qu'elle ne peut s'empêcher de lui supposer un autre motif, et, en effet, Rousseau, au bout d'un instant, l'interrompt pour lui demander un portefeuille.

« Cette demande me parut étrange. Et pourquoi donc faire, lui dis-je; pour un jour? » — « C'est pour mon roman, » me répondit-il d'un air un peu embarrassé. (Il s'agissait des premières parties de la *Nouvelle Héloïse*.) Je compris alors le motif de son grand empressement à voir Diderot. « Tenez, lui dis-je sèchement, voilà un portefeuille ; mais il est de trop dans votre voyage, il vous en fait perdre tout le fruit. » Il rougit et entra dans une fureur inconcevable ; je lui dis les choses les plus fortes sur les sophismes absurdes qu'il me débitait pour justifier une démarche que j'aurais pu trouver toute simple, s'il n'avait pas voulu la colorer d'un motif qui n'était pas le véritable. Je lui dis, entre autres choses, qu'à force de vouloir soutenir le rôle d'homme singulier, qui lui était dicté par je ne sais quel système de vanité et d'amour-propre, il deviendrait faux par habitude. Il s'est mis à pleurer comme un enfant, en me disant qu'il voyait bien que je ne l'aimais plus. Je lui ai répondu que jamais je ne lui avais donné tant de preuves du contraire. Enfin ses pleurs ont tari, et il est sorti de ma chambre plus en colère qu'affligé. Ce matin, il est entré chez moi à six heures, comme je venais de me lever. Il a longtemps fixé les yeux sur moi sans me parler, puis tout à coup je l'ai entendu sangloter : « Mon pauvre ami, lui ai-je dit, vous me faites pitié. — Vous êtes une femme bien singulière! s'est-il écrié ; il faut que vous m'ayez ensorcelé, pour que je souffre patiemment tout ce que vous me dites. Quel art avez-vous donc de dire les vérités les plus dures et les plus offensantes, sans qu'on puisse vous en savoir mauvais gré ? — Mon ami, ai-je répondu, c'est que vos torts ne sont qu'une erreur de votre esprit, et que votre cœur n'y a pas de part. — Où diable avez-vous pris cela ? reprit-il avec la plus grande violence ; sachez, madame, une fois pour toutes, que je suis vicieux, que je suis né tel, et que..... et que vous ne sauriez croire, mordieu ! la peine que j'ai de faire le bien, et combien peu le mal me coûte. Vous riez ? Pour vous prouver à quel point ce que je vous dis est vrai, apprenez que je ne saurais m'empêcher de haïr les gens qui me font du bien. — Mon ami, lui dis-je, je n'en crois pas un mot, car c'est comme si vous me disiez que vous ne pouvez pas vous empêcher d'aimer ceux qui vous font du mal. »

« Rousseau, dit madame d'Épinay à cette occasion, Rousseau n'est plus, à mes yeux, qu'un nain moral monté sur des échasses. » Des échasses, c'est cela : Rousseau s'est toujours guindé sur des théories et des prétentions.

La passion de Rousseau pour madame d'Houdetot fut la cause d'une crise plus décisive dans ses relations avec madame d'Épinay. L'histoire de cet amour est connue par les *Confessions*, mais elle y est défigurée par le besoin qu'éprouvait Rousseau de justifier sa conduite. Il avait profité de l'absence de Saint-Lambert pour étaler de grands principes devant la charmante comtesse, et pour l'exhorter à renoncer à son amant. N'ayant pas réussi à lui faire naître des scrupules sur une liaison dont elle se faisait gloire, il avait fini par devenir amoureux lui-même, et avait hasardé des déclarations. Madame d'Houdetot ne paraît pas s'en être émue ; son cœur était tout entier ailleurs ; elle chercha seulement à guérir Rousseau et à le rappeler au sentiment de ce qu'ils devaient l'un et l'autre à un ami absent. Quand celui-ci revint, madame d'Houdetot évita de lui raconter ce qui s'était passé, sans doute par ménagement pour Rousseau, et Saint-Lambert ne l'apprit que par une lettre anonyme. Cette lettre venait probablement de Thérèse ; mais Rousseau, qui s'imaginait que madame d'Épinay était amoureuse de lui, et par conséquent jalouse de madame d'Houdetot, crut ou fit semblant de croire que la lettre avait été écrite par sa bienfaitrice. Il en accusa cette femme, la plus incapable qui ait jamais été d'un manége aussi tortueux. Madame d'Épinay écrivit à Rousseau avec un mélange de pitié et d'indignation, et l'infortuné finit par aller se jeter à ses pieds, confesser ses torts et jurer que sa vie ne suffirait pas, à son gré, pour les réparer. Il était sincère, sans doute ; mais avec un caractère aussi malheureux que le sien, les plus belles réconciliations ne pouvaient durer bien longtemps.

Nous voici arrivés à la rupture finale. La santé de madame d'Épinay était depuis longtemps dans un état déplorable ; ses parents, ses amis insistèrent pour qu'elle allât à Genève se mettre entre les mains de Tronchin, qui avait fait un séjour à Paris, en 1755, et y avait laissé une grande réputation. Le départ fut décidé. On pouvait croire que Rousseau, lié comme il l'était avec madame d'Épinay, et la voyant trop malade pour faire seule un aussi grand voyage, se serait offert pour l'accompagner, et aurait en même temps profité de l'occasion pour revoir sa ville natale. Telle est du moins l'idée qui s'offrit à l'esprit de tous ceux qui le connaissaient. Madame d'Épinay, quant à elle, s'en souciait vraisemblablement fort peu ; elle connaissait l'humeur de « son ours, » elle avait cessé de l'estimer, et, d'ailleurs, M. d'Épinay se déclarait prêt à escorter sa femme. Diderot, au contraire, volontiers officieux et déclamateur, écrivit à Rousseau pour le presser d'entreprendre un voyage dont la reconnaissance lui faisait un devoir. Il faisait, dans cette même lettre, allusion aux torts que madame d'Épinay pouvait avoir eus envers Rousseau, c'est-à-dire à cette prétendue épître anonyme dont le philosophe avait reconnu la fausseté devant Émilie, mais dont il continuait à l'accuser auprès des autres. Rousseau, qui n'aimait pas à se déranger, et qui prenait en horreur la reconnaissance dès qu'elle lui imposait des obligations [1], s'imagina que madame d'Épinay désirait l'avoir pour compagnon de voyage, et que ses amis étaient entrés dans un complot afin de l'y contraindre. La lettre de Diderot l'exaspéra. « Mordieu ! s'écria-t-il en la jetant à terre, ce ne sont pas là des amis, mais des tyrans ! » Madame d'Épinay, qui était présente, ramassa la lettre, la lut et y trouva la trace des prétendus griefs de Rous-

---

1 : « Voilà pourquoi j'ai toujours tant redouté les bienfaits ; car tout bienfait exige reconnaissance, et je me sens le cœur ingrat par cela seul que la reconnaissance est un devoir. » (*Première lettre à Malesherbes.*)

seau contre elle. Ici, je reprends le récit des *Mémoires*.

« Et vous vous êtes permis, lui dit madame d'Épinay, de m'accuser auprès de M. Diderot ? — Je l'avoue, reprit-il, je vous en demande pardon. Il vint me voir ; alors j'avais le cœur oppressé, je ne pus résister à l'envie de lui confier ma peine. Le moyen d'avoir de la réserve avec celui qui nous est cher ! — Vous trouvez donc qu'il en coûte moins, monsieur, de soupçonner son amie et de l'accuser sans vraisemblance et sans certitude ? — Si j'avais été sûr, madame, que vous fussiez coupable, je me serais bien gardé de le dire ; j'en aurais été trop humilié, trop malheureux. — Est-ce aussi la raison, monsieur, qui vous a empêché depuis de dissuader M. Diderot ? — Sans doute, vous n'étiez pas coupable, je n'en ai pas trouvé l'occasion, et cela devenait indifférent. » Madame d'Épinay, indignée, voulut le chasser de son appartement. Il tomba à ses genoux et lui demanda grâce, en l'assurant qu'il allait écrire sur-le-champ à M. Diderot pour la justifier. « Tout comme il vous plaira, lui dit-elle ; rien de votre part ne peut plus m'affecter. Vous ne vous contentez pas de me faire la plus mortelle injure ; vous me jurez tous les jours que votre vie ne suffira pas pour la réparer, et en même temps vous me peignez aux yeux de votre ami comme une créature abominable ; vous souffrez qu'il garde cette opinion, et vous croyez que tout est dit en lui mandant aujourd'hui que vous vous êtes trompé. — Je connais Diderot, lui répondit-il, et la force qu'ont sur lui les premières impressions ; j'attendais que j'eusse quelque preuve pour vous justifier. — Monsieur, reprit-elle, sortez ; votre présence me fait mal : je suis trop heureuse de partir, je ne pourrais prendre sur moi de vous revoir. Vous pouvez dire à tous ceux qui vous le demanderont que je n'ai point désiré que vous vinssiez avec moi, parce qu'il ne pouvait jamais nous convenir de voyager ensemble, dans l'état où votre santé et la mienne sont réduites. Allez, et que je ne vous revoie pas. »

C'est une singulière chose que l'orgueil de Rousseau. Jamais homme, à ce qu'il semble, n'a poussé plus loin le sentiment de la dignité offensée, et cependant il aimait trop ses aises pour savoir les sacrifier. Il n'eut ni le courage de confesser ses torts et de demander à madame d'Épinay un pardon qu'elle ne lui aurait point refusé, ni la fierté qui aurait poussé tout autre homme à refuser les bienfaits après avoir offensé la bienfaitrice. Non, il se trouvait bien à l'Ermitage, il lui convenait d'y passer l'hiver, et nous le voyons jouer de finesse pour obtenir la permission d'y rester. « J'ai voulu quitter l'Ermitage, écrit-il à madame d'Épinay, à Genève, et je le devais ; mais on prétend qu'il faut que j'y reste jusqu'au printemps, et puisque mes amis le veulent, j'y resterai jusqu'au printemps, si vous y consentez. » Madame d'Épinay, cette fois-ci, répondit presque durement : « Puisque vous vouliez quitter l'Ermitage, et que vous le deviez, je suis étonnée que vos amis vous aient retenu. Pour moi, je ne consulte point les miens sur mes devoirs, et je n'ai plus rien à vous dire sur les vôtres. » Pour le coup, le congé était clair, et Rousseau fut bien obligé de comprendre.

On sait comment il s'en est vengé. Il a prétendu, dans les *Confessions*, que madame d'Épinay n'allait à Genève que pour y cacher une grossesse. Il tenait, disait-il, ce secret de Thérèse, qui le tenait du maître-d'hôtel, qui le tenait de la femme de la chambre. On a souvent reproché à Rousseau d'avoir livré à la postérité le secret des faiblesses de madame de Warrens ; mais que dire de cette accusation, dirigée contre une autre bienfaitrice, et où l'absurdité le disputait si ouvertement à l'odieux ? Voilà une femme qui veut aller clandestinement faire ses couches à l'étranger, et qui se fait accompagner par son mari ; qui, après le départ de celui-ci, retient près d'elle son fils âgé de onze ans et le précepteur de ce fils ; qui se rend dans une ville où elle devait attirer et où elle attira en effet tous les regards ; qui, enfin, devait y trouver son beau-frère, M. de Jully, chargé depuis plusieurs mois d'une mission diplomatique à Genève ! L'invraisemblance de la calomnie est telle que les commentateurs des *Confessions* ont été obligés de recourir à une seconde, et de supposer que la faute fut dissimulée au moyen d'un crime, dont Grimm aurait été le complice et Tronchin l'instrument.

Ce mélange de sauvagerie, de méchanceté et de ruse, qui marque la conduite de Rousseau à l'époque dont nous parlons, et qui, depuis lors, y devint toujours plus apparent, s'explique par la maladie dont l'infortuné commençait à souffrir Je ne connais pas d'exemple d'une hallucination mieux caractérisée. Tous ses écrits, à partir des *Confessions*, en trahissent les symptômes croissants.

Il a voulu un jour se poser en sage, protester contre les erreurs de son siècle, et l'on dirait que, dans la tension de l'effort moral, la corde du sens commun s'est brisée dans son esprit. Il s'est pris au grand sérieux, il s'est guindé sur les hauteurs, il s'est infatué de lui-même. Son orgueil à lui seul est déjà toute une monomanie. Il s'est toujours cru, dit-il, et il se croit encore, à tout prendre, le meilleur des hommes. Quiconque ose en douter « est lui-même un homme à étouffer. » Personne avant Rousseau n'avait osé parler de soi sur ce ton-là. Mais la principale marque du trouble de son cerveau, c'est la défiance qu'il a conçue contre ses amis, contre le monde entier. Il fait remonter ses malheurs au succès du *Devin du village*. Il prétend que l'orchestre de l'Opéra avait projeté de l'assassiner. Il assure que la réussite de sa pièce « fut le germe des secrètes jalousies qui n'ont éclaté que longtemps après. » On lui en voulait surtout de sa vertu : « Jaloux de me voir marcher seul dans une route nouvelle, et tout en paraissant s'occuper beaucoup à me rendre heureux, mes amis ne s'occupaient en effet qu'à me rendre ridicule, et commencèrent par travailler à m'avilir pour parvenir dans la suite à me diffamer. » Ce qu'il y a de plus curieux encore, ce sont les moyens dont Rousseau s'imagine que ses prétendus amis font usage. Tantôt c'est Diderot qui, sous prétexte de lui donner des conseils sur ses écrits, leur prêtait « ce ton dur et cet air noir qu'ils n'eurent plus quand il cessa de me diriger. » Tantôt c'est madame d'Houdetot et Saint-Lambert qui s'entendent « pour

achever de me faire tourner la tête et me faire persifler. »
Il perd un papier : « Tout ce qui me vint de plus raisonnable à l'esprit, dit-il, après m'être fatigué longtemps à chercher l'auteur de ce vol, fut de l'imputer à d'Alembert. » Madame de Verdelin l'avait pressé de se rendre en Angleterre : il l'accuse de l'avoir, à force d'intrigues, chassé de la Suisse, où il n'était pas assez en son pouvoir, et d'être parvenue enfin à le livrer à Hume. Bref, il se croit en butte à un « grand complot, » il est enseveli dans une « œuvre de ténèbres » dont il ne saurait percer l'obscurité. C'est à peine s'il peut écrire en sûreté ; on le surveille ; il ne travaille qu'à la dérobée. « Les planchers sous lesquels je suis ont des yeux, les murs qui m'entourent ont des oreilles ; environné d'espions et de surveillants malveillants et vigilants, inquiet et distrait, je jette à la hâte sur le papier quelques mots interrompus, qu'à peine j'ai le temps de relire, encore moins de corriger. » Ajoutons à tout cela que, en vertu d'un dédoublement qui est précisément l'un des symptômes de l'hallucination, Rousseau, par moments, se rend compte de sa maladie. « Plaignez cette pauvre tête grisonnante, écrit-il à Coindet, qui, ne sachant où se poser, va nageant dans les espaces, et sent pour son malheur que les bruits qu'on a répandus d'elle ne sont encore vrais qu'à demi. » Et, dans les *Confessions* même, au livre XI, en parlant des retards qui ralentissaient l'impression de l'*Émile* : « A l'instant, mon imagination part comme un éclair, et me dévoile tout le mystère d'iniquité. J'en vois la marche aussi clairement, aussi sûrement que si elle

m'eût été révélée... Il est étonnant quelle foule de faits et de circonstances vient dans mon esprit se calquer sur cette folie, et lui donner un air de vraisemblance ; que dis-je ! m'y montrer l'évidence et la démonstration. » Il faut lire tout ce passage ; on y voit avec quelle confiance Rousseau se livrait aux fantômes les plus vains, les plus ridicules de son imagination, et l'on a de la peine, en présence de tant de preuves, à comprendre que des hommes tels que M. Boiteau puissent ajouter foi aux témoignages des *Confessions.*

L'intérêt des Mémoires de madame d'Épinay ne se soutient pas jusqu'au bout. L'histoire de ses démêlés avec Rousseau ne laisse pas que d'être longue et fatigante. Le récit de son séjour à Genève n'offre rien non plus de bien piquant. La réputation de madame d'Épinay l'y avait précédée; on savait les bontés qu'elle avait eues pour Rousseau, et les concitoyens du grand écrivain lui en étaient reconnaissants. Émilie fut surtout très-bien reçue par Voltaire, qui habitait alors aux Délices. J'ai tant cité les Mémoires que j'ose à peine me permettre encore un ou deux extraits. Il faut pourtant que je trouve place pour un amusant portrait de madame Denis. « La nièce de Voltaire est à mourir de rire : c'est une petite grosse femme, toute ronde, d'environ cinquante ans, femme comme on ne l'est point, laide et bonne, menteuse sans le vouloir et sans méchanceté; n'ayant pas d'esprit et en paraissant avoir ; criant, décidant, politiquant, versifiant, raisonnant, déraisonnant, et tout cela sans trop de prétentions, et surtout sans choquer personne ; ayant par-dessus tout un petit vernis d'amour masculin, qui perce à travers la retenue qu'elle s'est imposée. Elle adore son oncle en tant qu'oncle et en tant qu'homme ; Voltaire la chérit, s'en moque et la révère. En un mot, cette maison est le refuge de l'assemblage des contraires et un spectacle charmant pour les spectateurs. » Voici maintenant Voltaire lui-même ; on voit qu'il était sous le charme : « Nous arrivons de chez Voltaire ; il était plus aimable, plus gai, plus extravagant qu'à quinze ans ; il m'a fait toutes sortes de déclarations les plus plaisantes du monde. Votre malade, disait-il à M. Tronchin, est vraiment philosophe ; elle a trouvé le grand secret de tirer de sa manière d'être le meilleur parti possible ; je voudrais être son disciple, mais le pli est pris, je suis vieux. Nous sommes ici une troupe de fous qui avons, au contraire, tiré de notre manière d'être le plus mauvais parti possible. Qu'y faire ? Ah ! ma philosophe ! c'est un aigle dans une cage de gaze. Si je n'étais pas mourant, je vous aurais dit tout cela en vers. »

Madame d'Épinay resta dix-huit mois à Genève. Elle avait été en danger un moment, et Grimm était accouru. Les Mémoires se terminent à l'époque de leur retour à Paris, au mois de septembre 1759. On ne sait pas grand'chose sur la fin de la vie d'Émilie. Son salon fut l'un des principaux du siècle, le salon philosophique par excellence. Diderot, après s'être longtemps tenu à distance, se rendit et en fut. On y voyait briller aussi l'abbé Galiani, avec qui madame d'Épinay entretint une correspondance qui a été publiée. Émilie conserva longtemps de l'agrément, car une lettre de sa fille nous parle de sa beauté à l'âge de cinquante ans. Grimm nous a dépeint la vieillesse de son amie. « On l'a vue dix ans de suite accablée des maux les plus douloureux, ne supporter la vie qu'à force d'opium, mourir et ressusciter vingt fois sans cesser de mettre à profit les intervalles où ce cruel état la laissait respirer, pour remplir tous les devoirs de la tendresse maternelle et tous ceux de l'amitié la plus empressée et la plus active. Au milieu des tourments d'une existence aussi frêle que pénible, on l'a vue conduire elle-même ses propres affaires et celles de ses enfants, rendre service à tous ceux qui avaient le bonheur de l'approcher, s'intéresser vivement à ce qui se passait autour d'elle dans le monde, dans les arts et dans la littérature, élever sa petite-fille comme si c'eût été l'unique soin de sa vie entière, écrire un des meilleurs ouvrages qui aient encore paru à l'usage de l'enfance, faire de la tapisserie, des nœuds, des chansons; recevoir ses amis, leur écrire, et ne pas manquer encore un seul jour de faire une toilette aussi soignée que son âge et l'état de sa santé pouvaient le permettre. On eût dit que, se sentant mourir tous les jours, elle avait pris à tâche de dérober chaque jour à la mort une partie de sa proie; c'était une étincelle de vie que l'occupation continuelle de ses sentiments et de ses pensées ne cessait d'agiter et de nourrir. » La mauvaise conduite de son fils et la perte de sa fortune affligèrent les dernières années de madame d'Épinay. Les réformes de Necker lui avaient fait perdre la plus grande partie de son revenu, mais l'impératrice de Russie le sut et vint à son secours. L'Académie française, en 1783, décerna à un ouvrage de madame d'Épinay, les *Conversations d'Émilie*, le prix de Monthyon, attribué alors pour la première fois. L'auteur mourut la même année, à l'âge de cinquante-sept ans, dans une maison de la Chaussée-d'Antin, où elle demeurait avec Grimm. Son nom était connu, son salon avait été célèbre ; les *Confessions* surtout avaient uni à jamais son souvenir à celui de Rousseau ; mais ni ses ouvrages, ni sa conversation ne l'avaient fait connaître entièrement : ce n'est que depuis la publication de ses Mémoires, en 1818, qu'on a appris à voir en elle l'un des plus vifs esprits et des écrivains les plus charmants du XVIIIe siècle.

Février et mars 1865.

V

CHATEAUBRIAND

AU CONGRÈS DE VÉRONE [1]

M. Duvergier de Hauranne a entrepris d'écrire l'histoire du gouvernement parlementaire en France. Cette histoire se divise d'elle-même en deux périodes, séparées par la Révolution de 1830. Il y a d'abord lutte entre la prérogative royale et le pouvoir représentatif. Celui-ci l'emporte, et alors commence une seconde période, celle des difficultés et des fautes qui compromettent l'exercice de la souveraineté nationale. On le voit, le sujet qu'a choisi M. Duvergier de Hauranne n'est rien de moins que l'histoire politique tout entière de la France, de 1814 à 1848. Il ne l'a conduite encore que jusqu'au milieu de la Restauration. On a publié plusieurs ouvrages d'un grand mérite sur cette époque ; celui de l'écrivain

---

1. *Histoire du gouvernement parlementaire en France*, par M. Duvergier de Hauranne. Tome septième, 1865.

dont nous parlons ne le cède à aucun pour l'excellence des informations, l'impartialité des jugements, l'intérêt du récit. Le septième volume, qui vient de paraître, est consacré à l'histoire de la guerre d'Espagne, l'un des épisodes les plus importants du règne des derniers Bourbons. M. Duvergier de Hauranne y a jeté un nouveau jour, grâce aux documents inédits qui ont été mis à sa disposition. De ce nombre sont un Mémoire sur le congrès de Vérone rédigé par M. Bois-le-Comte, et les papiers de M. de Villèle, en particulier sa correspondance avec M. de Montmorency. L'auteur a puisé dans ces manuscrits des renseignements utiles, parfois des révélations piquantes.

Il est un homme dont le nom revient souvent dans le volume que j'annonce : c'est Chateaubriand. On peut penser de la capacité politique de Chateaubriand ce que l'on veut, il n'en est pas moins vrai qu'il a été l'auteur de la guerre d'Espagne, et par conséquent qu'il a joué le principal rôle dans l'un des événements de la Restauration. Essayons de retracer et d'apprécier ce rôle, en prenant pour guide la relation de M. Duvergier de Hauranne.

Le premier acte de Ferdinand VII, à son retour en Espagne, avait été d'abolir la Constitution de Cadix. Six ans après, l'insurrection triomphante le força de rétablir et de jurer cette Constitution. Ferdinand affecta dès lors de se considérer comme le prisonnier des Cortès, et, au commencement de 1822, il demanda secrètement aux souverains de le délivrer. Les grandes puissances étaient justement sur le point de se réunir, en vertu d'une décision prise à Laybach. Vérone fut choisie pour le siége du nouveau Congrès, et les affaires d'Espagne y devinrent tout d'abord le principal sujet du débat.

M. de Villèle avait alors le portefeuille des finances, et M. de Montmorency celui des affaires étrangères. Les deux collègues n'étaient point d'accord sur la nécessité d'une intervention en Espagne : le premier, préoccupé de l'équilibre de son budget, ne voulait agir qu'à la dernière extrémité ; le second, fidèle à la doctrine du droit divin, regardait comme un devoir de défendre un souverain contre une révolution. Quant à Chateaubriand, il était ambassadeur à Londres. Il s'agissait de savoir qui représenterait la France à Vérone. Le roi proposa cette mission à M. de Villèle, qui refusa. Elle semblait, après lui, appartenir de droit à M. de Montmorency. Mais l'ambition de Chateaubriand était éveillée. Il disait tout haut que lui seul était capable de rétablir les affaires de la France au Congrès, comme il les avait déjà rétablies à Berlin et à Londres. Il décriait ses rivaux, M. de La Ferronays comme maladroit, M. de Caraman comme l'âme damnée de M. de Metternich. Fort lié avec M. de Villèle, avec lequel il avait travaillé au *Conservateur*, il l'assiégeait de lettres, le conjurait de l'envoyer au Congrès. « C'est, lui disait-il, la chose que je désire le plus..... Servez-moi afin que je vous serve...... Quand j'aurai négocié avec les rois, je n'aurai plus de rival. » Il déclarait en même temps que le service du roi exigeait qu'il reçût le cordon bleu : « M. Decazes l'avait, disait-il, et dans la diplomatie cela fait bien. » Tout en cherchant ainsi à prendre la place de M. de Montmorency, Chateaubriand ne négligeait pas de mettre celui-ci même dans ses intérêts. Il lui offrait une espèce d'alliance offensive et défensive. « Je pense, lui écrivait-il, qu'il est bon pour vous et pour moi que vous me mettiez en rapport direct avec les souverains de l'Europe. Vous compléterez ainsi ma carrière, et vous m'aurez toujours sous la main pour vous faire des amis et pour repousser vos ennemis. » Ce n'est pas tout : Chateaubriand usait de son influence sur madame Récamier pour que celle-ci usât à son tour de la sienne sur le ministre des affaires étrangères. Il n'était pas de jour qu'il n'écrivît à sa belle correspondante pour la prier d'intervenir en sa faveur. Seulement l'ambition, dans ces lettres, avait soin de se cacher sous de plus tendres sentiments. Le Congrès, à le croire, lui était indifférent; « mais, ajoutait-il, ce Congrès a l'immense avantage de me ramener à Paris, et toute cette politique ne signifie autre chose, sinon que je meurs du désir de vous voir. » Quelque long que parût le détour, il n'aspirait aux emplois que pour revenir aux pieds de son amie : « J'ai toujours cru que, pour accomplir mes destinées, il fallait passer par l'Angleterre d'abord, ensuite par le Congrès. Alors j'aurai devant moi la retraite la plus honorable ou le ministère le plus utile à la France. » Ainsi il désirait le Congrès pour arriver au ministère, et le ministère pour se rapprocher de madame Récamier. « Il y a trois mois, lui disait-il, que je vous ai quittée, et ces trois mois m'ont vieilli de trois siècles. Que ne suis-je pour toujours dans la petite cellule ! »

On voit que Chateaubriand était déterminé à réussir. Voulant la fin, il voulait aussi les moyens, et il n'était pas homme à se montrer difficile sur le choix. Il ne dédaigna pas d'employer la favorite pour arriver à l'oreille du prince. Louis XVIII était alors livré à l'empire de madame du Cayla, laquelle subissait à son tour celui de cet étrange personnage, M. Sosthènes de La Rochefoucauld. C'est la pauvre madame Récamier qui était chargée de mettre ces ressorts en mouvement. « Il faut, lui écrivait-on, il faut bien ménager Sosthènes et ses amis, et leur mettre dans la tête que si Mathieu lui-même ne va pas au Congrès (et il aurait tort politiquement d'y aller), il n'y a personne à y envoyer que moi. Mais si Mathieu allait au Congrès, pourquoi n'aurais-je pas le portefeuille des affaires étrangères par intérim ? Voilà une idée à jeter en avant auprès de Sosthènes et de ses amis ; mais il ne faudrait pas en dire un mot à Mathieu, il prendrait l'épouvante. » Et la lettre finissait par les protestations que nous avons vues au sujet de « la petite cellule. »

Et puis, par le travers de tout cela, des bouffées de fatuité. « Je porte bonheur aux royalistes, écrit-il à madame Récamier, toujours à propos du Congrès. Je ne puis m'empêcher de remarquer que leurs affaires s'arrangent partout où je vais, et se dérangent partout où je ne suis pas. »

Chateaubriand n'y tenait plus ; il finit par envoyer à

Paris M. de Marcellus, son secrétaire d'ambassade, les mains pleines d'instances et de menaces. La démarche réussit, et il fut décidé que M. de Montmorency irait au Congrès, mais qu'il serait accompagné de MM. de Chateaubriand, de Caraman, de La Ferronays et de Rayneval, représentant leurs missions de Londres, de Vienne, de Pétersbourg et de Berlin. Le Congrès s'ouvrit vers le milieu d'octobre 1822. On n'avait pas, depuis celui de Vienne, vu d'assemblée aussi brillante. Il y avait plusieurs souverains, ceux de Russie, d'Autriche, de Prusse, de Naples, de Sardaigne, avec leurs cours et leurs entourages. Parmi les plénipotentiaires figuraient le duc de Wellington, MM. de Metternich, de Nesselrode et de Hardenberg. L'impératrice d'Autriche et la duchesse de Parme s'y étaient rendues. Cette dernière voulut voir Chateaubriand ; il a raconté l'entrevue : « Nous la trouvâmes fort gaie : l'univers s'étant chargé de se souvenir de Napoléon, elle n'avait plus la peine d'y songer. Nous lui dîmes que nous avions rencontré ses soldats à Plaisance, et qu'elle en avait autrefois davantage ; elle répondit : je ne songe plus à cela. Elle prononça quelques mots légers et comme en passant sur le roi de Rome. Elle était grosse. Sa cour avait un certain air délabré et vieilli, excepté M. Nieperg, homme de bon ton. »

La grosse affaire du Congrès fut l'intervention réclamée par le roi d'Espagne. Les vues des puissances n'étaient rien moins qu'unanimes sur ce point. L'Angleterre et la Russie représentaient deux systèmes opposés. Alexandre voulait ériger la Sainte-Alliance en un tribunal souverain qui mettrait au ban de l'Europe les peuples coupables de révolution, et les ramènerait au devoir par une action commune. Le gouvernement anglais, au contraire, obligé de compter avec un Parlement libéral, cherchait à faire prévaloir le principe de l'indépendance des peuples en ce qui concerne leurs affaires intérieures. Quant à l'Autriche, elle répugnait à l'intervention, mais uniquement parce qu'elle n'avait rien à y gagner. La Prusse suivait l'Autriche. Et la France? La position de la France n'était pas simple, et par suite, sa politique n'était pas décidée. On comprend que l'intervention fût faite pour la tenter : il s'agissait de rétablir un prince légitime et d'écraser une révolution d'autant plus dangereuse qu'elle avait éclaté à nos portes. De l'autre côté, les finances du pays exigeaient des ménagements; on n'était pas sûr de l'esprit de l'armée; enfin et surtout, la France ne pouvait, sans s'amoindrir, se mettre à la suite des autres puissances en exécutant les arrêts qu'il plairait au Congrès de rendre.

J'ai déjà dit que M. de Villèle désirait le maintien de la paix, et que M. de Montmorency, malgré la réserve que lui commandaient son caractère officiel et ses instructions, ne dissimulait pas combien il était favorable à l'intervention. Chateaubriand, lui, s'était bien gardé à l'origine d'avoir une opinion, ou du moins de l'exprimer. Il lui importait trop de plaire à tout le monde. Cela est si vrai que, lorsqu'il arriva à Vienne, on le regarda généralement comme le représentant des tendances pacifiques de M. de Villèle. Les diplomates absolutistes raillaient d'ailleurs le publiciste libéral. « Il arrivait, disaient les Metternich et les Pozzo, il arrivait la poche pleine de Constitutions. C'était la lumière de l'Europe. Il venait montrer au Congrès ce que c'était qu'un homme. » Au reste, Chateaubriand n'avait pour le moment qu'un rôle secondaire. On avait, comme à Troppau, commencé par des conférences confidentielles dont il n'était pas. « Nous ne faisons pas grand'chose, écrivait-il à M. de Marcellus ; je me promène souvent, et parfois je me figure que je suis accrédité auprès de la tombe de Juliette bien plutôt qu'à un congrès européen. » Patience ! ce rêveur va étonner bien du monde.

M. de Montmorency devait retourner à Paris pour la session, et, lui parti, c'était à Chateaubriand que revenait la première place dans la légation française. Force lui fut donc de choisir enfin entre la paix et la guerre. Il choisit la guerre, et travailla dès lors à faire triompher son opinion par tous les arguments et tous les moyens. Il est une idée surtout qu'il avait saisie avec une singulière énergie de conviction, et qu'il réussit à faire partager à son gouvernement. Selon lui, la monarchie restaurée se mourait faute de victoires. Il lui fallait à tout prix des succès militaires, quand ce ne serait que pour l'affranchir d'une comparaison trop accablante avec l'Empire. La France, d'ailleurs, était travaillée par des besoins de liberté que la gloire seule pouvait tromper ou endormir. Mais il y avait plus : sans une armée, comment la France reprendrait-elle son indépendance vis-à-vis des nations qui l'avaient vaincue ? Comment les Bourbons rétabliraient-ils leur autorité dans le pays? Or ils avaient une armée, mais elle ne leur appartenait pas. Toute pleine de souvenirs héroïques, cette armée ne pouvait épouser un drapeau auquel manquait le baptême du sang et de la victoire. On le voit, il ne s'agissait, en tout cela, que d'intérêts dynastiques. D'autres considérations étaient moins élevées encore. Chateaubriand ne se faisait pas faute de rappeler aux ministres qu'ils avaient été portés au pouvoir par un parti qui voulait la guerre, et qui leur avait donné tacitement pour mission de la faire. La défaite du parti libéral dans les élections de 1822 vint donner plus de force encore à cet argument. Quant au droit et à la justice, Chateaubriand n'estimait probablement pas qu'un homme d'État eût à s'en embarrasser. Il n'hésitait même pas, pour arriver à ses fins, à tromper son gouvernement. Tandis que M. de Villèle continuait de vouloir la paix et le Congrès de redouter la guerre, Chateaubriand travaillait à persuader M. de Villèle que les puissances désiraient l'intervention de la France. Il espérait ainsi engager le ministre malgré lui, le mettre dans une position où il ne pourrait plus reculer. « Nous ne révélions pas tout, avoue-t-il lui-même, afin d'arriver à notre but, et nous nous disions secrètement : une fois la Bidassoa passée, il faudra bien que le président du conseil, actif, capable et décidé, aille de l'avant. »

M. de Montmorency avait quitté Vérone le 22 novembre. Le Congrès touchait à sa fin ; il se sépara le 14 décembre, après avoir décidé que les puissances adresseraient des notes comminatoires à leurs représentants à

Madrid. Il approuva, en outre, une circulaire par laquelle les souverains se constituaient en assurance mutuelle contre les innovations libérales, de quelque côté qu'elles vinssent. Le premier acte du drame était fini. On avait essayé de l'action commune sans trop parvenir à s'entendre. Désormais la France n'avait plus à prendre conseil que d'elle-même; elle agirait si elle le trouvait bon, à son heure et comme elle l'entendrait; il faut ajouter, cependant, qu'elle ne savait pas encore elle-même quel parti elle devait prendre.

Arrêtons-nous un moment ici. Le drame est mêlé d'une comédie, et c'est Chateaubriand qui nous la donne. Nous avons vu ses manéges pour se faire envoyer à Vérone; il va travailler maintenant à devenir ministre des affaires étrangères. M. de Montmorency, en effet, vient de donner sa démission. Il s'était énergiquement prononcé pour la guerre, et le roi, d'accord avec M. de Villèle, reculait encore devant une pareille décision. Qui le remplacera? Chateaubriand? Mais Chateaubriand ne s'est pas prononcé moins énergiquement pour l'intervention que M. de Montmorency lui-même. Qu'à cela ne tienne; M. de Villèle craint de mécontenter les royalistes, s'il se montre trop pacifique : il les rassurera en remettant le portefeuille vacant à Chateaubriand.

Reste une objection; c'est la position personnelle de Chateaubriand; cette position est des plus délicates. Il avait, disait-on, donné à M. de Montmorency sa parole de ne pas lui succéder. Il venait d'assurer M. de Polignac qu'il n'aspirait nullement au ministère, et que, pour le prouver, il allait retourner à Londres. Aussi, quand M. de Villèle lui offrit le portefeuille, eut-il besoin de toute son adresse. Il s'agissait, tout à la fois, de refuser ce qu'il désirait le plus au monde, et de prendre garde que ce refus ne fût pris au sérieux ; il fallait faire le modeste, et en même temps donner à entendre qu'on était indispensable ; jouer le désintéressement, et prendre garde de n'être pas pris au mot ; mettre en avant des motifs de délicatesse, et s'arranger de manière à avoir la main forcée. La lettre suivante est le chef-d'œuvre du genre. Le 25 décembre, Chateaubriand a reçu l'offre du ministère vacant ; le lendemain matin, il répond à M. de Villèle :

« Mon cher ami, la nuit porte conseil ; il ne serait bon ni pour vous ni pour moi, que j'acceptasse dans ce moment le portefeuille des affaires étrangères. Vous avez été excellent pour moi, et je n'ai pas toujours eu à me louer de M. de Montmorency ; mais enfin, il passe pour être mon ami ; il y aurait quelque chose de déloyal à moi à prendre sa place, surtout après tous les bruits qui ont couru. On n'a cessé de dire que je voulais le renverser, que je cabalais contre lui. S'il était resté dans un coin du ministère, ou que le roi lui donnât une immense retraite, comme la place de grand-veneur, les choses changeraient de face ; mais alors il resterait encore des difficultés. »

Ces difficultés provenaient des royalistes les plus ardents, que Chateaubriand se croyait seul capable de contenir. Et il a soin de le rappeler pour stipuler des avantages en faveur de ses amis.

« Vous savez, mon cher ami, combien je vous suis dévoué ; j'ai le bonheur de vous servir assez puissamment auprès de cette partie des royalistes qui sont opposés à votre système. Je les tempère, je les arrête et je les retiens, par la confiance qu'ils ont en moi, dans les bornes d'une juste modération ; mais je perdrais à l'instant toute mon influence si j'entrais au ministère sans amener avec moi deux ou trois hommes, de ces hommes qu'il est si facile de désarmer, mais qui seront extrêmement dangereux à la session prochaine, si vous ne pouvez pas vous arranger avec eux. »

L'insinuation était adroite. En rappelant son influence sur le parti royaliste, Chateaubriand donnait à entendre qu'il tenait le sort du ministère entre ses mains ; c'était une menace, bien qu'une menace déguisée avec un art infini. Ainsi obligé d'en émousser la pointe, notre diplomate craint qu'elle ne soit pas suffisamment sentie ; il en ajoute donc une seconde, et cette fois-ci il parle plus clairement : « Je dois vous dire avec franchise, qu'il y a tel ministre des affaires étrangères que vous pourriez choisir, sous lequel je ne pourrais servir, et ma démission serait un grand mal dans ce moment. » Incroyable mélange d'impertinence et d'astuce !

M. de Villèle comprit, et Chateaubriand fut nommé. Ne croyez pas qu'il cesse pour cela de jouer la comédie ; le voilà maintenant qui se pose en victime : à l'entendre, il n'a été nommé qu'à son corps défendant. « J'ai refusé Villèle à midi, écrit-il à madame Récamier. Le roi m'a envoyé chercher à quatre heures, et m'a tenu une heure et demie à prêcher, et moi résistant. Il m'a donné, enfin, l'ordre d'obéir. J'ai obéi, me voilà resté près de vous, mais je périrai dans le ministère. » La vérité est que le roi n'aimait pas Chateaubriand, et que jusqu'au dernier moment il hésita à signer l'ordonnance de nomination.

Chateaubriand a consacré quelques jolies pages du *Congrès de Vérone* à l'histoire anecdotique de son ministère. On nous saura gré de les rappeler ici. Après tout, le grand diplomate était surtout un grand artiste, et ce qui lui est resté le mieux gravé dans l'esprit c'est l'aspect pittoresque des choses.

« Nous n'avions point d'audiences à heure fixe ; entrait qui voulait : la porte était toujours ouverte.

» Parmi les besogneux d'argent et d'intrigues de toutes les sortes, s'avançaient en procession vers la rue des Capucines de mystérieux butors ; personnages vêtus d'un habit brun boutonné, ressemblant à de sérieux et inintelligents bahuts remplis de papiers secrets. Venaient des mouchards en enfance, à chevrons de la République, de l'Empire et de la Restauration : oubliant ce qu'ils devaient taire, ils disaient de chacun des choses étranges. Puis se présentaient des marchands de songes ; nous n'en achetâmes pas ; nous en avions à revendre. Des messieurs remirent entre nos mains de gros Mémoires chargés de notes et de notules explicatives et corroboratives. Se produisirent des dames utiles qui faisaient de l'amour avec des romans, comme on faisait jadis des romans avec de l'amour. Ceux-ci nous demandaient des places, ceux-là des secours : tous se dénonçaient les uns les autres ; tous se seraient pris aux cheveux, n'était que ces espèces de morts de tous les régimes étaient chauves. Il y en avait de bien sales ; il y en avait de bien singuliers : ils se tenaient à quatre pour n'être pas bêtes, mais ils ne pouvaient s'en empêcher. Un vénérable prélat voulut bien nous consulter ; homme de mœurs sévères et de religion sincère, il luttait pourtant en vain contre une nature parcimonieuse ; il ne se servait la nuit, dans sa chambre, que de la lune, et s'il avait eu le malheur de perdre son âme, il ne l'aurait pas rachetée. »

Chateaubriand se plaint que le roi éprouvât à son endroit quelque jalousie littéraire ; il semble plutôt que la littérature ait fini par former un lien entre ces deux personnages. Le monarque mettait volontiers son ministre sur la poésie ; il lui récitait des vers, tantôt déclamant une cantate de Jean-Baptiste Rousseau, tantôt chantonnant le *Sabot perdu*. Notre diplomate alors d'alterner quelques rimes :

> On peut parler plus bas,
> Mon aimable bergère.

Toute cette scène est inimitable. Les séances du conseil des ministres se passaient de la même manière.

« Sa Majesté s'endormait souvent, et elle avait bien raison ; si elle ne dormait pas, elle racontait des histoires. Elle avait un talent de mime admirable. Cela n'amusait pas M. de Villèle, qui voulait faire des affaires. M. de Corbière mettait sur la table ses coudes, sa boîte à tabac et son mouchoir bleu ; les autres ministres écoutaient silencieusement. Nous ne pouvions nous empêcher de nous divertir des discours de Sa Majesté. Le roi était visiblement charmé, quand il s'apercevait de son succès. Avant de commencer une histoire, il y cherchait une excuse, et disait avec sa petite voix claire : « Je vais faire rire M. de Chateaubriand ; » et, en effet, nous étions dans cette occasion courtisan si naturel, que nous riions comme si nous en avions reçu l'ordre. »

Ceux qui avaient cru qu'un changement de ministère signifiait un changement de politique, et que Chateaubriand représentait nécessairement la paix, puisqu'il prenait la place M. de Montmorency, qui représentait la guerre, ceux-là furent promptement détrompés. Il y avait cependant une différence entre les deux ministres. Chateaubriand ne fut pas plus tôt aux affaires que, selon l'expression de Canning, il transforma le caractère de l'intervention, et d'une question européenne en fit une question française. En même temps il travailla à amener M. de Villèle à ses vues, ou mieux encore, comme il avait déjà fait à Vérone, à tellement engager la partie que personne ne pût plus reculer. Les événements vinrent à son aide. Les Cortès ayant décliné avec beaucoup de fermeté l'ingérence des puissances, les ministres de Russie, d'Autriche et de Prusse avaient quitté Madrid. Qu'allait faire la France ? M. de Villèle aurait bien voulu attendre encore ; mais Chateaubriand déclarait le temps des ménagements passé, et l'opinion royaliste se prononçait dans le même sens avec une énergie qu'il eût été dangereux de méconnaître. M. de Villèle céda donc, et le ministre de France fut rappelé à son tour. C'était le prélude de la guerre, qui ne tarda pas, en effet, à éclater. Chateaubriand triomphait. J'ai dit ce qu'il se proposait : demander à la gloire militaire le prestige dont la Restauration avait besoin. Mais il y a toujours deux choses en politique : le but véritable qui ne se peut toujours avouer, et le prétexte qu'on fait valoir pour dissimuler ce but. Ici, la raison dernière de la guerre était l'intérêt dynastique ; mais le motif ostensible qu'on lui donnait était emprunté aux doctrines de la Sainte-Alliance. La France, disait-on, ne prétendait imposer à l'Espagne aucune forme de gouvernement, mais elle ne pouvait regarder comme légitimes des libertés qui n'émanaient pas du roi. Il n'appartenait pas à la nation espagnole, mais bien à la couronne, de corriger la Constitution. « Que Ferdinand VII, disait Louis XVIII à l'ouverture des Chambres, soit libre de donner à ses peuples les institutions qu'ils ne peuvent tenir que de lui, et qui, en assurant leur repos, dissiperaient les justes inquiétudes de la France, dès ce moment les hostilités cesseront. » On a peine, à quarante ans de distance, à croire que de pareils principes de droit des gens aient pu être ouvertement professés. Ce n'est pas que, même alors, quelques voix ne s'élevassent pour protester. M. de Talleyrand signalait, dans l'expédition qui se préparait, une tentative pour faire à l'étranger la contre-révolution qu'on n'avait pu faire en France. M. Royer-Collard s'élevait contre une politique suivant laquelle les peuples n'ont que des droits acquis, ce qui revient à dire que les gouvernements ont précédé les sociétés et que celles-ci sont leur ouvrage. Mais c'est en Angleterre que les maximes invoquées par Chateaubriand soulevaient le plus d'indignation. Le discours du roi avait été communiqué d'avance à Canning. Celui-ci s'en expliqua à cœur ouvert. « C'est donc, dit-il à M. de Marcellus, c'est donc une croisade pour des théories politiques que vous entreprenez !... Ignorez-vous que le système des Constitutions émanées du trône nous est odieux, et que le système britannique n'est que le butin des longues victoires remportées par les sujets contre les monarques? Un roi libre ! Connaissez-vous un roi qui mérite d'être libre, dans le sens implicite du mot? Peut-il, doit-il même l'être jamais ? Il n'y a de vraiment libre qu'un despote ou un usurpateur : fléaux du monde, comètes effrayantes qui brillent et s'éteignent dans le sang ! Notre Constitution et la vôtre, il est vrai, laissent en apparence au roi le vain privilége de choisir ses ministres. Mais ce privilége, l'exerce-t-il en réalité? Pensez-vous que je serais le ministre de Georges IV, s'il avait été libre de choisir ? »

Nul doute que Chateaubriand ne sentît la force de ces considérations et le caractère odieux de l'expédition à laquelle il avait poussé son pays. Nul doute aussi qu'il n'en prît facilement son parti, en réfléchissant aux avantages qui devaient en résulter pour la cause royaliste.

Malheureusement pour lui, il ne pouvait publier le véritable motif de sa politique, et il restait ainsi sans défense contre les objections. De là une fausse position et un secret dépit. Il ne comprenait pas qu'on s'arrêtât à son langage officiel. Il s'irritait de ne point être compris à mi-mot. Étranger comme il l'était à toute moralité politique, il lui semblait que chacun devait pénétrer son secret et lui faire honneur de son machiavélisme. Il a naïvement raconté tout cela dans son *Congrès de Vérone*.

« Au surplus, dit-il, nous n'avons jamais tant ouï de malédictions et de prophéties sinistres, tant vu de bonnes cervelles à l'envers; c'était un feu roulant des mêmes objections, une battologie et une tautologie perpétuelles : guerre injuste, guerre impolitique, faite dans l'intérêt du pouvoir absolu; nous n'avions pas le droit d'intervenir; nous consoliderions ce que nous prétendions renverser, etc., etc. En entendant ces discours, nous éprouvions une sorte d'impatience et d'étonnement; nous ne pouvions comprendre comment, parmi tous ces hommes distingués, il ne s'en trouvait pas un qui devinât notre pensée, qui découvrît le but vers lequel nous tendions. Nous étions prêt quelquefois à nous écrier : « Eh! imbéciles gens d'esprit! Il s'agit bien d'intervention, de Constitution espagnole, de toutes ces choses que vous nous forcez à vous dire ici; choses vraies, sans doute, mais qui sont à côté de la question véritable! Mauvais Français, vous nous combattez par prévention, jalousie, ambition, sans voir où nous allons, sans savoir ce que vous faites! Nous ne pouvons dire notre secret à la tribune. Nation légère et taquine, à quoi vous sert donc votre intelligence si vantée ! »

En jugeant la politique de Chateaubriand, il faut avouer que l'événement semble au premier abord lui avoir donné raison. Il avait fait preuve d'un coup d'œil net et perçant. Il avait prévu que les cours du Nord seraient réduites à laisser à la France l'indépendance de ses résolutions; il avait compris que l'Angleterre, malgré ses menaces, ne sortirait point de la neutralité; enfin, il avait eu confiance dans les armes de son pays, confiance dans la religion du drapeau, confiance dans le prestige de la victoire, et il est incontestable que la guerre d'Espagne rendit aux Bourbons une armée qui, jusque-là, s'était montrée défiante et hostile. Chateaubriand obtint donc ce qu'il avait voulu. Il releva la France aux yeux de l'Europe, et, selon sa propre expression, il lui remit l'épée à la main.

Mais si Chateaubriand discerna ainsi, avec une sagacité incontestable, les conséquences prochaines et secondaires de l'expédition d'Espagne, il n'est pas moins certain qu'il en méconnut les conséquences dernières et générales. Il était si persuadé de la nécessité de faire une guerre, qu'il ne s'inquiéta pas un seul moment du caractère de celle qu'il entreprenait. Chateaubriand n'était ni un fanatique du droit divin, ni un partisan du pouvoir absolu, mais il croyait devoir déployer le drapeau blanc à tout prix, et plutôt que d'en manquer l'occasion, il n'hésita pas à prendre en main la cause du pouvoir le plus inepte et le plus féroce. Or, c'est précisément de là que vint son châtiment. Ferdinand, une fois affermi sur le trône, s'abandonna à la vengeance ; le sang coula à flots, et la France, sans autorité pour modérer une réaction dont elle était le premier auteur, se trouva solidaire des excès les plus abominables. L'expédition d'Espagne fit ainsi doublement tort à la légitimité en France. D'un côté, il était impossible de n'y pas voir une croisade en faveur de l'absolutisme, et, par conséquent, une atteinte indirecte portée à la Charte et au principe constitutionnel. D'une autre part, les excès de Ferdinand justifièrent la révolution qui avait éclaté contre lui et que nous avions combattue; ils jetèrent l'infamie sur la cause que nous avions épousée; ils déshonorèrent nos armes, et il arriva ainsi que le succès de l'expédition nuisit plus encore aux Bourbons qu'il ne les servit. Chateaubriand avait bien vu, mais il n'avait pas vu loin; il avait bien jugé, mais sans s'élever assez haut, sans embrasser la question dans toute sa portée, la situation dans son ensemble. Il ne s'était préoccupé que de faire un coup de partie, que de remporter un avantage dynastique, et il n'avait pas compris qu'il sacrifiait un intérêt bien autrement grave : la réconciliation de la monarchie avec la révolution.

Nous avons dit que M. de Villèle et Chateaubriand n'étaient point d'accord sur cette guerre. Ils l'étaient si peu, que le second avait dû engager et entraîner le premier malgré lui. Les dissentiments ne pouvaient manquer d'éclater de nouveau après la victoire. Chose étrange ! Chateaubriand s'était tellement fait l'homme de la contre-révolution, qu'il ne trouvait rien à redire aux excès du royalisme espagnol. Il se plaignait, au contraire, que le duc d'Angoulême versât trop dans le sens des constitutionnels. Il ne voyait pas pourquoi on ménageait des gens qui, politiquement, ne pouvaient être d'aucun secours. M. de Villèle envoya au duc d'Angoulême la lettre où Chateaubriand s'exprimait de la sorte : « Je réponds à ce collègue, ajoutait-il, en lui demandant s'il est fou. » Ainsi se trouvaient en lutte la modération de l'un et la haute fantaisie de l'autre. Mais ce n'est pas tout : l'orgueil de Chateaubriand ne connaissait plus de bornes depuis le succès de ses desseins. M. de Villèle avait beau y mettre de la bonhomie, il ne pouvait lui être agréable que Chateaubriand se vantât partout d'avoir fait la guerre malgré le président du conseil, qu'il s'attribuât tout l'honneur de l'entreprise, et que, faisant sonner très-haut son influence sur les rois de l'Europe, il ne parlât de rien moins que d'obtenir la limite du Rhin. Chateaubriand, d'ailleurs, comme s'il pressentait une rupture, s'appuyait de plus en plus sur les royalistes extrêmes, c'est-à-dire sur les adversaires les plus ardents et les plus redoutables de M. de Villèle. Ce parti, de son côté, faisait une grande différence entre les deux ministres : il ménageait l'un autant qu'il maltraitait l'autre ; il semblait inviter Chateaubriand à se placer à sa tête. De là, on le conçoit, une situation tendue, une rivalité sourde entre des collègues que la nature de leur esprit divisait déjà profondément.

La session de 1824 amena la crise. La loi des rentes

avait rencontré, dans l'opinion publique, une opposition que Chateaubriand n'eut pas le courage de braver, et dont il paraît même avoir voulu profiter pour supplanter son rival. Ce qui est certain, c'est qu'après avoir approuvé le projet de loi dans le conseil des ministres, il ne l'avait point soutenu à la tribune, et ne s'était pas même gêné pour le blâmer dans les salons. La loi fut rejetée, et l'irritation qu'en éprouva M. de Villèle retomba naturellement sur son collègue. Peut-être, cependant, le premier ministre aurait-il encore hésité à se priver de l'appui d'un homme qui, soit par lui-même, soit par le parti qu'il représentait, pouvait devenir un ennemi redoutable. Mais le roi n'aimait pas Chateaubriand, et il était excité contre lui par madame du Cayla, qui voulait disposer du portefeuille des affaires étrangères.

Un matin, M. de Villèle fut en toute hâte mandé aux Tuileries. « Villèle, s'écria le roi, Chateaubriand nous a trahis comme un gueux, je ne veux plus le voir ! » Et, séance tenante, il fit rédiger et expédier l'ordonnance de son renvoi. On comprend que Chateaubriand dut être mortellement offensé d'une disgrâce dont on s'était plu à faire un affront. Son ami M. Bertin de Vaux essaya d'obtenir pour lui l'ambassade de Rome : M. de Villèle s'y refusa. « Alors, lui dit M. Bertin, dès demain la guerre commencera, et les *Débats*, qui ont renversé les ministères Decazes et Richelieu, n'auront pas plus de peine à renverser le ministère Villèle. — C'est possible, répliqua M. de Villèle ; mais vous avez renversé les premiers en aisant du royalisme ; pour renverser celui dont je fais

partie, il faudra que vous fassiez de la révolution. »
M. de Villèle se leva alors, et M. Bertin de Vaux sortit de son salon pour n'y plus rentrer. Le rédacteur des *Débats* tint parole. Chateaubriand, devenu journaliste, ne posa plus les armes jusqu'à ce que M. de Villèle eût succombé. Chateaubriand avait donc, encore une fois, fait preuve de ressource et de puissance. Mais on peut dire qu'il en fut de ce nouveau triomphe comme de celui qu'il avait remporté en Espagne : il y perdit plus qu'il n'y gagna. La guerre d'Espagne nous l'a montré réussissant en apparence, mais échouant en réalité, puisqu'il compromettait la monarchie par l'expédition même qui devait l'établir et la confirmer. Eh bien ! il est arrivé à Chateaubriand quelque chose de semblable dans sa campagne contre M. de Villèle. Il a réussi, cela est vrai; il a renversé son adversaire, personne ne peut le nier; mais il a donné en même temps le déplorable spectacle d'un homme qui, sans autre motif que les blessures de son orgueil et sans se douter même que la pudeur lui commande des ménagements, se retourne contre son collègue de la veille, attaque aujourd'hui la politique qu'il défendait hier, et ne se demande pas même, dans sa fureur, si les coups qu'il porte ne tombent point sur cette monarchie dont il s'est fait le champion. Chateaubriand a triomphé de M. de Villèle, mais il a enseveli deux choses dans sa victoire, la dynastie qu'il avait défendue et son propre honneur qu'il voulait venger.

Juin 1865.

V

LES ALENTOURS DE Mme DE SÉVIGNÉ[1].

I

Il en est de madame de Sévigné comme de Montaigne, j'allais dire comme de Shakspeare : on l'analysera, on la commentera, on la discutera jusqu'à la fin des siècles. La plupart des hommes et des auteurs donnent moins qu'on n'en attend : on en a bientôt fait le tour, on en a vite trouvé le fond, et, il faut l'avouer, une fois le fond trouvé le prestige est évanoui. C'est qu'il ne suffit pas de surprendre pour obtenir la gloire, il faut que la surprise se renouvelle. Le génie est un esprit qui s'offre sans cesse sous des aspects inattendus. On croyait le connaître, et par delà les côtés devenus familiers on découvre des régions qu'on ne soupçonnait point. Voilà en quoi consiste l'originalité ; ou plutôt voilà comment elle se manifeste. Quant à son essence, elle réside dans

---

[1]. *Les grands écrivains de la France*, nouvelles éditions publiées sous la direction de M. Ad. Regnier : *Madame de Sévigné*, tome X.

la richesse et la force natives, dans l'intensité même de la vie. J'ajouterais volontiers : dans la sincérité et la franchise. Pour être quelque chose, il faut être soi, et l'être avec un certain abandon : les affectations ne sont pas seulement la mort de l'art, elles sont surtout le signe que l'artiste est absent.

J'ai peur de m'être laissé entraîner un peu loin de madame de Sévigné : art, artiste, génie, on peut mettre en doute que ces grands mots lui soient applicables. A la bonne heure; mais ce qui n'est pas moins vrai, c'est qu'elle a les surprises, la verve intarissable, l'inépuisable variété, tout ce qui est nécessaire pour raviver éternellement l'intérêt. Elle est restée le plus populaire de nos classiques. Deux éditions de ses lettres, éditions complètes, volumineuses, se disputent à l'heure qu'il est la faveur du public. Il y a plus : c'est autour de madame de Sévigné que se livre en ce moment la grande bataille de la critique; c'est sur elle que, de part et d'autre, on démontre et on expérimente.

Tout le monde sait qu'il y a aujourd'hui deux écoles de critique, l'ancienne et la nouvelle. L'ancienne se plaît, dans un écrit, à voir le talent qui s'y déploie, et dans ce talent une source de jouissance littéraire. Ainsi faisaient nos pères. Avaient-ils été touchés ou amusés, ils n'en demandaient pas davantage. On admirait ou l'on sifflait, on prononçait un écrivain bon ou mauvais, et tout était dit. On n'allait pas au delà des sentiments qu'on avait éprouvés; ces sentiments avaient, pour ainsi parler, leur fin en eux-mêmes. Heureux temps où la littérature ne connaissait d'autres questions que des questions de goût, où aucune préoccupation ne venait troubler des plaisirs exquis, où on relisait ses auteurs favoris comme on s'assied à un banquet, pour manger à sa faim et s'égayer l'esprit d'un vin généreux !

Il en est autrement aujourd'hui. Le démon de la curiosité s'est emparé de nous. Il faut que nous nous rendions compte de toutes choses, même de nos plaisirs. Il ne s'agit plus de goûter, mais de comprendre. Le critique n'est plus un homme qui nous aide à démêler les beautés et les défauts d'un ouvrage, mais celui qui nous explique par le menu comment et dans quelles conditions un talent s'est formé. Qu'importe l'écrit ? c'est l'auteur que nous cherchons, et si ses œuvres nous intéressent, c'est surtout parce qu'elles nous permettent de pénétrer dans le mystère d'une individualité humaine. Ainsi la littérature a été tout entière ramenée à l'histoire littéraire, et l'histoire littéraire, à son tour, est en train de devenir une branche de la physiologie.

Il est facile de comprendre quelles seront les conséquences de ces théories. Il y aura, par exemple, deux manières de publier un auteur classique, selon que l'éditeur appartiendra à l'une ou à l'autre des écoles qu'on vient de définir. Et, pour ne parler que de madame de Sévigné, l'édition de ses Lettres qu'a publiée M. de Sacy, relève évidemment d'une tradition qui tend à vieillir. Peut-être est-ce la bonne ; je ne veux rien trancher, parce que je ne veux rien exclure : il faut, dans l'intérêt de ses jouissances, savoir prendre de toutes mains. Ce qui est certain, c'est que M. de Sacy offre bien le modèle le plus accompli, le plus séduisant de la critique d'autrefois. Il est, dans les lettres, quelque chose de semblable à ces représentants de l'ancien régime, tels qu'il n'en reste plus guère aujourd'hui : légèrement étrangers dans une société nouvelle, pleins de grâce toutefois et d'amabilité, secouant la tête avec plus de surprise que d'amertume à la vue des changements qui s'accomplissent autour d'eux, avouant leur préférence pour le passé, aimant à en parler, devenant alors éloquents, intarissables, portant dans l'expression, de leur fidélité au bon vieux temps je ne sais quel enthousiasme touchant et contagieux. Oh! pour celui-là, il est resté pur de nos travers! Les systèmes modernes n'ont pas trouvé de prise sur lui. C'est le légitimiste de la critique, le jacobite de la littérature. Ne vous y trompez pas : la Sévigné qu'il aime, c'est celle qu'il connaît, qu'il lit, qu'il admire depuis quarante ans. Présentez-lui en une autre, fût-elle plus ressemblante, il n'en voudra à aucun prix. Il est décidé à ne point se laisser déranger dans ses affections, ni ses habitudes. De deux choses l'une : on lui rend son amie telle qu'elle était, et alors à quoi bon tant de peines; ou l'on risque de la lui changer, et alors vous lui faites horreur. Même superstition à l'endroit des éditions. Celle qu'il préfère, il ne s'en cache pas, c'est toujours celle du chevalier Perrin. Il en goûte tout, il en approuve tout, l'arrangement, les corrections, les retranchements; il n'aurait osé les faire lui-même, ces retranchements, il est trop respectueux pour cela; mais quant à Perrin, il ne saurait le condamner : Perrin, il en est convaincu, a rendu service à madame de Sévigné.

Ce charmant dédain de la vérité vraie, cette indifférence qu'éprouve M. de Sacy pour les faits qui l'importunent, tout cela se trahit d'une façon plus piquante encore dans le jugement qu'il prononce sur les *Pensées* de Pascal. Peut-être supposez-vous que le pieux critique s'est félicité des efforts tentés pour rétablir le texte original du livre. Car, enfin, il ne s'agissait pas ici de quelques corrections ou de quelques suppressions : Port-Royal avait badigeonné cette fresque sublime ; on avait dissimulé tout ce qui en faisait le caractère et la grandeur ; on avait escamoté le génie de Pascal. Le croyant restait, soit, mais il n'y avait pas moyen de soupçonner que ce croyant fût un penseur arrivé à la foi par un acte de volonté ; il ne restait trace de ce doute hardi, pénétrant, qui, en toute question, allait droit jusqu'au sophisme caché, jusqu'à la contradiction intime. Aussi quelle surprise lorsque, il y a vingt ans, on retrouva tout à coup comme les Mémoires secrets de cette âme profonde, violente et malade de Pascal! Avec quel intérêt on vit reparaître chaque trait l'un après l'autre : le géomètre qui avait disserté sur l'amour, le chrétien qui avait tout mis en question, l'incrédule que la sainte épine avait ramené à la foi, le penseur qui avait eu des visions étranges ; l'homme de génie enfin qui était mort en portant une amulette et un cilice ! Voilà ce qui nous intéresse ; hélas ! voilà ce qui scandalise M. de Sacy. Il se plaint que nos nouvelles éditions laissent dans l'esprit une impression de scepticisme. Il ne nie pas, d'ailleurs, que ces éditions ne soient exactes, que cette impression ne soit fondée. Mais ce qu'il lui faut, à lui, c'est un livre qui élève son âme, qui touche son cœur, qui nourrisse sa piété ; à cet égard, les anciennes éditions font mieux son affaire, ce sont les bonnes, il s'y tient. Tel est M. de Sacy, le plus aimable, le plus ingénieux, le plus naïf représentant d'une tradition littéraire qui s'en va [1].

Si nous différons de M. de Sacy sur Pascal, comment nous entendrions-nous avec lui sur madame de Sévigné ? Non pas qu'il l'aime moins que nous, je l'accorde ; mais, assurément, nous l'aimons d'une autre manière. Notre culte pour elle a aussi ses superstitions : quel culte n'en a pas ? Seulement, ces superstitions sont le juste contrepied de celles de M. de Sacy. Nous acceptons d'avance, nous, toutes les découvertes. Que les recherches des éditeurs nous montrent la charmante femme un peu différente de ce que l'on pensait ; que dans cet idéal de la tendresse maternelle, il faille désormais faire entrer, comme une ombre au tableau, quelques défauts de caractère ; que l'adorable écrivain aille un peu loin dans sa résolution, c'est elle qui s'exprime ainsi, de se permettre les turlupinades qui viennent au bout de sa plume [2] : à la bonne heure, nous sommes prêts à tout.

---

[1]. Voyez la préface de son édition des *Lettres de madame de Sévigné* et les extraits de cette préface qui ont été donnés dans le *Journal des Débats* du 20 juillet 1864.

[2]. Édition Hachette, tome VII, p. 28.

Ce qui nous importe, c'est d'avoir l'auteur dans toute sa vérité et son authenticité. Nous sommes semblables à l'amant qui, une fois sous le charme, regarde comme une conquête chacune des découvertes qu'il fait dans l'objet de son adoration. Rien ne nous trouve indifférents. Il nous faut toutes ses lettres, toutes celles qu'on peut recouvrer. Il nous les faut telles qu'elles ont été écrites, sans coupures, sans corrections. Il nous les faut entourées de tous les secours que les commentateurs ont réunis jusqu'ici, de tous les renvois qui peuvent rendre plus facile l'usage de ces éclaircissements. Et pour tout cela, enfin, il nous faut un éditeur qui ait les mêmes goûts ou les mêmes travers que nous : à la fois engoué et libre, se faisant de la curiosité comme une vertu, sachant qu'en fait de vérité historique, rien n'est indifférent, et qu'en fait d'exactitude, le sentiment du devoir n'est pas encore assez : il y faut de la passion.

Cet éditeur, madame de Sévigné l'a trouvé dans la personne de M. Ad. Regnier. L'édition des *Lettres*, dont la librairie Hachette achève la publication, répond à toutes les exigences : elle renferme un grand nombre de pièces nouvelles ; elle rectifie le texte de celles qui étaient connues ; elle éclaircit tout ce qu'on a pu, elle multiplie les soins ingénieux ; bref, elle est complète, définitive, monumentale [1].

---

1. L'édition de Monmerqué, de 1818, renferme 1,305 numéros. L'édition nouvelle, en a 1513. On voit par là combien celle-ci est plus riche.

J'aime, dans les éditions de madame de Sévigné, la trouver entourée des personnes qui la touchaient de près, et je sais bon gré à M. Regnier d'avoir considérablement augmenté les lettres des membres de sa famille et de ses amis les plus intimes. Hélas! nous allons être réduits à celles-là. Le volume dixième, qui vient de paraître, renferme la dernière lettre qu'on possède de madame de Sévigné. Elle est adressée à Coulanges. L'écrivain s'y montre aimable et compatissante comme toujours. Elle y parle justement de plusieurs morts. Elle pleure surtout et « jette les hauts cris » en apprenant la fin de Blanchefort, un fils de la maréchale de Créquy, brillant jeune homme à qui tout semblait sourire, naissance, fortune, mérite déjà reconnu : « Un bon sens avec une jolie figure; point enivré de sa jeunesse, comme le sont tous les jeunes gens, qui semblent avoir le diable au corps; et cet aimable garçon disparait en un moment, comme une fleur que le vent emporte, sans guerre, sans occasion, sans mauvais air! » Voilà ce que madame de Sévigné écrivait, le 29 mars 1696; moins d'un mois après, le 17 avril, elle était enlevée à son tour. Vieillie, ayant perdu madame de La Fayette et d'autres de ses plus chères amies, elle avait fini par se fixer près de sa fille, à Grignan. Madame de Grignan était alors gravement malade, si bien que sa mère consuma ses forces à la soigner : « Je vous avoue que je m'en meurs, écrivait-elle, et que je ne suis pas la maîtresse de soutenir toutes les mauvaises nuits qu'elle me fait passer. » Ainsi épuisée, elle devait offrir une proie facile à la contagion qui moissonnait alors tant d'êtres plus jeunes et plus forts; la petite vérole l'emporta en quelques jours, sans que madame de Grignan pût quitter son propre lit pour la soigner.

Le comte de Grignan rapporte comment mourut madame de Sévigné. On sait qu'elle ne s'était jamais faite à l'idée de quitter ce monde. Elle l'avouait avec cette ingénuité qui est le premier de ses charmes : « Je suis embarquée dans la vie sans mon consentement; il faut que j'en sorte, cela m'assomme. » Elle n'en montra pas moins, lorsque le moment fut venu, une grande force d'âme : « Dès les premiers jours de sa maladie, écrit son gendre, elle a envisagé la mort avec une fermeté et une soumission étonnantes. Cette femme, si tendre et si faible pour tout ce qu'elle aimait, n'a trouvé que du courage et de la religion, quand elle a cru ne devoir songer qu'à elle. »

Madame de Sévigné, cela va sans dire, fut généralement et vivement regrettée. Madame de la Troche fut au désespoir de cette perte, madame de Coulanges en tomba malade, la duchesse de Chaulnes manqua en mourir. « J'aime cette duchesse, écrivait madame de Coulanges, de la vraie douleur qu'elle a eue de la perte de madame de Sévigné. Pour moi, madame, je vous avoue que je ne m'en consolerai jamais : j'y pense sans fin et sans cesse, et quand je songe que tous les **retours** ne la ramèneront point, je ne puis soutenir une **telle idée.** » Le comte de Grignan, de son côté, fut sincèrement touché : « Ce n'est pas seulement, disait-il, une **belle-mère** que je perds,

c'est une amie tendre et solide, une société délicieuse. »
N'est-il pas vrai qu'on sait gré à ce galant homme
d'avoir si bien senti et si bien dit?

Quant à la comtesse de Grignan, il n'y a nulle raison
de croire que sa douleur n'ait pas été tout ce qu'elle
devait être. On n'a pas besoin d'être un parangon de
sensibilité pour pleurer une pareille mère. Un mois
après la catastrophe, le comte d'Estrées, ministre de la
marine, passait à Grignan pour aller à Toulon, et il y
trouvait encore tout le monde dans l'affliction. Il ajoute
que madame de Grignan paraissait extrêmement touchée,
abattue par la douleur aussi bien que par la maladie.
Les lettres de celle-ci n'ont rien d'ailleurs que de conforme à la circonstance. « Vous savez, écrit-elle à M. de
Pomponne, quel tendre attachement, quelle intime union,
quels liens ont été brisés; il ne se peut sentir de plus
cruelle séparation ; elle m'étonne comme le premier
jour, et me paraît, s'il se peut, plus dure et plus amère. »
Suit tout un morceau assez bien tourné sur « une perte
si complète et si irréparable, » et sur l'impossibilité de
s'en consoler. La seule chose qui gâte cette page, c'est
qu'elle se trouve déjà dans une lettre au président Moul-
ceau, écrite plus de deux mois auparavant [1]. Elle avait
bien de la mémoire, la comtesse de Grignan, pour se
rappeler ainsi, à dix semaines d'intervalle, toutes les
expressions dont elle s'était servie. A moins toutefois que
les mêmes phrases eussent encore figuré dans d'autres

---

1. Comparez tome X, p. 387 et p. 400.

lettres que nous ne possédons plus, et qu'elles se fussent ainsi comme fixées sous la plume de l'écrivain. Mais, quoi! ne soyons pas trop sévères. A quelles extrémités ne sommes-nous pas tous entraînés par l'obligation d'écrire sans cesse et à toutes sortes de gens. Et sommes-nous bien sûrs d'ailleurs que la sincérité de l'impression soit absolument incompatible avec les banalités de la correspondance?

Madame de Sévigné fut donc regrettée de près et de loin. Cependant, là comme partout, on voit bientôt intervenir l'action du temps. Au commencement, les lettres sont toutes pleines d'elle; puis son souvenir ne revient plus que de loin en loin et en passant; puis enfin, le grand silence se fait, et à peine son nom se rencontre-t-il sous la plume de ceux qui lui avaient été si attachés. Ainsi va le monde; les morts ont beau faire, ce sont les morts!

Voyons un peu ce que devinrent ces correspondants de madame de Sévigné que nous entendions tout à l'heure, chacun à sa façon, déplorer la perte de leur mère, de leur belle-mère, ou de leur amie.

Et d'abord madame de Grignan. On sait que nous n'avons pas ses lettres à sa mère madame de Simiane les détruisit, en 1734, au moment même où elle publiait la correspondance de madame de Sévigné. On s'est donné beaucoup de peine pour comprendre le motif d'une mesure qui paraît si rigoureuse, et il est difficile de s'arrêter à ceux qui ont été allégués. Le chevalier Perrin donne à entendre que madame de Simiane obéit à un scrupule de dévotion, ce qui signifie sans doute que les lettres de madame de Grignan sentaient l'esprit fort. Il est certain que Ninon affectait d'opposer « la simplicité » de Charles de Sévigné aux lumières de sa sœur. Madame de Grignan, selon elle, avait tout le sel de la maison et n'était pas « si sotte que d'être dans cette docilité. » Enfin, à ceux qui voulaient la faire revenir de cette opinion, elle donnait à entendre qu'elle en savait plus que les autres [1]. D'un autre côté, il est clair, à en juger par la lettre même où nous lisons cette insinuation, que madame de Sévigné n'y ajoutait aucune foi : « Qu'elle est dangereuse, cette Ninon ! s'écrie-t-elle ; si vous saviez comme elle dogmatise sur la religion, cela vous ferait horreur. » Un peu plus loin, elle parle à sa fille de Bourdaloue et de l'amour de Dieu. Sur ce sujet de l'amour de Dieu, et sur la controverse qui s'était engagée entre Bossuet et Fénelon, nous avons justement une dissertation de madame de Grignan, écrite, à ce que l'on suppose, vers 1698, et dans laquelle l'auteur parle beaucoup plus en théologien qu'en philosophe [2]. Il est clair enfin dirai autant des passages dans lesquels madame de Grignan répondait mal aux témoignages de tendresse que lui prodiguait sa mère. Ce qui me paraît le plus vraisemblable, c'est que la correspondance dont nous parlons renfermait de nombreuses allusions à des embarras domestiques, des plaintes sur les dépenses excessives du lieutenant-général de Provence, et que madame de Simiane crut devoir à la mémoire de son père d'effacer un souvenir si pénible. Ajoutons qu'il n'a peut-être pas fallu beaucoup d'efforts pour sacrifier des lettres écrites au fond d'une province, et auxquelles l'esprit de madame de Sévigné elle-même aurait à peine suffi pour donner un intérêt durable.

Je ne veux pas insinuer par là que les lettres de la comtesse n'eussent pas leur charme. Sa mère, on le sait, faisait profession de les admirer. Et pourtant, à travers les louanges mêmes qu'elle prodigue à sa fille, on devine que les qualités de cette plume étaient justement celles qui devaient le moins lui plaire. Elle parle de l'arrangement des mots, de la justesse des périodes, mais elle prêche le naturel et met en garde contre l'éloquence. A en juger, en effet, par le petit nombre de pages qui philosophie. Qu'on ne s'effraie pas, du reste; je n'ai pas le goût des nuages, et il me semble que je saurai rester intelligible pour la plupart de ces lecteurs impatients qui, le soir, dévorent un journal.

La philosophie s'occupe de ce qu'il y a de plus général dans les connaissances humaines, des vérités qui sont le principe de toutes les autres vérités. Ainsi, des divers objets perçus par nos sens, elle remonte à la substance qui leur est commune à tous; des phénomènes qui se succèdent, elle remonte aux lois qui les enchaînent; des êtres bornés et finis, elle remonte à quelque chose d'infini et d'absolu. Il est une branche de la philosophie qui s'occupe spécialement de ces questions, et qu'on appelle la métaphysique, mais il est clair que la métaphysique est l'essence même de la philosophie, et que les deux choses, en dernière analyse, n'en font qu'une.

On le verra plus loin : les diverses questions dont s'occupe la métaphysique se résument et se concentrent, à leur tour, en une seule, celle de l'infini. On comprendra dès lors aussi que tout revient à savoir quelle est la valeur ou la réalité de cette notion. La question philosophique, par excellence, est donc celle-ci : ces mots d'absolu et d'infini qui jouent un si grand rôle dans notre langage, correspondent-ils à quelque chose de certain? Sont-ce de simples abstractions du langage, ou des réalités qui dominent et enveloppent toutes les autres ?

Je vais essayer de faire toucher le nœud de la question, en présentant les termes sous lesquels elle a été posée par Kant. C'est l'un des plus beaux titres de gloire de ce philosophe.

Parler, c'est énoncer un jugement. Le jugement est la forme même de la pensée, et, par suite, de la parole. Aussi la grammaire confine-t-elle ici à la philosophie. Elle nous apprend qu'il n'y a réellement qu'un verbe, le verbe *être*, et que ce verbe sert à unir l'attribut au sujet, en d'autres termes, à affirmer qu'une qualité appartient à une personne ou à une chose, ce qui est précisément un jugement. Quiconque a fait ce qu'on appelle de l'analyse logique, sait que tout discours peut être ramené à une suite de déclarations de cette espèce, parce que, encore une fois, telle est la forme même, la forme élémentaire, essentielle, de la pensée humaine.

Toutefois, si nous ne pensons et ne parlons que de cette manière, il ne s'ensuit pas que tous nos jugements soient de même nature. Leur forme est semblable, mais ils diffèrent par le fond, par le sens, par la portée. Kant s'est appliqué à classer les jugements, et il en distingue de deux sortes, qu'il appelle analytiques et synthétiques. Le jugement est analytique lorsque l'attribut fait nécessairement partie du sujet et se trouve par conséquent compris dans la définition même de celui-ci. En disant par exemple que tous les corps sont étendus, je ne fais qu'analyser la notion du corps pour appeler l'attention sur l'un de ses éléments constitutifs, et je n'ajoute rien à cette notion qui ne soit déjà connu de quiconque comprend le sens du mot. Lorsque, au contraire, l'attribut n'est pas contenu dans le sujet, lorsque celui-ci peut être conçu sans celui-là, le jugement prend le nom de synthétique. Ainsi quand je dis qu'un corps est pesant, j'énonce un fait que l'expérience nous a appris, mais qui n'était pas renfermé dans la notion même du corps, comme l'était tout à l'heure l'étendue.

Tous les jugements synthétiques, cependant, ne sont pas affaire d'expérience; il en est qui expriment un fait général, universel, et par conséquent un fait dont l'expérience ne saurait rendre compte. Si je dis que tout phénomène a une cause, je dépasse les limites de ce que j'ai pu reconnaître par moi-même ou par le témoignage d'autrui, puisque l'observation est bornée, tandis que mon jugement ne l'est pas, — puisque l'expérience est, de sa nature, contingente et particulière, tandis que mon assertion a le caractère de la nécessité et de l'universalité. Mais ce caractère, comment le justifier? Cet élément d'absolu qui marque les jugements de cette espèce, d'où vient-il? De quel droit l'homme ose-t-il affirmer ainsi *a priori* un fait que l'humanité entière ne saurait constater? Comment un être fini peut-il ainsi mettre l'infini dans ses discours?

Telles sont les questions que soulève ce que Kant appelle le jugement synthétique *à priori*. Mais ces questions ne sont qu'une manière plus simple et plus frappante de poser le problème fondamental de la métaphysique. Tout revient à ceci : Y a-t-il une connaissance indépendante de l'expérience? Y a-t-il un absolu? Nous en avons l'idée; mais d'où tirons-nous cette idée, et quelle en est la valeur?

Faisons tout de suite remarquer que, pour attaquer le jugement universel, il ne suffit pas de prouver qu'il dépasse l'expérience, puisque tout le monde est d'accord à cet égard. C'est ce que n'a pas vu Hume dans sa critique de la notion de cause et d'effet. Il n'a pas de peine à montrer que nous allons au delà des phénomènes observés, lorsque nous introduisons dans leur rapport un élément de nécessité ou d'universalité. Mais ce n'était pas assez pour ébranler la métaphysique. Il en est de cette notion comme de toutes les erreurs de l'esprit humain : on ne les réfute efficacement qu'en en montrant l'origine, qu'en signalant l'illusion à laquelle elles doivent leur naissance.

Un exemple fera comprendre en quoi consiste cette illusion. Un voyageur suit une route, et, au bout de cent pas, il voit un poteau qu'il remarque à peine. Cent pas plus loin, il en trouve un autre, puis un troisième, un quatrième, si bien que son attention s'éveille, et qu'observant la régularité avec laquelle ces poteaux se suivent, il se demande combien de temps cela va durer. Cependant les poteaux continuent de se succéder, si bien que, le premier étonnement passé, notre voyageur s'y accoutume ; il en vient bientôt à compter sur la présence de ces pièces de bois, et plus il va, plus il y compte. Telle est, à la fin, la force de l'habitude, ou, si l'on veut, la puissance de l'analogie, qu'au bout de deux ou trois jours de voyage, il n'admet plus, en quelque sorte, que le poteau puisse lui manquer à la distance observée ; il l'attend avec une confiance entière : il sait qu'il le trouvera. Rien, à la rigueur, ne justifie une pareille assurance, mais ainsi est fait l'esprit humain : un très-haut degré de probabilité équivaut pour lui à la certitude.

Il en est de même de toutes les propositions métaphysiques. La métaphysique n'est autre chose qu'une illusion en vertu de laquelle nous regardons comme universel ce qui est seulement général, comme nécessaire ce qui est seulement constant, comme absolus des phénomènes dont nous ne pouvons embrasser la totalité.

Voilà ce que Stuart Mill a parfaitement compris et mis en lumière dans sa *Logique*. Voilà ce que l'écossais Hamilton n'a pas moins bien fait sentir, en abordant le problème par un autre côté.

Nous prononçons un jugement universel, c'est-à-dire illimité. D'où tirons-nous cet élément absolu que nous mettons dans notre proposition? Ce ne peut être que de notre esprit ou de l'expérience. Or, l'expérience ne donne que le relatif ; c'est donc de notre esprit que nous tirons la notion de l'absolu. Mais cette notion y est-elle en effet? L'absolu peut-il être un sujet de connaissance? Peut-il être pensé? Nullement. La pensée suppose une personne qui pense et un objet qui est pensé; elle suppose un rapport entre eux, et par suite elle suppose qu'ils se limitent réciproquement. Ce n'est pas tout : connaître une chose, c'est la connaître par la ressemblance et par la différence, c'est-à-dire dans ses rapports avec d'autres choses, et par conséquent aussi en tant que particulière ou limitée. En un mot, la **pensée** suppose des conditions, penser une chose c'est lui en attribuer, c'est lui en imposer, et puisque l'absolu consiste dans l'absence de conditions, on ne saurait penser l'absolu. Quand donc nous parlons de l'absolu, quand nous le faisons entrer dans nos jugements, quand nous généralisons à l'infini, il est évident que nous outrepassons nos droits et qu'il y a un malentendu.

En quoi consiste ce malentendu ? C'est ce qu'il nous reste à montrer. Il suffit pour cela d'analyser les notions de l'absolu et de l'infini, ou pour mieux dire d'examiner comment nous les obtenons, et ce que c'est proprement que nous désignons par ces mots.

L'absolu, c'est ce qui a son commencement, sa fin, sa cause en soi-même, ce qui ne dépend de rien d'autre, ce qui est sans condition. Or, cette définition nous montre assez que la notion de l'absolu est purement négative ; nous y arrivons en pensant successivement aux conditions des choses relatives, et en les éliminant les unes après les autres ; mais quand nous sommes arrivés au bout de cette opération, il ne nous reste plus qu'une abstraction vide, moins que cela, un mot sans signification. L'absolu n'est autre chose que le néant conçu comme un être.

Il en est de même de l'infini. Comment pensons-nous l'infini ? En supprimant les limites, en supposant la faculté d'ajouter toujours un chiffre au chiffre acquis, une grandeur à la grandeur obtenue. Mais ce n'est là que l'indéfini, et l'infini, en effet, n'est pas autre chose qu'un terme contradictoire, au moyen duquel nous transformons cette notion tout abstraite et négative de l'indéfini en une affirmation, en une substance, en un être.

Penser l'absolu ou l'infini, ce serait penser Dieu, et penser Dieu, ce serait être Dieu. Or on ne pense pas Dieu, on y croit [1].

Mai, 1865

[1]. On connait le mot de Pascal : « S'il y a un Dieu, il est infiniment incompréhensible, puisque n'ayant ni parties, ni bornes, il n'a nul rapport à nous : nous sommes donc incapables de connaître ni ce qu'il est, ni s'il est. Cela étant, qui osera entreprendre de résoudre cette question? Ce n'est pas nous, qui n'avons aucun rapport à lui. » Fénelon ne s'exprime pas très-différemment : « L'être infini, dit-il, ne pouvant être dans aucune espèce, Dieu n'est pas plus esprit que corps, ni corps qu'esprit : à parler proprement, il n'est ni l'un ni l'autre; car qui dit ces deux sortes de substances dit une différence précise de l'être, et par conséquent une borne qui ne peut jamais convenir à l'être universel. » *De l'existence de Dieu*, 2e partie, c. 5. Les premiers éditeurs de Fénelon, semblables à ceux de Pascal, avaient été effrayés de la hardiesse de leur auteur et avaient joint au passage que je viens de citer une glose destinée à aller au-devant des interprétations fâcheuses.

VII

LE ROMAN DE Mme DU DEFFAND [1]

Il y a deux choses bien distinctes dans la correspondance de madame du Deffand : l'auteur d'abord, un écrivain d'un bon sens imperturbable, d'une admirable sincérité de jugement, avec plus de justesse sans doute que de profondeur, avec plus de précision que de charme, mais avec de l'esprit et un excellent esprit, doué d'ailleurs d'un style qui va droit au but, vif, clair, direct. Et puis il se trouve que cet écrivain est une femme, et que cette femme n'est pas seulement le centre vivant des beaux-esprits de son siècle, la correspondante favorite de Voltaire ; non, sous un air qui semblait tout à l'heure un peu viril, il y a une vraie femme, avec un vrai cœur, fait pour l'affection et la souffrance. Voilà ce qui m'intéresse, je l'avoue, encore plus que les anecdotes bien dites

---

[1]. *Correspondance complète de la marquise du Deffand, augmentée de lettres inédites, précédée d'une histoire de sa vie*, etc. par M. de Lescure. 1865.

et les jugements littéraires bien portés. Voilà aussi ce que je voudrais rechercher aujourd'hui au milieu des six ou sept cents lettres que M. de Lescure a eu l'excellente idée de réunir.

On ne sait au juste ni le lieu, ni l'année de la naissance de madame du Deffand, mais on ne peut se tromper de beaucoup en la faisant naître en 1697. Son père se nommait de Vichy, comte de Chamrond. Elle reçut le nom de Marie, et fut élevée à Paris, au couvent. On assure qu'elle montra de bonne heure assez d'indépendance d'esprit pour effrayer ses parents, à telles enseignes qu'ils lui envoyèrent Massillon pour la convaincre. La petite tint bon et fit valoir ses arguments; le prélat la trouva charmante et se garda de trop la presser. Elle a raconté elle-même qu'elle fut plus étonnée que persuadée. Après le couvent vint le mariage. L'époux qu'on donna à Marie de Vichy était un gentilhomme du Poitou, peu riche et de huit ans plus âgé qu'elle. L'union n'était pas assortie et ne tarda guère à être troublée. Madame du Deffand fut un moment maîtresse du régent; c'est Walpole qui nous l'apprend. On la trouve fort mêlée à cet entourage, liée avec les autres favorites, figurant dans les fêtes, et finissant par attraper six mille livres de rente viagère sur la ville. D'autres galanteries comblèrent la mesure, et le marquis du Deffand finit par la renvoyer. Il y eut de part et d'autre, quelques années après, un désir mutuel de rapprochement. On en trouve l'histoire dans une jolie lettre de mademoiselle Aïssé. Madame du Deffand s'était mis ce projet dans la tête;

elle y trouvait des avantages de situation ; elle l'appuyait de mille raisons toutes meilleures les unes que les autres. Le mari, de son côté, était amoureux et consentait à tout. Les voilà donc qui se revoient, qui dînent même et soupent ensemble. Cela dura bien six semaines. Mais madame du Deffand avait compté sans l'ennui que son mari lui inspirait et qu'elle redoutait plus que chose au monde. Adieu les belles résolutions, les rêves de vie correcte et décente ! Elle ne fait point de scène à son mari, mais elle n'y tient plus, elle le déteste, il s'en aperçoit et il s'en va. Oh ! pour le coup, elle ne le rappellera pas. Elle n'a plus qu'une peur, c'est qu'il ne revienne. En vain tout le monde la blâme, elle est la fable de la ville, ses amis même l'abandonnent ; que voulez-vous ? elle en serait morte. Une séparation définitive et judiciaire régla plus tard la position. Madame du Deffand en avait fini avec les liaisons orageuses. Nous sommes en 1730. Elle a trente-quatre ans. Elle s'est rangée, et a fait oublier des désordres dans lesquels elle n'a jamais d'ailleurs porté beaucoup d'entraînement. Sa vie a désormais toute la régularité qu'on exige en ce temps-là. Elle a une réputation d'esprit, des relations brillantes, des amitiés honorables, une sorte d'autorité acceptée, une fortune médiocre, mais suffisante, un salon déjà recherché.

Madame du Deffand passa à Sceaux les dernières années de la vie de la duchesse du Maine, qui avait un grand goût pour elle. C'est là qu'elle connut madame de Staal et le président Hénault. Madame de Staal a peint son amie ; elle parle de grâces auxquelles on ne résiste pas, d'un feu petillant et qui pénètre jusqu'au fond des objets, d'un esprit le plus naturel qu'il y ait au monde. Quant au président, c'est madame du Deffand qui, justement vers l'époque dont nous parlons, s'est amusée à tracer son portrait. Il faut avouer que l'affection n'y a point nui à l'impartialité. On y lit des traits tels que les suivants : « Toutes les qualités de M. le président Hénault, et même tous ses défauts, sont à l'avantage de la société ; sa vanité lui donne un extrême désir de plaire ; sa facilité lui concilie tous les différents caractères, et sa faiblesse semble n'ôter à ses vertus que ce qu'elles ont de rude et de sauvage dans les autres. » Et plus loin : « On serait tenté quelquefois de croire qu'il ne fait que penser ce qu'il s'imagine sentir. » On ne se douterait pas qu'il s'agit ici d'une relation très-étroite, d'un genre dont le dix-huitième siècle a fourni plusieurs exemples. L'étonnement augmente quand on parcourt la correspondance de ces intimes. On ne s'est jamais senti moins lié, et on n'a jamais mis moins d'ambages à le dire. Madame du Deffand écrit : « Pour moi, je suis fâchée de ne vous point voir ; mais je supporte ce malheur avec une sorte de courage, parce que je crois que vous ne le partagez pas beaucoup et que tout vous est assez égal. » Et le président de répondre : « Vous ne me mandez pas que vous avez du plaisir à m'écrire, mais que si vous n'aviez pas l'occupation de m'écrire, vous vous ennuieriez à la mort ; c'est précisément comme Caylus, qui grave pour ne se pas pendre. » Ou encore, dans la même lettre : « Eh ! que diable avez-vous besoin de prétexte pour vous tenir quitte de tout sentiment ? Vous avez trop d'élévation dans l'âme pour avoir recours à cela. Dites tout franchement : Je sens, ou plutôt je vois que vous faites de votre mieux depuis six ans pour que je vous aime, mais je vous déclare qu'il n'en sera rien. » C'est à son tour, à elle, maintenant, de renvoyer la balle : « Vous voyez clair comme le jour, écrit-elle, que lorsque je remarque en vous un grain de sentiment vrai, il fait le miracle du grain de moutarde de l'Évangile, il transporte les montagnes. Mais rarement me laissez-vous jouir de cette illusion ou de cette vérité. » En fait de ménage volontaire, on ne vit jamais rien de plus singulier. Et cependant, tout cela ne nous prépare pas encore à l'oraison funèbre qu'il nous reste à lire. Le président mourut en 1770, et voici comment madame du Deffand s'exprime à ce sujet dans une lettre à Walpole : « Je l'avais jugé à l'agonie dès le mercredi ; il n'avait ce jour-là, et il n'a eu depuis, ni souffrance, ni connaissance ; jamais fin n'a été plus douce. Il s'est éteint. Madame de Jonsac en a paru d'une douleur extrême ; la mienne est plus modérée. J'avais tant de preuves de son peu d'amitié, que je crois n'avoir perdu qu'une connaissance. Cependant, comme cette connaissance était fort ancienne, et que tout le monde nous croyait intimes, je reçois des compliments de toutes parts. »

Tel fut celui qui, pendant une trentaine d'années, siégea comme le maître de maison et le président naturel du salon de **madame du Deffand.** Gardons-nous d'ailleurs, si nous voulons saisir le ton juste et le véritable aspect de ces mœurs, gardons-nous d'oublier certain passage d'une lettre de Walpole. « Il faut, écrivait-il de Paris, la plus grande attention ou la plus grande habileté pour découvrir ici la plus petite liaison entre les personnes de sexe différent ; on ne permet aucune familiarité que sous le voile de l'amitié, et le dictionnaire d'amour est autant prohibé qu'on croirait d'abord que le serait son rituel. » A défaut de la morale, on se rabattait sur la décence ; c'était le mot consacré. Quoi qu'il en soit, une fois la cour de Sceaux dissoute, madame du Deffand commença à avoir sa cour à elle. Sa petite maison de la rue de Beaune n'y suffit bientôt plus. Ses connaissances augmentaient tous les jours, ses soupers étaient célèbres, la simplicité de son établissement ne l'empêchait point d'attirer la société la plus brillante. Quelques années plus tard, en 1747, elle occupa un appartement au couvent de Saint-Joseph, rue Saint-Dominique, comme on a demeuré de nos jours à l'Abbaye-au-Bois. Son mari mourut vers la même époque. Bref, sa vie est fixée, et nous la voyons maintenant à peu près dans e cadre et le milieu où elle passera la fin de sa longue existence.

Il me semble que je me la représente assez bien. Elle a été jolie, et elle a conservé une physionomie agréable, simple, expressive. Le fond de son caractère est la raison, avec ce qui en fait partie ou en découle, le naturel, la justesse d'esprit, le goût de la vérité, l'éloignement pour l'extravagance et l'artifice. Tout, chez elle, revient à une vue précise et impitoyable des choses. Elle ne voit que ce qui est, elle n'admet que ce qu'elle voit, et en même temps elle pénètre tout si vite et avec si peu d'effort qu'elle a l'air de ne suivre qu'une impression. Or, qu'est-ce que l'esprit, si ce n'est précisément cette promptitude à saisir ? Madame du Deffand est l'une des personnes les plus spirituelles de son temps. La raison, d'ailleurs, n'exclut point chez elle l'agrément. Elle a de la gaieté, de l'abondance, elle n'est même pas sans imagination. Comme elle ressent les moindres défauts, elle est aussi touchée des moindres grâces. Il faut avouer, néanmoins, qu'elle a le revers de ses qualités. Sa promptitude devient facilement de l'impatience. Elle ne se donne pas toujours le temps d'examiner. Elle cède à ses premiers mouvements. Elle est trop sûre d'elle-même. Elle met de la véhémence dans la discussion. Elle a de la brusquerie, de l'exigence, de l'injustice. Elle est susceptible d'engouement et de dégoût. Il n'y a pas de tenue dans ses sentiments, disait un de ses amis, parce que sa raison ne les adopte guère, et qu'elle n'a pas proprement l'âme de ses affections corporelles. Il ne faut pas oublier qu'elle est d'une complexion faible. Ses sens n'ont pas la fermeté de son esprit. C'est un homme supérieur dans le corps d'une femme nerveuse et débile. Elle a même des intermittences : il y a des moments où elle est dans les ténèbres et se croit abandonnée de ses facultés.

Nous tenons le fond de la nature de madame du Deffand, la raison ; mais nous n'avons pas encore nommé le principal effet que cette droite et exigeante raison produisit sur elle, un immense ennui. Jamais personne ne souffrit davantage de ce mal étrange, et le nom de madame du Deffand ne réveille rien tant aujourd'hui que le souvenir de l'ennui poussé jusqu'à ses plus tragiques détresses.

Les maladies ont leur date et leur histoire. La mélancolie est d'origine moderne : il en est de même de l'ennui, ce frère moins poétique de la mélancolie. Le mot signifiait jadis une contrariété, un chagrin ; il a ensuite désigné plus spécialement la sourde impatience qui s'empare de l'âme dans l'absence d'occupation ou d'intérêt ; mais c'est au dix-huitième siècle que l'ennui a passé à l'état aigu, et que le mot en est arrivé à exprimer l'une des grandes souffrances de l'humanité. Cela se comprend. Il faut pour s'ennuyer bien des conditions de développement social. « Maladie de grand seigneur ! disait Walpole ; on n'est point malheureux quand on a le loisir de s'ennuyer. » Il en parlait bien à son aise, lui à qui rien n'était nécessaire, et qui prenait goût à tout. Mais il est certain que l'ennui suppose une civilisation avancée, une société riche et paisible, une existence sans travail et sans désir. Il faut, pour le connaître, de la fortune, du loisir, des jouissances. C'est donc, en effet, le mal des gens heureux ou de ceux qu'on appelle ainsi ; mais c'est un mal, en même temps, qui a la propriété de tourner le bonheur en amertume, et qui, d'une personne enviée de tous, peut faire la créature humaine la plus digne de commisération.

L'ennui prend des formes diverses. L'âge surtout y met de grandes différences. L'ennui de la jeunesse est celui qui provient d'une force sans règle, d'une activité sans but, d'une passion sans objet, des efforts confus. L'espace est là si vaste, les rêves qui descendent des régions de l'inconnu sont si brillants, que la réalité en souffre nécessairement. Il arrive aussi parfois que l'adolescent n'attend déjà plus rien, il est comme désespéré d'avance, comme blasé sans avoir joui encore; l'ennui, dans son âme, n'est autre chose que le vide des aspirations infinies. L'ennui plus tard sera plus amer. L'homme fait a mis la vie à l'épreuve : l'inconnu lui a livré ses secrets; l'infini a abaissé ses horizons ; il sait désormais à quoi s'en tenir. A l'entraînement de la lutte a succédé une sorte de résignation froide ou de découragement dédaigneux. Le succès n'est pas pour le plus digne. L'amour, la gloire, la puissance, la richesse, les plaisirs, rien ne tient ce qu'il avait promis. Il faut si peu de science pour conduire le monde! Qu'est-ce qui est vrai? Qu'est-ce qui est faux? L'expérience laisse-t-elle un principe debout? C'est ainsi que l'homme, parvenu au milieu de la vie, la mesure une dernière fois à l'échelle de l'idéal, et ne peut réprimer un sourire d'amertume en comparant le rêve de sa jeunesse avec l'expérience de sa maturité. Mais déjà les années s'ajoutent aux années. Les ombres s'allongent sur la plaine. Nous pouvons compter ce qu'il nous reste de jours. La vie n'est plus devant nous, elle est déjà derrière. Le terme en est trop rapproché pour permettre encore de ces illusions d'optique qui la faisaient fuir dans un lointain incommensurable. Nous en embrassons le cours. Nous en touchons la fin. C'est dire que nous n'avons plus rien à lui demander. Elle est vide, nous le savons, et elle ne le serait point par elle-même, qu'elle le serait pour nous. Il vaudrait la peine de vivre, que nous ne sommes plus à temps pour le faire. L'ennui de la vieillesse, c'est le sentiment que rien n'est réel parce que rien ne dure. C'est le retour que fait le néant sur lui-même en s'avouant sa propre vanité.

Madame du Deffand a sans doute connu toutes les formes de l'ennui ; mais c'est surtout l'ennui de la vieillesse qu'elle a savouré jusqu'à la lie. Ses meilleurs amis sont morts ; elle est en proie aux insomnies ; enfin, et pour comble, elle a perdu la vue. Il faut avouer, du reste, qu'elle semble prédestinée au mal qui va l'envahir tout entière. Elle a cette délicatesse de goût qui rend les natures distinguées si vulnérables, et ce discernement qui, pénétrant sous la surface des choses, en trouve d'abord le fond, c'est-à-dire l'insuffisance. Elle connaît le monde et elle s'est aperçue depuis longtemps, dit-elle, qu'on peut diviser les hommes en trois classes : les trompeurs, les trompés et les trompettes. Il y a des imbéciles qui l'assomment de leurs lieux-communs, et il y a des hommes de talent qui sont bas, faux ou jaloux. On voit que madame du Deffand n'est pas indulgente. Eh bien, elle a porté sur elle un même regard non moins inexorable. Rien de triste comme ses retours sur sa vie. Il lui semble qu'elle n'a connu personne et n'a été connue de personne, que tous ses jugements ont été faux ou téméraires, qu'elle a dressé de ses mains les piéges où elle est tombée. L'abîme est partout, au dedans comme au dehors, et comment pourrait-elle en sortir? Elle se trouve juste assez d'esprit pour toucher les limites de cet esprit. Ses facultés sont incomplètes. La force de sa pensée ne va pas jusqu'au talent; elle comprend et ne sait pas rendre ; son intelligence est active, mais cette activité est en pure perte; elle est privée du sentiment, et elle a la douleur de ne pouvoir s'en passer. Il y a des moments, à l'en croire, où elle voudrait être bête à manger du foin. Ainsi, pessimisme universel, souverain mépris de tout, de tous, et tout d'abord de soi. Et comme rien ne vaut, elle ne met d'intérêt à rien. Elle n'a pas de passion, pas de désir, pas même de curiosité. Elle est arrivée à une indifférence qui n'est pourtant pas un soulagement, parce que cette indifférence se connaît, se redoute, se prend en dégoût. Elle hait donc la vie, et pour comble de misère, elle craint la mort; elle ne sait s'il y a un autre monde, mais s'il en est, et quel qu'il soit, elle l'appréhende. Elle voudrait ne plus être ici-bas, mais en même temps elle voudrait jouir du plaisir de ne plus y être. Écoutez-la dire et redire sur tous les tons qu'il y a un malheur inconsolable, suprême, celui d'être né, et que le remède est pire que le mal. Si du moins elle pouvait s'oublier un instant; mais l'ennui est comme la crainte, il s'augmente des efforts faits pour le combattre. Il y a des distractions, mais la même disposition qui fait qu'on en a besoin fait aussi qu'on en éprouve l'insuffisance. Recourra-t-elle à la société, à la lecture ? Comme si elle avait encore quelque chose à attendre des livres ou des hommes! Et cependant il faut bien qu'elle se fuie, puisqu'elle ne peut se supporter. Comme disait la duchesse du Maine, elle n'est pas assez heureuse pour pouvoir se passer des choses dont elle ne se soucie pas. Elle est donc obligée de s'amuser à des riens, de rechercher la conversation des sots, de se faire une ressource de ceux-là mêmes qu'elle méprise, de tout préférer à la solitude, et de se sentir honteuse de cette petitesse et de cette contradiction. Est-ce assez? Pas encore. L'ennui donne au caractère je ne sais quoi de désolé, d'aride, d'égoïste ; il se sent dépendant et il en est humilié ; ses préoccupations sont à la fois personnelles et mesquines ; il fait le vide et l'élargit sans cesse ; il flétrit, il corrompt. Madame du Deffand l'a défini d'un mot : « C'est le ver solitaire qui absorbe tout et qui fait que rien ne profite. »

Qui le croirait? Dans le cœur de cette septuagénaire misanthrope, désolée, desséchée, nous allons voir, à la dernière heure, fleurir une subite et romanesque affection.

II

Madame du Deffand, écrivant au président Hénault, se vantait un jour de n'avoir « ni tempérament ni roman. » Je l'en crois volontiers sur le premier point. Elle a de bonne heure, dit-elle dans une autre lettre, été « dégagée de ces sortes d'impressions des sens dont M. de Crébillon a été un si vilain peintre. » A ce compte, elle n'aurait eu d'autre penchant inférieur et sensuel que la gourmandise. Oh ! pour gourmande, elle l'a été ! Son estomac avait beau plaider, elle bravait les indigestions. N'est-ce pas elle qui appelait le souper l'une des quatre fins de l'homme ? Reste le roman. Ici il faut distinguer. Je ne crois pas que madame du Deffand fût naturellement la femme dégoûtée et égoïste qu'elle paraît au premier abord. Il y a d'elle, sur les affections, des mots sentis, de beaux mots, infiniment plus significatifs que les anecdotes rapportées par La Harpe et consorts. Elle a toujours cru qu'on n'avait de l'esprit qu'autant qu'on avait de l'âme. C'est le sentiment, à l'entendre, qui fait tout connaître, tout démêler ; tout est de son ressort. Elle allait jusqu'à se donner elle-même pour l'opposé de Fontenelle, de qui l'on disait qu'il avait deux cerveaux et point de cœur. Voilà donc qui est certain : il y a chez madame du Deffand un fond de sensibilité réelle, et c'est l'occasion seule qui lui a manqué jusqu'ici pour aimer véritablement. Il faut avouer que les Hénault, les Pont-de Veyle n'étaient pas faits pour développer des germes de tendresse féminine. D'elle à eux, l'amitié n'a jamais été qu'une espèce de trêve armée entre des égoïsmes et des amours-propres. Mais voilà qu'un nouveau personnage entre en scène. Nous ne l'aurions peut-être pas distingué des autres beaux-esprits secs et sceptiques de son siècle ; madame du Deffand en juge autrement, cela doit nous suffire ; elle le goûte vivement, elle s'en éprend ; l'âge n'y fait rien; il semble qu'elle ait en son cœur des économies d'affection qui demandent un emploi, des trésors amassés qu'elle a hâte de dépenser. Mais elle n'apprend pas seulement à aimer, elle devient sentimentale ; elle porte dans l'amitié le langage et les orages de la passion; bref, celle qui pouvait passer pour la moins romanesque d'entre les femmes est prise en flagrant délit de roman.

Un mot d'abord sur Horace Walpole. Il était né en 1718. Fils du célèbre ministre des deux premiers Georges, Robert Walpole, il était lui-même entré de bonne heure à la chambre des communes, bien que sans chercher à y jouer un rôle. Pendant vingt-sept ans qu'il y siégea, il n'y prit la parole que deux ou trois fois. Son père lui avait laissé peu de fortune, mais l'avait pourvu de plusieurs sinécures, et Horace menait une assez belle existence dans son petit manoir de Strawberry-Hill. Jamais résidence n'a mieux retracé le caractère de celui qui l'habita. Le castel gothique qu'il a élevé, les collections de curiosités qu'il y entasse, la société mélangée qu'il y reçoit, les ouvrages qu'il y compose et qu'il y imprime, tout semble trahir l'esprit à la fois distingué et excentrique, universel et incomplet du maître des lieux. Walpole est avant tout un amateur. Il prise les arts et les lettres, mais sans vrai goût; il est antiquaire plutôt qu'artiste. Il a une immense activité intellectuelle, mais il manque d'un but sérieux. Il s'amuse aux choses, il n'y met point de passion. Il a d'ailleurs des affectations de grand seigneur et d'homme du monde. Il ne peut se passer d'écrire, et il redoute ce qui sent l'homme de lettres. Il fait des livres et il en a honte. Il n'aime de la politique que les dessous de cartes et les intrigues. C'est un très-vif esprit, avec un très-bon ton, un très-grand air, de la légèreté, de l'ingénieux, de l'imprévu; et c'est en même temps un esprit artificiel, recherché, capricieux, contradictoire, paradoxal. Il s'amuse et amuse les autres; il a du tact, la connaissance des hommes, un tour d'imagination piquant, mais peu de tenue dans ses opinions et peu de fond. Sous un grand usage apparent du monde, il cache une timidité native. Il manque de présence d'esprit. Il lui faut du temps pour se calmer, juger, revenir sur ses premières impressions. Et comme on se pique ordinairement de ce qu'on a le moins, il veut être ferme, et il ne réussit qu'à se montrer opiniâtre. Il a cet autre travers des hommes timides : il redoute le ridicule. Il a peur de se livrer. Il s'enveloppe de dédain, de plaisanteries, et c'est ainsi qu'il s'est acquis une réputation, peut-être usurpée, de scepticisme, d'égoïsme et d'aridité.

Horace Walpole vit pour la première fois madame du Deffand dans un voyage qu'il fit à Paris à la fin de 1765. Il n'avait pas encore cinquante ans, et elle allait en avoir soixante-dix. Leur relation devint vite une amitié, et, d'un côté du moins, une passion. On assiste au progrès de ces sentiments. Walpole, au commencement, ne parle de sa nouvelle connaissance que comme d'une vieille aveugle, une débauchée d'esprit, chez qui il a soupé. Trois mois après, la vieille aveugle est charmante, et il se met en frais pour lui plaire. Vers la même époque, il donne d'elle un portrait tout à fait flatteur. On sent combien il éprouve d'attrait pour cette femme qui se moque à la fois du clergé et des philosophes, qui aime la discussion et n'y a jamais tort, qui voit aussi juste que possible sur tous les sujets, et aussi faux que possible en toute question de conduite. Après un séjour de sept mois à Paris, Walpole retourne en Angleterre. La correspondance commence alors entre les deux amis et nous voilà admis dans la confidence de cette étrange intimité. Les lettres de Walpole ont été brûlées en partie, et de ce qui en reste on n'a publié qu'un petit nombre de fragments. Mais nous avons celles de madame du Deffand ; c'est l'important. Elle prend la plume le lendemain du départ de son ami, et, dès cette première lettre, elle exprime tous ses sentiments : « Comme personne ne nous entend, je veux être à mon aise, et vous dire qu'on ne peut aimer plus tendrement que je vous aime ; que je crois que l'on est récompensé tôt ou tard suivant ses mérites ; et, comme je crois avoir le cœur tendre et sincère, j'en recueille le prix à la fin de ma vie. » Dès la seconde lettre, en revanche, on la voit exposée aux reproches de Walpole; il est embarrassé d'un sentiment si vif; il se plaint du ton romanesque de sa correspondante, et la pauvre femme de s'indigner, de s'excuser, de promettre, et de retomber sans cesse dans la même faute.

C'est toute une histoire assez triste, une espèce de malentendu, un chapitre à la fois touchant et singulier dans l'histoire des passions. Il est évident que les deux cœurs ne s'entendent pas. L'un a compris l'amitié d'une manière et l'autre d'une autre, ou plutôt madame du Deffand a, sous le nom et le prétexte de l'amitié, éprouvé un sentiment d'une autre nature. On comprend à quel point, tel que nous le connaissons, Walpole dut se sentir mal à l'aise dans une affection si disproportionnée. Il avait été flatté de la préférence que lui montrait une femme spirituelle et distinguée ; mais en répondant à ses avances, il n'avait jamais entendu trouver en elle autre chose qu'une relation agréable, une amie bien placée dans le meilleur monde, une correspondante dont il partagerait les lettres avec Voltaire, et qui, mieux que nul autre, lui ferait parvenir à Strawberry-Hill ces dires et ces scandales de salon dont il était si friand. Quel n'est donc pas son étonnement quand il s'aperçoit qu'il a inspiré une véritable tendresse à sa septuagénaire amie ! Il ne sait que croire et surtout que dire. Quel rôle va-t-il jouer dans cette aventure ? Quelle attitude gardera-t-il en présence de cette sensibilité exaltée ? Comment répondra-t-il à ces épanchements, à ces caprices, à ces importunités ? Soyons de bon compte, il y avait de quoi refroidir de moins circonspects que lui.

Walpole, d'ailleurs, courait ici le risque de devenir la fable de la cour et de la ville. Si le secret des lettres n'est pas encore devenu aujourd'hui un principe de morale administrative et de droit public, le gouvernement se gênait infiniment moins encore sous Louis XV. « Je ne sais, écrit madame de Tencin, jusqu'à quel point ce moyen de pénétrer dans le secret des autres peut être approuvé : mis en usage par Louis XIV, il a été bien perfectionné sous ce règne-ci. » Le cabinet noir, en effet, ne cherchait plus seulement dans les correspondances privées des renseignements utiles à la police ou à la politique, mais aussi des ressources pour l'amusement du roi. Le prince se tenait ainsi au courant de la vie privée de ses sujets, et l'on peut croire que l'entourage n'en gardait pas bien rigoureusement le secret, et que la malice des salons finissait par profiter à son tour des infidélités de la poste [1]. Voilà ce que savait Walpole, et ce qui le faisait bondir de terreur toutes les fois qu'il recevait de madame du Deffand une lettre un peu trop sentimentale. Il ne s'en cachait pas. Il avait toujours eu la crainte du ridicule. « Vous devez, écrit-il à son amie, vous souvenir à quel point elle me possédait, et combien de

---

[1]. « Six ou sept commis de l'hôtel des postes triaient les lettres qu'il leur était prescrit de décacheter, et prenaient l'empreinte du cachet avec une boule de mercure; ensuite on mettait la lettre du côté du cachet, sur un gobelet d'eau chaude, qui faisait fondre la cire sans rien gâter; on l'ouvrait, on en faisait l'extrait, et on la recachetait au moyen de l'empreinte. L'intendant des postes apportait les extraits au roi les dimanches. On le voyait entrer et passer comme les ministres, pour ce redoutable travail. Le docteur Quesnay, plusieurs fois devant moi, s'est mis en fureur sur cet *infâme ministère*, comme il l'appelait, et à tel point que l'écume lui venait à la bouche. — Je ne dînerais pas plus volontiers avec l'intendant des postes qu'avec le bourreau, disait le docteur. » *Mémoires de madame du Hausset.*

fois je vous en ai entretenue. N'allez pas lui chercher une naissance récente. Dès le moment que je cessai d'être jeune, j'ai eu une peur horrible de devenir un vieillard ridicule. » On conçoit maintenant, sans l'excuser peut-être pour cela, l'espèce d'impatience que la tendresse de madame du Deffand inspire à Walpole. Il se voit bon gré mal gré affublé d'une amante de soixante-dix ans. Il n'est pas seulement incapable de répondre à un pareil sentiment, mais même de le comprendre. Il peut le trouver bien placé et s'en sentir flatté, mais il le trouve surtout bizarre, et il craint que le public n'en ait vent et n'en rie. Ce n'est pas tout. J'ai déjà parlé d'une différence capitale de tempérament entre les deux amis. Ils sont, en dernière analyse, également pessimistes, mais l'un a le pessimisme gai, et l'autre l'a tragique. Madame du Deffand a vu le fond de tout ; Walpole l'a vu aussi, mais il a l'art de l'oublier. La première ne met plus d'intérêt à rien, parce que rien ne lui semble digne d'attachement ; le second s'amuse de tout, parce qu'il prend tout pour ce qu'il vaut. C'est ainsi qu'il en va souvent dans le monde. On ne réfléchit pas assez à l'influence salutaire des goûts futiles. Combien y a-t-il de gens qui ne sont préservés des horreurs de l'ennui que par une manie innocente, une préoccupation générale, quelque *dada*, pour parler comme Sterne, qui l'emporte dans les espaces imaginaires et lui fasse perdre de vue le néant fondamental des poursuites humaines. Admirable inconséquence de notre nature ! On peut avoir tout sondé, avoir reconnu, comme Salomon, que tout n'est que vanité et rongement d'esprit, et cependant on peut vivre avec contentement, et entrain, et activité, par cela seul qu'on a la faculté de se distraire. On ne renie point la sombre philosophie, mais on la perd de vue. Nous sommes ainsi faits que l'occupation du moment, abordée avec une certaine énergie, nous enlève le loisir de nous livrer aux considérations décourageantes et la liberté d'esprit nécessaire pour en sentir la force. Peu importe d'ailleurs la nature du divertissement; il n'en est point qui ne puisse servir. Jeu, modes, courses, beaux-arts, lettres, sciences, politique : tout est bon pour atteindre le grand but de la vie, qui est de ne pas penser à la vie. Or, jamais homme n'a été mieux fait pour cela que Walpole. Il est trop clairvoyant pour être dupe, mais il l'est trop aussi pour ne pas comprendre la nécessité de ne s'appesantir sur rien. Et il est admirablement servi par son caractère! C'est le dilettante par excellence. Il a tous les goûts et toutes les fantaisies. Il s'intéresse aux anecdotes des clubs, aux scandales de la cour, aux intrigues du Parlement. Il est politique, auteur, imprimeur, architecte. Il fait des recherches historiques et compose un roman. Il rédige ses Mémoires et met à jour sa correspondance. Il bâtit, il plante, il meuble. Il a une presse, des labyrinthes, des poissons rouges, des chiens, des chats ; il empile dans son château vitraux, armures antiques, tableaux, estampes, bronzes, tout un magasin de bric-à-brac. Le moyen qu'un pareil homme s'ennuie ou qu'il comprenne l'ennui chez les autres! Aussi, s'impatiente-t-il des doléances de madame du Deffand. Elle l'attriste par ses plaintes sur les choses et les gens. Pourquoi prendre ainsi l'existence au sérieux, tandis que lui s'en tire si aisément? De tout cela naît une sourde irritation contre son amie. Elle le fatigue. Il lui en veut. Il prétend que son amitié ne lui cause que de l'amertume. Il est dur, injuste, insultant. Il l'accuse de tous les défauts qu'elle a ou qu'elle n'a pas. Il lui reproche du galimatias. Il la traite de folle et de coquette. Il la compare à Héloïse, à la Religieuse portugaise. Pour peu qu'elle continue, il est prêt à rompre. En vérité, on ne peut rien se figurer de plus raisonnable et de moins gracieux : il n'y a pas un reproche à lui faire, à lui, mais il révolte.

C'est qu'on n'a jamais connu de sentiment plus sincère, plus profond, et par conséquent aussi plus touchant que l'amitié de madame du Deffand pour l'homme qui s'en montrait si peu touché. Il faut voir sa joie lorsque Walpole arrive à Paris, son empressement à l'aller trouver, sa désolation lorsqu'il repart. Elle le supplie de ne pas l'appeler madame, cela lui gèle les sens ; c'est bon quand elle n'a pas été sage : hors ce cas-là elle veut être *sa petite, sa chère petite*. Pour lui, il est son *tuteur*. Elle le consulte sur tout, lui obéit en tout, lui pose des cas de conscience. Elle met une grâce enfantine à se soumettre et à se corriger.

« Vous ne sauriez imaginer, écrit-elle, à quel point je vous respecte et je vous suis soumise. Je réprime tous mes premiers mouvements de haine, de colère, d'impatience ; vous jugez bien que ce n'est que de ce dernier que j'ai à me défendre avec vous. Il est quatre heures ; j'avais résolu de ne point demander si le facteur avait des lettres, et j'ai exécuté pendant trois heures cette résolution. A la fin, j'ai succombé en murmurant, de peur de faillir inutilement. Me voilà bien rassurée. »

« Vous n'étiez pas dans la plus agréable disposition, à la date de votre dernière lettre. Ce n'est pas que je m'en plaigne, elle est froidement honnête et vous ne m'y grondez plus, ainsi je n'ai rien à dire ; mais je voudrais savoir, si je suis enfin parvenue à vous contenter, et si je suis parfaitement corrigée de tout ce qui vous déplaisait. »

« Vous n'avez nul intérêt à me trouver des ridicules que je n'ai pas, et puisque vous trouvez mes lettres ridicules, il faut en effet qu'elles le soient. Ah ! je puis dire avec la dernière vérité que jamais je ne les ai crues ni bonnes ni amusantes, et que je vous ai toujours su un gré infini de votre complaisance à vouloir bien en recevoir et à vous donner la peine d'y répondre. »

« Que de lâcheté, de faiblesse et de ridicule je vous ai laissé voir ! (Walpole venait de quitter Paris.) Je m'étais bien promis le contraire, mais... Oubliez tout cela, pardonnez-le moi, mon tuteur, et ne pensez plus à votre petite, que pour vous dire qu'elle est raisonnable, obéissante, et par-dessus tout reconnaissante ; que son respect, oui, je dis respect, que sa crainte, mais sa crainte filiale, son tendre, mais sérieux attachement, feront, jusqu'à son dernier moment, le bonheur de sa vie. Qu'importe d'être vieille, d'être aveugle ? Qu'importe le lieu qu'on habite? Qu'importe que tout ce qui environne soit sot ou extravagant? Quand l'âme est fortement occupée, il ne lui manque rien que l'objet qui l'occupe, et quand cet objet répond à ce qu'on sent pour lui, on n'a plus rien à désirer. »

Ce ton ne se dément pas. Madame du Deffand n'a qu'une ambition, c'est que Walpole lui dise un jour qu'il est content d'elle. Avec quelle douceur elle se plaint que ses lettres sont froides et pourraient être adressées à d'autres aussi bien qu'à elle! Avec quelle gentillesse elle défend l'amitié contre ce rude censeur, qui voudrait en bannir jusqu'au nom! « Soyons donc amis, dit-elle, mais amis sans amitié. C'est un système nouveau, mais dans le fond pas plus incompréhensible que la Trinité. » Et encore : « Laissons là l'amitié, bannissons-la, mais n'ignorons pas le lieu de son exil, pour la retrouver s'il en était besoin. Voilà la grâce que je vous demande, et la promesse que je vous fais, c'est de ne jamais prendre son nom en vain. » D'autres fois, ce sont des plaintes contenues, dignes, discrètes, mais d'autant plus pénétrantes :

« Nous voulons l'un et l'autre nous rendre heureux ; je vais pour cet effet redoubler de prudence ; de votre côté, tâchez d'avoir un peu d'indulgence, et ne me dites jamais que nous ne nous convenons point. Songez à la distance qui nous sépare ; que quand je reçois une lettre sévère, pleine de reproches, de soupçons, de froideur, je suis huit jours malheureuse, et quand au bout de ce terme, j'en reçois encore une plus fâcheuse, la tête me tourne tout à fait. Je n'aime pas le sentiment de la compassion : cependant, rappelez-vous quelquefois mon âge et mes malheurs, et dites-vous en même temps qu'il ne tient qu'à vous, malgré tout cela, de me rendre très-heureuse. »

Il faut avouer que Walpole ne paraît pas à son avantage lorsqu'il se montre insensible à de pareilles remontrances. Ce qui prouve qu'il en fut peu touché, c'est qu'il continua à traiter sa correspondante si durement qu'elle finit par se fâcher. Il y eut une brouille de deux mois en 1772; madame du Deffand renvoya à Horace une lettre qui l'avait mortellement blessée, et elle déclara qu'elle n'écrirait plus que pour lui répondre. Inutile d'ajouter que les avances et la réconciliation vinrent d'elle. Nouvelle offense et nouvelle querelle au mois de mars de l'année suivante. Mais madame du Deffand touchait alors à l'âge de quatre-vingts ans et commençait à s'affaisser. « Je fais, écrivait-elle, de grandes enjambées vers ce que vous savez. » Il était difficile dans ces circonstances qu'on ne s'apaisât pas de part et d'autre. A la fin même, tout à fait à la fin, Walpole rassuré semble avoir laissé parler son cœur. Ce fut un transport de joie chez sa vieille amie. « Dites-moi, s'écrie-t-elle, d'où vient ce changement qui est arrivé en vous? Est-ce l'impossibilité de me jamais revoir qui vous fait proférer ce mot d'amitié, parce qu'il devient sans conséquence? Ah! il est bien sûr que je ne vous reverrai jamais ! » Ainsi, jusqu'au bout et sous les dernières glaces de l'âge, la ferveur et l'agitation des grands sentiments !

La dernière lettre de madame du Deffand à Walpole est du 22 août 1780. Elle y prend congé de lui : « J'ai de la peine, dit-elle, à croire que cet état ne m'annonce une fin prochaine. Je n'ai pas la force d'en être effrayée, et ne vous devant revoir de ma vie je n'ai rien à regretter... Divertissez-vous, mon ami, le plus que vous pourrez ; ne vous affligez point de mon état : nous étions presque perdus l'un pour l'autre ; nous ne devions jamais nous revoir. Vous me regretterez parce qu'on est bien aise de se savoir aimé. » Elle avait dicté cette lettre à Wiart, son secrétaire. Celui-ci, qui lui était fort attaché, voulut relire la lettre à haute voix ; mais il ne put en venir à bout, les sanglots l'interrompaient. Madame du Deffand s'en aperçut : « Vous m'aimez donc, dit-elle ? » Elle exprimait ainsi le sentiment de toute sa vie ; elle avait désiré l'affection sans pouvoir se persuader qu'elle en inspirât à personne. « Vous savez que vous m'aimez, répétait-elle sans cesse à la duchesse de Choiseul, mais vous ne le sentez pas. » Et les plaintes dont elle fatiguait Walpole, qu'était-ce sinon l'inquiétude d'une âme à la fois défiante et passionnée ?

Le sentiment que madame du Deffand éprouvait pour Walpole est difficile à définir. C'est proprement l'un des chapitres les plus curieux de l'histoire du cœur humain, ou si l'on veut, du cœur féminin. On serait tenté d'abord de n'y voir que de l'amitié. Mais l'amitié a une sérénité qui manque ici. Elle suppose une réciprocité exacte qui y fait aussi défaut. L'amitié, c'est surtout la confiance et la confidence, l'échange des pensées, le commerce doux et sûr. Je veux bien qu'elle prenne un caractère spécial, comme le veut La Bruyère, lorsqu'elle s'établit entre personnes de sexes différents; elle a beau rester alors innocente, « une femme regarde toujours un homme comme un homme, et réciproquement un homme regarde une femme comme une femme. » Aussi La Bruyère demande-t-il qu'on fasse de cette liaison une classe à part, à mi-chemin entre la passion et l'amitié pure. A la bonne heure; mais n'est-il pas évident qu'elle aura franchi ces limites mêmes, et sera sortie du rang qu'on lui avait assigné, dès que nous la verrons livrée aux ardeurs, aux jalousies, aux chimères? Et n'est-ce pas précisément là ce que nous offre le cœur de la pauvre madame du Deffand? On voit aussi qu'il y aurait de la naïveté à prendre l'amie de Walpole au mot lorsque, dans un passage d'une de ses lettres, elle s'avise qu'il aurait pu être son fils et exprime un regret que cela n'ait pas été. Illusion ou boutade! l'amour maternel n'est pas si sentimental que celui-là, et madame de Sévigné elle-même a aimé sa fille dans une tout autre nuance. Reste l'amour au sens propre du mot. Mais non, l'amour a beau être relevé par tout ce qu'y savent mettre les âmes délicates, il n'en renie pas pour cela ses instincts premiers et secrets; il est accompagné de trouble, de désirs, d'ivresse; et pour tout dire, de la part d'une septuagénaire, l'amour n'est pas seulement ridicule, il est simplement impossible et exclu.

Peut-être cependant, et à tout prendre, le sentiment de madame du Deffand pour Walpole est-il moins exceptionnel qu'il ne paraît au premier abord. Il y a une affection idéale, dont les femmes sont plus capables que les hommes, dont elles sont probablement seules capables, qui a ses racines dans les mystères mêmes de leur sexe, qui tient à leur nature délicate et désintéressée, qui a toute la douceur de l'amitié, qui a toute la ferveur de l'amour, qui dédouble en quelque sorte ce dernier sentiment pour n'en prendre que la pure tendresse, qui en connaît ainsi les agitations sans en courir les dangers, et dont les aspirations ne vont pas au delà du bonheur d'être adoré par une personne jugée digne elle-même de ce culte du cœur. Les exemples d'une pareille affection ne sont point rares ; il en est même d'illustres. Je ne sais si l'on peut mettre de ce nombre la liaison de madame de La Fayette avec le duc de la Rochefoucauld, mais j'y rangerai sans hésiter la « tendre et parfaite amitié » que madame de Staal nous dit avoir toujours conservée pour M. de Silly, la persévérante affection de la charmante madame de Verdelin pour ce sot dévot de Margency, la virginale tendresse de Louise de Condé pour M. de la Gervaisais, et, enfin, ce qui nous rapproche davantage de madame du Deffand, l'attachement de la marquise de Créqui, elle aussi septuagénaire, pour Sénac de Meilhan, qui avait vingt ans de moins qu'elle. Relevant du cœur et de l'imagination, on comprend que le sentiment dont il s'agit soit, jusqu'à un certain point indépendant de l'âge. Rien n'empêche qu'il n'éclate dans la vieillesse, comme il arriva à madame de Créqui et à madame du Deffand, lorsque l'âme est encore active et surtout lorsque le cœur n'a pas encore trouvé à se donner jusque-là. C'est alors comme l'éveil d'une faculté restée sans emploi, et, ainsi qu'on l'a dit, comme une revanche de la nature.

Juin 1865.

VIII

MAHOMET ET LE MAHOMÉTISME [1].

Les méthodes de la science moderne ont renouvelé ce sujet, comme elles ont renouvelé tout le reste de l'histoire. Les origines du mahométisme n'étaient guère mieux connues ou mieux comprises, il y a vingt ans, que les commencements de Rome du temps de Rollin, ou ceux de la monarchie française du temps de Mézeray et d'Anquetil. M. Weil, en Allemagne, et M. Caussin de Perceval parmi nous, sont les premiers qui abandonnèrent le récit stéréotypé dont on s'était contenté jusqu'à eux. Ils remontèrent aux sources, ils puisèrent dans les manuscrits, ils appliquèrent la critique aux traditions, et ils arrivèrent ainsi à placer les faits dans un jour fort différent de celui auquel nous étions accoutumés. Après eux, et tout récemment, deux hommes qui ont passé une partie de leur vie dans l'Inde anglaise, et qui y ont étudié l'islamisme au milieu d'une population mahométane

1. *Mahomet et le Coran*, par J. Barthélemy Saint-Hilaire. 1865.

nombreuse et policée, ont trouvé le moyen d'ajouter encore aux renseignements que nous possédions sur Mahomet. M. W. Muir a mis une érudition consciencieuse au service d'une intention trop marquée peut-être de propagande chrétienne. Quant à l'ouvrage de M. Sprenger, dont le troisième et dernier volume vient de paraître, c'est un des monuments historiques les plus considérables qu'on ait élevés de nos jours. L'auteur a passé douze années de sa vie dans les contrées musulmanes de l'Inde; il a réuni une collection immense de manuscrits et de livres orientaux, et, après des années de travail, il a tiré de ces matériaux un ouvrage où la critique et l'esprit philosophique ne le cèdent point à la science. Son livre est de ceux qui font l'honneur d'un siècle et d'une nation.

Il restait cependant quelque chose à faire, du moins en France. La plupart des travaux dont je viens de parler, étant écrits dans des langues étrangères et d'ailleurs fort hérissés d'érudition, avaient peu de chance d'arriver jusqu'au grand public. M. Barthélemy Saint-Hilaire l'a senti, et il est venu à notre secours. Il a pris, à cet effet, le meilleur parti. Au lieu d'écrire à son tour toute une histoire du mahométisme, il nous a rendu compte de ce qui a été fait par les savants modernes. Il a mis sous nos yeux les résultats de leurs recherches. Il a touché ainsi successivement à tous les points importants. Il a mêlé à son compte-rendu des appréciations modérées et sensées, et des réflexions sur le rôle du prophète arabe qui n'ont qu'un tort, celui d'être empruntées trop exclusivement à nos propres idées morales et à notre civilisation. Quoi qu'il en soit, le volume de M. Barthélemy Saint-Hilaire offre une lecture d'un grand intérêt. On y voit l'horizon historique s'étendre. On ne peut le parcourir sans prendre du mahométisme une idée nouvelle et plus juste. Ce n'est plus une religion conçue quelque jour dans la tête d'un ambitieux de génie, c'est une œuvre de foi et d'enthousiasme, non moins que d'habileté et de puissance ; c'est une œuvre, en même temps, qui s'explique par des analogies, qui avait été préparée par d'autres faits, qui ne s'est pas accomplie d'un seul coup et par l'effort d'un seul homme. En un mot, il en est du mahométisme comme de tous les grands événements de l'histoire : au premier abord, on les voit dans leur isolement, et pour peu que les causes ne s'en montrent pas à la surface, nous sommes portés à les considérer, soit comme de pures conceptions du génie, soit même comme des manifestations surnaturelles ; puis on y regarde de plus près : on s'aperçoit que l'éloignement seul et l'ignorance produisaient cette impression ; on retrouve l'enchaînement des causes et des effets, on reconnaît l'éternelle action des forces, l'éternel règne des lois, et le phénomène qui paraissait surhumain n'est plus dès lors à nos yeux qu'une des phases de l'évolution universelle.

I

Les hommes se partagent en trois races, la noire, la jaune et la blanche ; et cette dernière se divise, à son tour, en deux familles bien distinctes, l'arienne et la sémitique. Les Ariens, dont la science moderne a poursuivi les traces jusqu'à l'époque où, réunis encore, ils habitaient le bassin de l'Oxus, ont donné naissance aux nations les plus célèbres de la terre, les Grecs, les Romains, les Germains. Les Sémites diffèrent moins des Ariens par les traits du visage et les habitudes du corps (bien qu'à cet égard même il y ait là deux types suffisamment accusés), que par la langue, le génie et l'histoire. La région sémitique primitive n'est pas très-étendue ; elle occupe une partie de l'Asie antérieure, du Liban au golfe d'Aden, et de la Méditerranée à l'Euphrate ; mais on sait que plus tard la conquête et l'émigration ont de beaucoup franchi ces limites. Les langues des Sémites forment un groupe parfaitement compacte et déterminé. De nombreuses gutturales ; des mots qui se ramènent tous à des radicaux de deux syllabes et de trois consonnes ; une grande richesse de conjugaisons ou de *voix* dans les verbes, accompagnée d'une grande pénurie dans les temps et dans les modes ; une sorte de génitif qui fait porter la flexion sur le premier mot au lieu du second ; une agglutination assez grossière de préfixes et de suffixes ; l'absence des mots composés ; la simplicité extraordinaire de la syntaxe ; une écriture, enfin, qui va de droite à gauche, et qui n'a de lettres proprement dites que pour les consonnes : tels sont les caractères généraux de ces langues. Quant au génie des peuples sémitiques, il est difficile d'en saisir l'unité, parce que leurs destinées ont été diverses : nous trouvons parmi eux des empires conquérants, comme l'Assyrie, et des nations agricoles, comme les Hébreux ; des nomades, comme les Arabes, et des marchands, comme les Phéniciens. Les uns ont fondé Carthage et tenu Rome en échec ; les autres, à un moment du moyen-âge, ont représenté les sciences, les arts, la civilisation. Veut-on juger le monde sémitique par ses héros ? C'est lui qui nous a donné Annibal, Jésus et Mahomet ; c'est à lui que nous devons Spinosa, Heine et Meyerbeer[1].

On ne peut méconnaître, avec cela, que les Sémites n'aient des limites assez apparentes. On ne sent pas chez eux, comme chez les Ariens, une faculté de progrès indéfini. Ils n'ont pas l'aptitude universelle. Leur principale fonction dans l'humanité, si j'ose m'exprimer ainsi, a été religieuse. Ils ont donné au monde une conception supérieure de la divinité et de la vie. Ils ont fondé le monothéisme. Ils y ont initié le reste de l'humanité. C'est du milieu d'eux que sont sorties deux des religions les plus répandues. C'est à eux, en particulier, que l'Occident doit la sienne, et, par conséquent aussi, cet ensemble d'idées, de mœurs et d'institutions, qui forment encore aujourd'hui notre atmosphère intellectuelle et notre milieu social.

Il faut, du reste, ici comme en tout sujet, se garder

---

1. Je ne crois blesser aucun sentiment religieux en parlant du Christ comme d'un Juif. Saint Paul a bien dit de lui : « Né de la race de David selon la chair. » Il est vrai qu'à parler ainsi, saint Paul risquerait aujourd'hui de passer pour hérétique et, s'il était professeur, d'être destitué.

de trop généraliser. Tous les Sémites n'ont pas été monothéistes. Il semble qu'il y ait, à cet égard, une distinction à faire entre ceux qui fondèrent des États puissants et policés, et ceux qui restèrent fidèles à la vie agricole et nomade. Les premiers, les Phéniciens, les Syriens, les Babyloniens, adoraient les forces de la nature, personnifiées dans un principe mâle et un principe femelle, Baal et Astarté. Ce culte n'avait rien de commun, sans doute, avec le polythéisme varié, avec la riche et souple mythologie des Ariens ; mais il n'était pas moins étranger à la sévère unité du Dieu invisible et législateur. Quant aux Hébreux et aux Arabes, j'incline, avec M. Renan, à voir dans leur monothéisme le résultat d'une intuition spontanée, primitive, analogue à celle qui a créé ailleurs les mythologies, et, chez tous les hommes, le langage. Il semble que cette manière de concevoir la divinité allât à la pensée simple et élevée, mais à certains égards aussi pauvre et stérile, de ces peuples. Prenons-y garde, en effet. Il ne faut pas que la supériorité philosophique du monothéisme nous fasse illusion sur la valeur respective des deux croyances rivales et des races qui les ont professées. Le polythéisme par lui-même n'est pas moins religieux que la doctrine contraire : il l'est peut-être davantage ; s'il est logiquement moins vrai, il témoigne d'une plus grande richesse d'imagination ; s'il n'emporte pas avec lui une morale aussi pure et aussi haute, il respire un plus vif sentiment de la présence universelle du divin. Et puis, on ne doit jamais oublier que ces deux principes dont il s'agit n'apparaissent nulle part sous leur forme pure ou absolue, et que si le polythéisme tend de diverses manières à une certaine unité, le monothéisme dont la simplicité avait pu suffire à la tribu patriarcale, eut bien de la peine ensuite à se dégager des envahissements du paganisme, et n'y parvint qu'en perdant son libre génie prophétique pour se constituer dogmatiquement et hiérarchiquement.

L'histoire d'Ismaël, le fils d'Abraham par Agar, montre que les Hébreux regardaient les Arabes comme un peuple frère; et rien n'empêche, en effet, d'admettre un lien étroit de parenté entre ces deux nations, les plus illustres d'entre les Sémites. Mais tandis que les Hébreux avaient fini par s'établir dans le pays de Canaan, les Arabes étaient restés fidèles à la vie nomade. Ils n'étaient pas d'ailleurs encore nés à l'histoire, que les autres en avaient déjà disparu. Les Juifs étaient depuis longtemps dispersés dans les trois parties du monde, lorsque les Arabes ne formaient pas encore de société politique. Ils étaient divisés en une multitude de tribus, vivant de leurs troupeaux, du commerce qui se faisait par les caravanes, ou du pillage qui s'exerçait aux dépens de ces dernières. Peu de villes importantes. Un état de guerre perpétuel. Pas d'autre lien que les marchés annuels et les pèlerinages, celui surtout qui amenait ces populations à leur panthéon national. Chaque tribu avait sa divinité ou ses fétiches, mais la pierre noire de la Caaba était comme le fétiche commun. Des traditions qui remontaient à Abraham faisaient du temple cubique un objet de vénération universelle et incontestée. Avec le temps, le nombre et

13.

la richesse des offrandes apportées par les pèlerins devinrent tels, qu'il fallut mettre au sanctuaire une porte et une serrure. Il lui fallut aussi un portier, et la garde en fut confiée à une famille qui se trouva ainsi revêtue d'une sorte de primauté au milieu des autres tribus. Au cinquième siècle de notre ère, ces fonctions qui, comme on l'a dit, résumaient toute l'institution politique et religieuse de l'Arabie, échurent aux Koreischites. Le temple fut reconstruit. Une ville s'éleva autour : ce fut La Mecque. L'Arabie avait désormais un centre, un rudiment d'organisation. L'œuvre de Mahomet n'aurait guère été possible sans cela.

Mahomet trouva également un point d'appui dans les croyances de son peuple. L'idolâtrie régnait en Arabie, mais elle n'y avait pas entièrement éteint la foi au grand Dieu unique et invisible. Le monothéisme conservait quelques adhérents qui invoquaient les anciennes révélations et se disaient restés fidèles à la religion d'Abraham. On les appelait les Hanifes. Représentants d'un passé idéal, et s'attachant avec ferveur à tout ce qui promettait de ressusciter ce passé, ils apparaissent comme les précurseurs de la réforme qui va bientôt éclater, comme de véritables islamites avant l'islam. N'oublions pas enfin que le judaïsme et le christianisme, très-répandus en Arabie, offraient aux esprits le spectacle de cultes monothéistes et d'un monothéisme sémitique, se rattachant par les noms des patriarches aux propres traditions des Arabes. Ceux-ci étaient donc depuis longtemps familiers avec ces croyances. Il régnait parmi eux une sorte de tolérance à la faveur de laquelle bon nombre des idées bibliques s'étaient insinuées dans leur paganisme. Il y a plus : on s'accoutumait à des idées d'innovation religieuse, de manifestation prophétique. Une sorte d'attente était devenue générale. Il ne faut pas croire que Mahomet ait été un phénomène isolé ; rien n'est isolé dans l'histoire ; tout y est préparé parce que tout y est produit. Mahomet a eu des avant-coureurs, il a même eu des rivaux.

II

Voilà donc qui est entendu : l'islamisme n'est pas tombé du ciel, et Mahomet n'a pas été un pur novateur. Il avait des attaches à la fois dans le passé et dans le présent. Il s'est appuyé sur les vieilles doctrines sémitiques ; il a invoqué les traditions patriarcales ; bien loin de vouloir fonder une religion nouvelle, il a prétendu restaurer l'ancienne, continuer Noé, Abraham, Moïse et Jésus, et il est certain que le lien qui unit son enseignement à celui de ces prédécesseurs, n'est ni plus ni moins étroit, ni plus ni moins réel que celui qui rattache l'Évangile à l'Ancien-Testament.

Voyons maintenant quel fut Mahomet. Le mahométisme, comme tout événement historique, est le résultat d'une rencontre entre un ensemble de circonstances générales et le génie particulier d'un individu. Nous connaissons le milieu d'où sortit le héros ; il nous reste à connaître le héros qui organisa cette vague et confuse société arabe.

Mahomet, dont on nous a laissé des descriptions minutieuses, était, comme le sont souvent ses compatriotes, un homme de fine et forte race, de formes à la fois vigoureuses et élégantes. Le front haut, le nez légèrement aquilin, la bouche grande, l'œil brillant : on retrouve chez lui tous les traits caractéristiques du sémite. Au moral, les qualités qui marquent l'empire sur soi-même : la sobriété, la simplicité des mœurs, la réserve dans les actes et dans les paroles. Bienveillant, toutefois, doux et enjoué. On se le représente comme un ambitieux plein d'audace et de bravoure : c'est le contraire qui est vrai ; il était circonspect, irrésolu, nerveux, mal à son aise dans les ténèbres. Mahomet ne fut ni un guerrier, ni un homme d'État, mais une âme religieuse, un croyant exalté, et, pour tout dire, un prophète.

Mahomet était un Bédouin. Il avait toute l'ignorance que supposent son siècle, l'état de son peuple et son genre de vie. Il n'est pas sûr qu'il ait su lire et écrire. Sa vocation se manifesta très-tard. Rien ne faisait présager le réformateur religieux, lorsqu'il subit, à l'âge de quarante-deux ans, une crise dont il importe de discerner le caractère. Dès son enfance, il avait été sujet à des accidents qui ressemblaient à l'épilepsie. Nous venons de dire qu'il resta toujours nerveux et timide. Après une adolescence irréprochable, il avait épousé une femme plus âgée que lui de quinze ans, et, chose extraordinaire, après lui avoir été scrupuleusement fidèle, il se remaria dès qu'il fut veuf, et poussa depuis lors la licence ou le caprice jusqu'à épouser douze femmes. Toutes ces circonstances ont fait penser à M. Sprenger que Mahomet fut victime d'une affection hystérique. Quoi qu'il en soit, vers l'époque dont nous parlons, il parut livré à de vives préoccupations. Il recherchait le silence, la solitude. Puis vint l'hallucination. L'ange Gabriel lui apparut et lui déclara que Dieu l'avait choisi pour son envoyé. Mahomet fut d'abord profondément troublé de cette apparition; il essaya de résister; il se croyait fou. Deux ans s'écoulèrent, et l'ange se montra de nouveau. Mahomet finit par se rendre et par se reconnaître l'organe des révélations du Très-Haut. Il continua toute sa vie à avoir soit des extases, soit des rêves. Ses accès d'inspiration avaient quelque chose d'effrayant : la sueur lui ruisselait du front, ses yeux s'injectaient de sang, il poussait des gémissements, et ne sortait de la crise qu'après une syncope plus ou moins longue.

Avec cela, ni miracles ni tentative d'en faire. Mahomet ressemble en cela à Jean-Baptiste. Les prodiges qu'on lui a attribués sont des inventions de la légende. Autant il insiste sur la réalité de sa mission et de ses visions, autant il met de soin à décliner toute prétention aux actes surnaturels. « Ils ne veulent, disent-ils, ajouter foi au Coran que quand ils y seront autorisés par des miracles. Réponds-leur : les miracles sont dans la main de Dieu ; je ne suis chargé que de la prédication. » (*Coran*, XXIX, 49.)

Rien de plus simple, d'ailleurs, que cette prédication. Un Dieu unique, créateur du ciel et de la terre, juste juge ; une autre vie où les bons seront récompensés et les méchants punis ; la prière, les ablutions, l'aumône ; enfin, reconnaître Mahomet pour l'envoyé de Dieu et lui obéir à ce titre : tel est l'enseignement qui va renverser l'idolâtrie et faire des Arabes une nation.

Nous avons un touchant et précieux témoignage rendu à la pureté de la prédication de Mahomet. Quelques-uns de ses premiers disciples avaient été contraints de chercher un refuge en Abyssinie, et comme le roi du pays leur demandait des détails sur la religion nouvelle : « Nous étions, répondit l'un des exilés, nous étions plongés dans les ténèbres de l'ignorance ; nous adorions des idoles. Livrés à toutes nos passions, nous ne connaissions de loi que celle du plus fort, quand Dieu a suscité parmi nous un homme de notre race, illustre par sa naissance, depuis longtemps estimé pour ses vertus. Cet apôtre nous a appelés à professer l'unité de Dieu, à rejeter les superstitions de nos pères, à mépriser les divinités de pierre et de bois. Il nous a ordonné de fuir le vice, d'être sincères dans nos discours, fidèles à nos engagements, affectueux et bienfaisants envers nos parents et nos voisins. Il nous a défendu d'attaquer l'honneur des femmes, de dépouiller les orphelins. Il nous a recommandé la prière, l'aumône et le jeûne. Nous avons cru à sa mission ; nous avons accepté les dogmes et la morale qu'il nous apportait de la part de Dieu. »

Le Coran n'est autre chose que le recueil des prophéties de Mahomet. Je me sers à dessein de ce terme, rien ne ressemblant davantage aux « récitations » dont se compose ce livre, que les oracles des hommes inspirés d'Israël. Les *Surates,* comme les prophéties de l'Ancien Testament, sont des discours d'un tour lyrique, d'un ton véhément, dans lesquels l'orateur confond le sentiment de sa personnalité avec la conscience du Dieu qui s'agite en lui, et parle ainsi tour à tour au nom d'Allah et en son propre nom. Il ne faut pas chercher de dogmes dans ces dithyrambes, à moins que l'on ne veuille donner ce nom à l'unité et à l'invisibilité de Dieu. Mahomet ne s'élève pas au-dessus d'une sorte de religion naturelle. Sa parole est moins un enseignement qu'une exhortation. Il proclame et menace, il maudit et promet. Tout cela est très-monotone à la longue ; on serait tenté de dire : tout cela est très-stérile, si cette parole n'avait converti les âmes.

L'islamisme n'a point d'originalité, mais il faut avouer aussi qu'il n'y prétend pas ; loin de là, il se donne pour une simple continuation du judaïsme et du christianisme. Il ne veut que ramener les esprits des abominations de l'idolâtrie à la tradition des patriarches. C'est donc une erreur de regarder Mahomet comme le fondateur d'une religion. Mahomet est tout simplement un prophète sémitique, un homme envoyé de Dieu pour rendre témoignage aux antiques croyances de sa race. Voilà sa vraie pensée, sa pensée première du moins. Le reste n'est venu que plus tard. Il en a été absolument à cet égard comme du christianisme. Mais j'aurai à revenir sur cette idée.

La sincérité de Mahomet, ou, si l'on veut, la réalité de son inspiration religieuse, ne saurait être mise en doute. Les scrupules, à cet égard, ne peuvent venir que d'une psychologie trop roide ou d'une théologie trop étroite. Mahomet a été le jouet d'une hallucination assurément ; mais la vision, pour lui comme pour Isaïe ou pour saint Paul, a plutôt été l'effet que la cause de sa conversion au vrai Dieu, la forme plutôt que le fond de la révélation dont il est devenu l'organe. Mahomet a eu des vices ; il s'est abandonné surtout dans les dernières années de sa vie à l'ambition, à la débauche, à la cruauté. J'ai déjà parlé de son harem ; eh bien, il n'a pas été moins vindicatif que voluptueux. On le voit, après la bataille de Bedr, faire mettre à mort ceux des prisonniers contre lesquels il avait des griefs personnels, et, après avoir pris La Mecque, livrer au bourreau une femme qui avait récité des vers contre lui. Qu'est-ce à dire ? et si ces reproches doivent nous faire révoquer en doute la piété de Mahomet, que penserons-nous d'un David, d'un Salomon, ou de cet adorateur sanguinaire de Jéhovah qui savoure d'avance la joie de détruire Babylone et d'y exterminer jusqu'aux enfants à la mamelle ? (*Psaume* 137). Mais voici qui est plus grave. On objecte que la sincérité de l'inspiration suppose la simplicité de la foi, et exclut par conséquent le calcul, la politique, la ruse. Or, il est impossible de ne pas reconnaître dans Mahomet la prudence d'un homme qui poursuit un but.

Il n'est pas possédé, il se possède. Il est maître de sa pensée. Il commande même à ses visions. Il s'en est servi pour arriver à ses fins, pour satisfaire ses passions. Veut-il, contrairement aux mœurs arabes, épouser sa belle-fille, veut-il se réserver le privilége de prendre autant de femmes qu'il lui plaît, il n'hésite pas à faire intervenir la divinité. S'agit-il de défendre l'honneur d'une de ses épouses, il recourt également à une révélation. On croit, en lisant ces passages du Coran, assister aux grossières supercheries d'un Joe Smith ou d'un Brigham Young. Telle est l'objection la plus spécieuse qu'on puisse élever contre le prophétisme de Mahomet. Mais c'est justement ici qu'on paraît trop prompt à appliquer à l'âme humaine les règles d'une logique abstraite. Cette âme, comme on l'a dit, est assez vaste pour renfermer tous les contrastes, j'ajouterais volontiers : tous les contraires. Il n'est point de sentiment ou de qualité qui en exclue complétement un autre, parce qu'il n'en est point qui soit à l'état pur ou absolu. La vertu ne s'y trouve jamais sans faiblesse, la sincérité sans quelque compromis, le dévouement sans quelque égoïsme, l'enthousiasme même sans quelque calcul. Et puis, il faut tenir compte, dans les choses morales non moins que dans le monde matériel, de cette grande loi mécanique de la *force acquise*. Un mouvement continue par cela seul qu'il a pris naissance. On commence par la foi naïve, et on finit par la foi réfléchie, puis par la foi voulue, c'est-à-dire par une foi qui n'en est plus une. On a passé de la région de l'idée à celle de la réalité, et on a rencontré des passions avec lesquelles il a fallu compter, des intérêts avec lesquels il a fallu transiger. Or, transiger, au point de vue de l'idée pure et première, c'est déjà une infidélité. Que voulez-vous? L'action, le succès, sont à ce prix. On était libre peut-être de ne pas accepter un ministère, mais on l'a accepté : reculera-t-on maintenant parce qu'on voit se dresser les obstacles? Abandonnera-t-on l'œuvre chérie, l'œuvre sainte, l'œuvre qui doit glorifier Dieu et sauver les hommes, l'abandonnera-t-on parce qu'elle demande quelque compromis, parce qu'elle exige le sacrifice de la parfaite logique, des rigoureux principes, de l'entière innocence, de l'illusion naïve des commencements ? Non, on gémira peut-être, mais on se résignera à ces conditions de la tâche entreprise, on deviendra politique, habile, mondain. Voilà l'histoire de toutes les grandes choses sur la terre, et tout particulièrement des grandes choses religieuses, parce que le propre de la religion est précisément d'offrir aux hommes un idéal qui demande à être réalisé, et que nul ne saurait réaliser sans lui devenir infidèle. Douloureuse contradiction dans laquelle se sont débattus les Grégoire et les Innocent, les Luther et les Calvin, une Jeanne d'Arc et un Cromwell, un Mahomet et un Loyola !

III

Au surplus, on peut assez bien distinguer, dans la vie de Mahomet, la période de la foi et celle de la politique, la période de la parole et celle de l'habileté et de la force. Pendant dix ans, il chercha à répandre ses convictions, il se fia à la vertu du Dieu qui parlait en lui, il gagna les âmes une à une, il supporta la contradiction avec une inaltérable douceur. Cependant la persécution devint plus menaçante, et il fut enfin obligé de sortir de La Mecque. Cette fuite de Mahomet, si célèbre sous le nom d'Hégire, est le moment décisif où sa mission commence à changer de caractère. A Médine, la semence sainte trouve un sol plus favorable. L'islam s'y établit, y devient une puissance. L'apôtre prend alors les armes, il livre des combats, il a des lieutenants, l'Arabie se soumet, et la ville rebelle voit rentrer en vainqueur celui qui naguère avait furtivement quitté ses murs. Les dix dernières années de la vie du prophète sont celles d'un conquérant, puis d'un prince. Il a réussi ; mais qui pourrait nous dire combien, au milieu de la mêlée des événements, son œuvre avait dévié de la conception première ?

Et cependant, l'œuvre de Mahomet était loin encore d'être complète. Il est douteux même que le prophète ait entrevu l'avenir réservé à sa doctrine. Il en est toujours ainsi. Il faut un prophète au prophète. Il faut une seconde initiative après la première. Après l'homme qui invente, il faut celui qui organise. C'est ainsi que saint Paul a dogmatiquement constitué le christianisme. C'est en ce sens aussi qu'on a pu appeler Omar le véritable fondateur de l'islam. Omar, comme saint Paul, ne s'était converti qu'après avoir été l'ennemi le plus acharné du prophète et de sa religion. Comme saint Paul aussi, il avait passé subitement du camp des persécuteurs dans celui des disciples, et était devenu l'apôtre de la doctrine qu'il voulait auparavant noyer dans le sang des fidèles. Ce fut Omar qui, à la mort de Mahomet, lorsque tout semblait remis en question, raffermit les convictions ébranlées, arrêta la défection des tribus, domina et décida tout par son audace. Ce fut lui qui, en faisant élire Abou-Bekr, auquel il devait bientôt succéder, établit le califat, et donna ainsi au mahométisme la consistance d'un établissement politique. Ce fut lui, enfin, qui, s'emparant d'une des dernières pensées du maître, poussa le culte nouveau dans des voies nouvelles, lui ouvrit de plus vastes horizons, lui assigna pour but, non plus seulement l'unité religieuse et sociale de l'Arabie, mais la conquête du monde, lui souffla pour ainsi dire l'ambition de devenir la religion universelle. Et jamais exécution plus vigoureuse ne suivit de plus près un dessein plus gigantesque. Omar régna dix ans, et, à sa mort, les armes des mahométans avaient déjà envahi la Syrie, la Palestine, l'Égypte et la Perse. Un siècle encore, et elles occupaient tout le littoral de l'Afrique, elles avaient fondé un royaume en Espagne, et n'eût été l'épée de Charles-Martel elles débordaient sur l'Europe entière.

Arrêtons-nous ici. Nous tenons les trois éléments du mahométisme, ses trois facteurs, comme dirait un Allemand. Nous avons vu comment il était préparé dans les esprits tant par les besoins qu'il devait satisfaire que par les croyances antérieures dans lesquelles il devait trouver un point d'attache. Nous avons vu ensuite quel homme était le prédicateur lui-même, un génie profond et visionnaire, un esprit chez lequel l'enthousiasme n'excluait point l'habileté, et qui sut faire successivement la part de l'un et de l'autre. Mais l'intelligence qui fonde ne suffit pas, il faut l'intelligence qui interprète, qui exécute, qui continue ; il faut le missionnaire qui répand la semence, l'organisateur qui d'une doctrine fait une Église et d'une révélation une théocratie. Cette dernière fortune ne manqua pas plus à l'islamisme que les autres. Ou plutôt, c'est parce que l'islamisme réunit toutes ces diverses conditions, qu'il est devenu ce que nous savons. Combien, dans l'histoire, de germes spirituels non moins puissants peut-être, qui n'ont pas levé faute d'une rencontre de circonstances favorables, et qui n'ont laissé que le souvenir de vaines, parfois même de ridicules tentatives ! Le grand intérêt de l'étude du mahométisme, c'est justement la facilité avec laquelle nous reconnaissons comment il s'est fait. La dernière venue des grandes religions, on l'a souvent remarqué, il est aussi la seule d'entre elles qui soit née en pleine lumière, et dont nous connaissions parfaitement les origines. Il semble que nous puissions suivre là, comme sur le vif, la manière dont les croyances viennent au monde et se constituent.

Hâtons-nous d'ajouter qu'il ne faudrait pas cependant exagérer cet avantage. Si l'histoire du mahométisme ne nous offre aucune des obscurités qui enveloppent le berceau des autres religions, ne serait-ce pas qu'il n'est point proprement une religion nouvelle ? Ne serait-ce point qu'il n'offre ni le caractère d'une création, ni surtout le caractère d'une formation? Ne serait-ce pas que ses véritables racines sont ailleurs, dans une autre religion, dans une révélation antérieure et qui se perd, elle, dans la nuit des formations religieuses? Tel est le vrai point de vue auquel il faut se placer pour comprendre l'islam. Il ne faut pas y voir une foi originale, mais un simple rejeton du judaïsme. C'est une autre forme de la même religion sémitique. Je sais bien qu'à certains égards, il en est ainsi du christianisme. Lui aussi, à prendre les choses extérieurement, est une sorte d'hérésie juive. Mais il y a cette différence, que le christianisme a abandonné le monde sémitique dès le lendemain de sa naissance, qu'il s'est greffé sur une autre race, qu'il s'est transformé dans le milieu d'une pensée étrangère, qu'il s'est associé ainsi aux destinées d'une civilisation dont il est difficile de dire s'il l'a pas servie ou s'il en a plus profité. Le mahométisme, au contraire, est resté fidèle au judaïsme. Il en a conservé l'abstraction un peu froide, la grandeur un peu nue, la simplicité un peu stérile. Il est parvenu à se croiser avec des races étrangères, mais avec des races inférieures, et qui n'avaient rien à lui apporter, des Berbères et des Tartares. En Europe, il ne s'est jamais acclimaté. Deux fois, à Bagdad et à Cordoue, il a produit une civilisation brillante, mais une civilisation limitée, inféconde, éphémère. Il a tenu le sceptre des sciences et des inventions, mais pour le laisser échapper. Son rôle politique était épuisé au bout de six siècles. Ses vastes conquêtes ont été suivies de la plus profonde décadence militaire. Il n'a su créer ni art, ni poésie, ni philosophie. Il s'est ainsi affaissé sur lui-même, dans le vide de sa propre pauvreté. Il ne représente plus rien aujourd'hui que le fanatisme et l'aveuglement. Le mahométisme, dans l'histoire, apparaît comme une comète enflammée et menaçante; il ne fait pas partie de notre système moral ou social, il n'y a point de place pour lui dans le monde moderne.

Septembre 1865.

IX

LE QUATORZIÈME SIÈCLE[1].

L'érudition française a élevé à notre littérature un monument qui, pour n'être point achevé, n'en est pas moins imposant. Les autres nations n'ont rien tenté de pareil, et il est permis de croire que notre siècle n'eût pas osé entreprendre un travail qu'il a quelque peine à poursuivre. Je veux parler de l'*Histoire littéraire de la France*, commencée par les bénédictins, et continuée par l'Institut. Dom Rivet, qui conçut le projet de cet ouvrage, fut aussi le principal auteur des neuf premiers volumes, publiés de 1733 à 1750. Dom Clémencet et dom Clément y ajoutèrent encore trois volumes, puis suspendirent leur publication en 1763. Mais l'ouvrage ne devait pas être abandonné. Lorsque Napoléon eut réorganisé l'Institut, il décréta la reprise de l'*Histoire littéraire* ainsi que celle des *Historiens de la France*. Deux commissions furent formées à cet effet. La commission chargée de l'*Histoire littéraire* a été plusieurs fois renouvelée en

1. *Histoire littéraire de la France*, tome XXIV. Quatorzième siècle 1862.

raison des vides que la mort y a faits, et a été illustrée par les noms de dom Brial, Daunou, Pastoret, Ginguené, Eméric David, Amaury Duval, Petit-Radel, Fauriel, Lajard ; elle se compose aujourd'hui de MM. Paulin Paris, Victor Le Clerc, Littré et Renan [1]. Douze volumes ont été ainsi ajoutés, depuis 1814, à ceux qu'avaient donnés les bénédictins. Mais l'œuvre, on le comprend, s'élargit à mesure qu'elle avance : les premiers éditeurs, bien qu'ils eussent remonté, dans leurs recherches, jusqu'aux Gaulois et aux temps antérieurs à Jésus-Christ, avaient pu embrasser onze siècles dans leurs douze volumes ; les nouveaux rédacteurs, au contraire, en ont consacré presque autant aux deux siècles suivants.

Les bénédictins avaient adopté la division par siècles et par années. Leur recueil est une énumération d'auteurs et d'ouvrages placés chacun à leur date. Toutefois, le catalogue des productions de chaque siècle était précédé d'un discours sur l'état des lettres et des arts pendant la durée de ce siècle. Ces discours, on le comprend, sont des morceaux importants, et dont l'importance augmente à mesure qu'on descend la suite des temps, de vastes tableaux dans lesquels l'écrivain est appelé tout ensemble à tracer les caractères généraux d'une époque, et à grouper les faits à l'appui de ses assertions. Le discours sur le douzième siècle avait été rédigé par dom Rivet, le fondateur de l'ouvrage ; c'est Daunou qui, en 1824, fit paraître l'introduction au treizième siècle ; et c'est M. Victor Le

---

1. M. Le Clerc, qui mourut peu de jours après celui où parut cet article, a été remplacé par M. Hauréau.

Clerc qui vient de marquer sa place à côté de ces illustres devanciers, en publiant le morceau destiné à ouvrir l'histoire littéraire du quatorzième siècle, morceau qui n'occupe pas moins d'un volume entier de la collection.

Si M. Le Clerc en était encore à faire ses preuves de goût à la fois et d'érudition, l'ouvrage qu'il nous donne aujourd'hui lui assignerait une place élevée parmi les savants contemporains. Mais l'éditeur de Cicéron et de Montaigne occupe depuis longtemps déjà ce rang dans l'estime des connaisseurs, et le seul éloge qu'il nous reste à faire de son travail, est de dire que M. Le Clerc ne pouvait plus dignement couronner une carrière consacrée aux lettres. Le volume qu'il a naguère achevé est le fruit d'un labeur immense. Vingt années y ont été employées. L'auteur, pendant tout ce temps, n'a pas cessé un seul jour d'en amasser les matériaux ou d'en écrire quelques lignes. Qu'on y pense, en effet! Il ne s'agissait de rien de moins que de tracer une histoire de l'esprit français au quatorzième siècle, plus que cela, d'offrir une esquisse de ce siècle tout entier; il fallait que la France y parût comme entourée des autres peuples dont elle partageait le sort, ou avec lesquels elle échangeait des idées; il fallait qu'une multitude infinie de détails, que la mention d'un nombre extraordinaire de productions de toutes sortes se fondît dans l'exposition des faits généraux. Voilà ce que M. Le Clerc a exécuté avec beaucoup d'art aussi bien qu'avec une patience et une conscience à toute épreuve. Ajoutons que s'il y a mis sa science, il y a mis aussi son caractère : ses jugements sur toutes les grandes questions qui se présentent à lui, sont ceux d'un esprit droit, ferme, éclairé. Sans se rendre coupable de l'anachronisme qui consiste à appliquer au moyen-âge la mesure de nos idées modernes, il n'est pas moins étranger à l'affectation qui se plaît à fermer les yeux sur les crimes et les misères des âges de foi.

Encore un mot sur le volume publié par l'Institut. J'ai dit que les discours préliminaires embrassent pour chaque siècle l'état des lettres et celui des beaux-arts. Cette dernière partie a été détachée de la première dans le travail qui nous occupe, et a été confiée à la plume de M. Renan. C'est tout dire, et l'on n'attend pas de moi que je fasse l'éloge d'un pareil écrivain. Il me sera permis toutefois d'affirmer qu'on le retrouvera ici tel qu'on le connaît, avec ses vues ingénieuses jusqu'au paradoxe, avec cette ardeur de conviction qui l'entraîne quelquefois par delà les tempéraments nécessaires, avec ce charme, enfin, qu'il sait glisser partout.

La loi de l'histoire est la même que celle qui régit l'universalité des existences : ce qui est n'existe point pour soi, mais pour l'ensemble, et par conséquent renferme déjà en soi sa négation. Il n'est rien qui ne porte un principe de contradiction, lequel, en se manifestant, brise le fait actuel pour en tirer le fait suivant. C'est ainsi que l'avenir se dégage sans cesse du passé, et c'est ainsi que l'histoire n'a pas de présent, pas de substance fixe, mais offre une perpétuelle évolution.

Il n'en est pas moins vrai qu'il y a dans l'histoire des

époques où la contradiction intime qui ronge la réalité est encore cachée, et d'autres où elle se montre, au contraire, dans toute son énergie destructive. Ces dernières sont les époques critiques ou de transition, et c'est de cette espèce qu'a été le quatorzième siècle.

Le treizième siècle, au contraire, avait marqué, pour le catholicisme et pour tout l'état religieux et social du moyen-âge, le point culminant après lequel il ne reste plus qu'à descendre. Le pontificat d'Innocent III célèbre tous les triomphes, il réunit toutes les gloires, il concentre toutes les forces. Jamais institution n'a étalé plus de splendeur et de puissance que ne fit l'Église au quatrième synode de Latran, en 1215. Frédéric II a signé la constitution d'Egra; Philippe-Auguste a été forcé de rompre son mariage avec Agnès; Jean d'Angleterre a été frappé d'excommunication; le pape dispose des royaumes; les princes sont les vassaux du saint-siège; les franciscains et les dominicains l'entourent d'une milice dévouée; une croisade extermine l'hérésie; le mystère des mystères est consacré par le dogme de la transsubstantiation : quel éclat! quel rêve! mais aussi quel réveil! Ce rêve est resté l'idéal dont vivent encore aujourd'hui la foi et l'imagination de la chrétienté, et au lendemain de ce jour unique dans les annales de l'histoire commençait, pour la papauté, un déclin qui ne s'est pas arrêté un moment depuis lors, et qui a réduit la théocratie universelle d'un Innocent III à l'impuissance éplorée d'un Pie IX.

Mais cette décadence n'est pas pure destruction. Quelque chose vit dans ces débris. Tout ce travail est un travail d'enfantement, la substitution de la société moderne à la vieille société. C'est l'ordre surnaturel qui cède le pas à l'ordre naturel, c'est la théocratie qui fait place à l'État, c'est le clerc qui recule devant le laïque, le droit civil qui usurpe le rang du droit canon, la science qui détrône la théologie, la langue vulgaire qui évince le latin, l'art bourgeois qui lutte avec l'art religieux, la prose qui va succéder à la poésie. Voilà l'œuvre dont, au milieu d'un immense travail de décomposition, au sein d'un effroyable désordre, on distingue les rudiments dès le quatorzième siècle, et voilà ce qui fait l'intérêt d'une étude pour laquelle le travail de M. Le Clerc fournit des indications sagaces et des matériaux précieux.

Cette étude, je viens de le dire, nous montre deux mouvements en sens contraire, mais parallèles, le pouvoir ecclésiastique qui diminue et la société civile qui se constitue en s'affranchissant.

L'autorité des souverains-pontifes subit une suite de désastres tous plus sensibles les uns que les autres. Elle est bravée et bafouée dans la personne de Boniface VIII ; elle tombe dans la dépendance de la cour de France pendant ces soixante-dix années de séjour à Avignon, qu'on désigne sous le nom de captivité de Babylone ; elle s'avilit parmi les hontes du schisme qui signale le retour des papes à Rome.

Pauvre Boniface ! son sort est l'un des plus tragiques de l'histoire. C'est le Louis XVI de la papauté. Il expie à la fois les fautes et la grandeur de ceux qui l'ont précédé. Et ce qui rend son humiliation plus poignante, c'est qu'il a conservé toute la hauteur des prétentions d'un Grégoire ou d'un Innocent : « Nos prédécesseurs, dit-il, ont déposé trois rois de France, et si Philippe nous pousse à bout, nous le déposerons comme un mauvais gars. » Pauvre Boniface ! avoir le cœur si fier et recevoir le soufflet d'un Nogaret, écumer d'une rage impuissante, lancer des excommunications qui jadis auraient anéanti le coupable, et qui désormais s'exhalent sans effet dans les airs !

Quant aux papes qui lui succèdent, ils semblent avoir pris à tâche de déshonorer la tiare. Clément V est un simoniaque impudent. Benoît XII est un ivrogne ; c'est lui qui donne naissance à l'expression proverbiale : *bibere papaliter*. La réputation de Clément VI est pire encore : « Rapine et fornication, dit une chronique, estoit toute sa gloire. Mensonges et déceptions estoient en lui enracinés depuis la plante du pié jusqu'au sommet de la teste. »

Après la captivité, le schisme, c'est-à-dire le scandale des scandales. On voit jusqu'à trois papes à la fois, des pontifes qui s'excommunient réciproquement, des conciles qui s'attribuent le droit de les déposer. La chrétienté ne sait plus à qui entendre, comment reconnaître le vicaire de Dieu. L'infaillibilité se reniant elle-même en se partageant, en se déchirant, tel est le spectacle que le schisme donne au monde.

Et ce qu'il y a de moins catholique peut-être en Europe à cette heure, c'est l'Italie, c'est Rome. A Viterbe, à Bologne, à Florence, la populace crie : « Mort à l'Église! vive le peuple et la liberté! » La ville des Césars et des papes est réduite par l'anarchie et la misère à une population de dix-sept mille habitants, vassaux de quelques nobles familles qui se disputent ces ruines. Ne nous étonnons pas que les souverains-pontifes hésitassent à y retourner. Ils n'étaient nulle part moins en sûreté. Un prédicateur prononçant une harangue devant Urbain V, débute par un dialogue entre le père et le fils, c'est-à-dire le pape et le roi de France. « LE FILS : Seigneur, où vas-tu? — LE PÈRE : A Rome. — LE FILS : Eh quoi! pour y être crucifié de nouveau! »

La décadence n'est pas seulement en haut, elle est aussi en bas; elle est dans la foi du peuple et dans les mœurs du clergé; elle est dans la théologie et dans les institutions.

La théologie est encore la science qui règle et embrasse les autres; toutefois son pouvoir diminue. Elle languit dans la routine. Duns Scot est le dernier des grands docteurs. Occam, comme Scot, marque ce point critique où l'orthodoxie en est arrivée lorsqu'elle ne peut plus se défendre qu'en devenant infidèle à son propre génie. Raymond Lulle a donné le dernier mot de la dialectique telle que la comprenait le moyen-âge, lorsqu'il a entrepris de fabriquer une machine à raisonnements, à peu près comme on a fait de nos jours des machines à compter. Les études sont nulles. On n'ose apprendre l'hébreu qui sent l'hérésie, ni le grec qui sent le schisme. Le latin ecclésiastique a atteint le dernier degré de la corruption et de la barbarie. On ressasse des discussions qui sont toujours les mêmes. On continue à rédiger des commentaires sur Pierre Lombard (on en a compté jusqu'à quatre mille), à compiler des Sommes théologiques, à écrire des questions quodlibétiques, des postilles sur l'Écriture. On réfute le Talmud et le Coran. On se dispute sur l'Immaculée conception, sur la vision béatifique, sur la nature du sang sorti des cinq plaies de Jésus-Christ, sang divin suivant les uns, sang séparé de la divinité suivant les autres.

La prédication est à la hauteur de la théologie. On commence à prêcher en langue vulgaire, mais c'est l'exception; le prêtre paroissial n'y est tenu que quatre fois par an. A voir d'ailleurs de quelle nature est l'enseignement de la chaire, il faut convenir que le peuple perd peu à ne pas comprendre. On coud des versets de l'Écriture bout à bout. Ou bien on prêche sur un mot, *navicula*, par exemple, une barque. Cette barque signifie la sainteté de la vie par trois raisons : la matière, la forme et la fin. Dans la matière vous avez le bois, le fer, le chanvre et le goudron. Le bois, c'est la justice, à cause de ces mots : *Benedictum lignum quod fit justitia*; le fer, c'est la force; le chanvre, c'est la tempérance, parce que la charpie sert à panser les blessures, etc., etc... Grâce à cette méthode allégorique, tout peut fournir des textes. On en prend jusque dans les recueils de contes, jusque dans les *Métamorphoses d'Ovide*. Myrrha devient l'âme pécheresse; Cinaras, c'est le diable lui-même dont elle est fille. Il existe un sermon latin, du cardinal Langton, dont le texte est le couplet d'une chanson du temps :

Belle Aliz matin leva,
Son corps vêtit et para,
En un verger elle entra, etc.

Alice est la sainte Vierge. En effet, Alice vient de *a* privatif et de *lis, litis*, et signifie par conséquent : sans reproche et sans tache. Elle entre dans un verger, parce qu'elle est la vierge, *virgo, virga, virgultum*. Tout cela ne demandait pas de grands frais d'imagination. Mais c'était trop encore pour la plupart des prédicateurs. Aussi y avait-il des recueils de sermons tout faits. Le plus célèbre était connu sous le titre de *Dormi secure* (dors à ton aise). Il eut plus de trente éditions.

Les grands ordres religieux nuisaient à l'Église pour le moins autant qu'ils la servaient. Les dominicains la rendaient odieuse par les cruautés de l'Inquisition, et les franciscains la rendaient ridicule par les fantaisies de leur enthousiasme. Il était impossible que devant des holocaustes comme celui du mont Aimé en Champagne, où le frère Robert fit brûler cent quatre-vingt-trois hérétiques en un jour, il était impossible, dis-je, qu'à la vue de pareilles atrocités les populations ne finissent pas par s'émouvoir d'horreur et de dégoût. Les franciscains, de leur côté, s'abandonnaient à toutes sortes d'extravagances. Le peuple d'Assise, en les voyant, disait : « Ils sont si pénitents qu'ils en sont fous. » Ils parcouraient les campagnes, prêchant, mendiant, se flagellant, racontant des visions, prodiguant les miracles. Le fanatisme, chez eux, aboutissait d'ailleurs à l'hérésie. Le Traité des Conformités élevait le fondateur de l'ordre au-dessus du fondateur du christianisme. « Le Christ, disait-on, n'a rien fait que François n'ait fait, et François a fait plus que le Christ. » Ils allaient plus loin encore et annonçaient une troisième et dernière dispensation, un nouvel âge du monde, où le règne du Saint-Esprit succéderait au règne du Père, c'est-à-dire à l'Ancien-Testament, et au règne du Fils, c'est-à-dire à l'Évangile même.

Quant au clergé séculier, il se distingue à tous ses degrés par la mondanité et la corruption. Les princes de l'Église portent les armes, et, à la journée de Poitiers, nous trouvons un évêque parmi les morts et un archevêque parmi les prisonniers. Une satire du temps a la forme d'une lettre de Lucifer aux cardinaux : « Nous vous recommandons, écrit Sa Majesté infernale, nous vous recommandons nos très-chères filles, la Superbe, l'Avarice, la Fraude, la Luxure et les autres, mais surtout dame Simonie, qui vous a mis au monde et nourris de son lait. » Sainte Brigitte représente l'épiscopat comme un champ plein d'ivraie, qu'il faut nettoyer avec le fer et la flamme. Les mœurs du bas clergé étaient telles, qu'un pieux évêque ne voyait d'autre moyen pour échapper à tant de honte que d'autoriser le mariage des prêtres.

Le quatorzième siècle, il est vrai, est l'âge des grands mystiques, celui des Eckart, des Tauler, des Ruysbroeck, des Suso ; il a vraisemblablement ajouté quelques pages à ce livre de l'*Imitation*, que M. Le Clerc considère avec raison comme le travail de plusieurs siècles successifs. Mais il est de la nature du mysticisme de n'exercer aucune influence générale ; c'est le refuge des âmes timides et profondes, qu'épouvante le spectacle d'une société qui s'écroule. Les autres se livrent, au contraire, à mille inspirations fiévreuses. Les imaginations s'ébranlent, le fanatisme s'allume. Les femmes ont des visions. Il surgit des messies. Des flagellants des deux sexes, le corps demi-nu, parcourent tout sanglants la France et l'Allemagne. Puis ce sont toutes espèces de sectes : Albigeois, Bégards, Patarins, Adamites, que sais-je encore ? vagues et équivoques présages de cette réformation du seizième siècle, qui, en Angleterre s'annonce, plus significativement par Wiclef.

Et il faut avouer que tout appelle une réformation. Les masses sont tour à tour superstitieuses et impies, selon qu'elles subissent l'influence d'une religion corrompue ou qu'elles cherchent à en secouer le joug. Qu'attendre d'une foi nourrie de reliques et d'indulgences ? Une fête consacre les stigmates de saint François. Un pape fait trois parcelles du saint nombril. Un autre accorde trois mille jours d'indulgences pour les péchés mortels, et vingt mille pour les péchés véniels, à quiconque récite les deux oraisons trouvées dans le saint sépulcre de Jérusalem. Les frères mineurs prétendaient qu'il suffisait d'entrer dans leur église d'Assise pour délivrer une âme du purgatoire. « Moi-même, raconte un certain cardinal, comme je passais par-là, il y a une vingtaine d'années, je me souvins d'une belle et honnête maîtresse que j'avais eue lorsque j'étudiais à l'université de Padoue, et, pour délivrer son âme, j'entrai dans cette église »

Avec cela, je l'ai déjà dit, un esprit d'indépendance qui va parfois jusqu'à la révolte. En Italie, on met les biens de l'Église en vente, on démolit les couvents, on fait périr les clercs et les moines dans les tourments. L'Auvergne, le Limousin, le Poitou, eurent un mouvement semblable, une sorte d'insurrection sacrilége. En 1395, des prêtres furent mutilés et brûlés, des religieux suspendus à des arbres et percés de traits. Les dieux avaient quitté le sanctuaire, le prestige était dissipé !

Voilà l'un des côtés du tableau, voici l'autre maintenant. Tout le terrain que perd l'autorité ecclésiastique, c'est le pouvoir laïque qui le gagne. La société moderne va se dégageant de la société théocratique. *Magnus nascitur ordo*. Mais il faut être de bon compte, il n'est pas facile de distinguer ces linéaments d'un nouvel ordre de choses au milieu du chaos que l'Europe offre alors aux regards. Il semble plutôt que le monde s'en aille en dissolution. Les Tartares de Tamerlan pénètrent jusqu'en Russie. Les Turcs prennent Andrinople, écrasent les Chrétiens à Nicopolis. L'empire grec est tellement affaibli que le vaillant Cantacuzène désespère de le relever et se retire au mont Athos. Les successeurs de Rodolphe de Hapsbourg n'ont plus rien de commun avec les viriles dynasties de Saxe, de Franconie ou de Souabe. Des montagnards suisses leur résistent; l'Italie leur échappe. Il est vrai que c'est pour tomber dans l'anarchie : aucune ville de la Péninsule qui ne soit divisée en factions, aucune faction qui ne soit prête à se jeter entre les bras du premier aventurier venu qui la fera triompher. Il s'y forme tous les jours de nouvelles tyrannies : à Modène, la maison d'Este ; à Mantoue, les Gonzagues ; les Della Scala à Parme et Vérone ; les Carrare à Padoue. A Milan, Barnabas Visconti parcourt les rues, entouré de dogues qu'il lance contre ses ennemis. Rienzi échoue misérablement dans ses efforts pour rendre à Rome des institutions libres. La politique ne consiste plus qu'en complots, trahisons, empoisonnements. En Espagne, le royaume maure de Grenade résiste encore aux Chrétiens, et la Castille est déchirée par la lutte fratricide de Pierre-le-Cruel et d'Henri de Transtamare. Quant à la France, elle a commencé sa guerre de cent ans contre l'Angleterre. La France du quatorzième siècle, c'est la France des Valois, celle de Crécy, de Poitiers, privée d'un de ses rois par la captivité, d'un autre par la démence. Le spectacle qu'elle présente est vraiment lamentable. L'ordre féodal craque de toutes parts. La Jacquerie pille et tue. Gare aux seigneurs, gare au trône même ! C'est le tour des sans-culottes, comme on dit déjà, des *ribauds sans chausses*. A Rouen, les ouvriers proclament roi un drapier. En Languedoc, les paysans exterminent quiconque n'a pas les mains calleuses. Les bandits qui infestent les routes sont si puissants, que le roi Jean, revenant de Londres, est contraint de leur payer comme une seconde rançon. Et par-dessus tout cela, les fléaux du ciel. La peste noire, celle de 1348, que Boccace a si éloquemment décrite, enlève les deux tiers de la population des villes. C'en est trop : les contemporains épouvantés s'imaginent que le monde va finir ; ils se demandent si Dieu n'est pas mort.

Non, Dieu ne meurt pas. Il s'agit seulement de reconnaître ses desseins. La France avait l'air de se dissoudre; elle était en train de se transformer. Philippe-le-Bel, ce hardi et rusé petit-fils de saint Louis, a été le principal auteur de cette transformation. Il a augmenté l'autorité royale, en l'affranchissant à la fois de la suprématie ecclésiastique et de la rivalité des seigneurs. Peu de souverains ont laissé à cet égard une trace aussi profonde dans l'histoire de notre pays. C'est lui qui a mis fin à l'inviolabilité des papes en brûlant la bulle de Boniface, qui a vaincu les ordres religieux en faisant supprimer les Templiers, qui a substitué l'influence des légistes, c'est-à-dire le droit civil, à l'influence des clercs et au droit ecclésiastique. Rien de plus apparent chez lui que la tendance à séparer l'État de l'Église. Il met des restrictions au droit d'asile; il ne veut point qu'on emprisonne sur la seule demande des inquisiteurs de la foi; il enlève aux clercs la juridiction temporelle; il les déclare punissables, lorsque le crime est notoire, même après leur absolution en cour ecclésiastique.

Philippe lutte en même temps contre les grands vassaux. Il ébauche cette œuvre d'émancipation que continuera Louis XI et qu'achèvera Richelieu. Il est le fondateur de ce que nous appelons aujourd'hui la monarchie administrative. Il établit l'inaliénabilité du domaine de la couronne. Il étend la justice royale, fait du Parlement une cour régulière, affaiblit la noblesse par les lettres d'anoblissement et les créations de pairies, donne place aux bourgeois dans les états-généraux. Ses successeurs continuent l'entreprise ; Louis-le-Hutin affranchit les serfs du domaine royal. On commence à respecter le laboureur. Tandis que l'artillerie amoindrit le rôle du chevalier, voici l'homme du peuple qui s'arme, sert à pied, donne naissance à l'infanterie. Ainsi, le tiers-état se constitue, tandis que de vassal, le seigneur est en train de devenir sujet.

Et tout va dans le même sens. Les universités grandissent. Le quatorzième siècle en a vu fonder au moins vingt-cinq. Celle de Paris s'accroît de nouveaux colléges, compte vingt ou trente mille étudiants. Les rois de France l'appellent leur « fille aînée, » et comblent de priviléges ce pouvoir nouveau qui, au besoin, tiendra tête à la papauté. Les livres se multiplient, et avec les livres se répand la lecture. Le droit civil fait de notables progrès malgré l'opposition du clergé. La science n'est qu'au berceau, mais, enfin, la terre est mieux connue, les faits sont mieux étudiés. L'industrie fabrique la poudre à canon, le papier de linge. Les langues modernes se forment, prennent la place du latin, et ont une littérature. La France donne le jour à Froissart, l'Italie à Dante, à Pétrarque, à Boccace.

Mais le mouvement du siècle ne se manifeste en rien aussi sensiblement que dans les choses de l'art, spécialement dans l'architecture. Et cela devait être, puisque l'architecture est celui des arts qui se lie le plus étroitement à la vie d'un peuple, et par conséquent à la manière de concevoir la vie. C'est ainsi que l'architecture du moyen-âge élève l'hôtel de ville de la commune, le château-fort du seigneur, et avant tout le temple des fidèles. Son œuvre propre est la cathédrale gothique. Or il en advint de la cathédrale comme de la religion, dont elle formait le symbole et le sanctuaire. L'église ogivale est semblable à la théocratie catholique, et, si l'on ose le dire, à la pensée chrétienne elle-même : elle est ce que les hommes ont conçu de plus sublime, mais elle est destinée à fléchir sous sa propre sublimité ; elle porte sa contradiction en elle-même, à savoir l'impossibilité d'atteindre le but qu'elle poursuit ; elle a quelque chose de chimérique. L'art grec atteint la perfection, parce qu'il ne veut que ce qui est réalisable, parce qu'il ne cherche à exprimer que des pensées humaines, parce qu'il ne sacrifie jamais la forme à l'idée, le beau au sublime. L'art gothique tout au contraire : il vise toujours plus haut ; semblable à l'ascète, qui ne croit jamais avoir assez sacrifié au divin idéal, il pousse tout à l'extrême ; il multiplie les tours de force ; il supprime la ligne horizontale, diminue les pleins, remplace les murs par des à-jours, rétrécit l'ogive, élève la nef, lance le clocher dans les airs, exagère la hauteur, les vides, et, selon l'expression de M. Renan, engage une sorte de défi avec la pesanteur et l'espace. C'est ainsi qu'il a enfanté des prodiges, mais c'est ainsi que de paradoxe en paradoxe, il s'est jeté en dehors des conditions de l'art. Le chœur de la cathédrale de Beauvais s'écroule ; dès lors les architectes sont avertis, l'élan est arrêté, l'architecture chrétienne est arrivée à la négation d'elle-même.

Mais l'architecture religieuse n'est pas seulement ruinée par l'exagération inhérente à son principe. La cathédrale gothique est une œuvre de foi, et la foi commence à faire défaut. Elle manque à l'architecte qui partage l'esprit de son temps, qui, d'ailleurs, n'est plus clerc comme autrefois, mais un laïque, un homme du métier. Elle manque aux populations, qui jadis travaillaient à leur église avec la ferveur de l'enthousiasme, et qui maintenant n'y mettent plus la main que dans un esprit de pénitence, comme contraintes et s'acquittant d'une corvée. La préoccupation est ailleurs. L'homme vit davantage de la vie terrestre. Le seigneur se fatigue de sa triste forteresse, et veut des demeures plus commodes et plus riches. Le bourgeois enrichi se construit à côté une maison qui a aussi son élégance. Décidément l'art se sécularise; de sacré il devient profane, et en cela il n'est que l'image du quatorzième siècle et de toute cette grande réaction de la nature humaine contre l'ascétisme chrétien, qui est le vrai fond et le vrai sens de l'histoire moderne.

Novembre 1865.

X

Mme LA COMTESSE DE GASPARIN

L'abondance est, à juste titre, regardée comme un signe de force. Elle ne suppose pas nécessairement le talent ou le génie, mais là où elle se trouve jointe à ces dons supérieurs, elle en double l'éclat. Ce n'est rien de faire un livre, et même un livre qui réussit; mais en faire un grand nombre, remettre ses premiers succès en question, tenter des voies nouvelles, — pour peu que les écrits ainsi donnés au public ne soient pas tout à fait sans valeur, il y a dans cette fécondité quelque chose qui impose. On se représente des rames de papier laborieusement noircies, des heures sans nombre passées devant une table à écrire, l'abnégation qu'exige toujours le travail; et puis enfin tous ces volumes, l'auteur les a tirés de son cerveau, et il faut pour cela qu'il ait joliment d'idées, ou de connaissances, ou d'imagination. Ce n'est certes pas moi, se dit-on, qui en aurais fait autant! Et on a raison : la fécondité est une supé-

---

1. *Bande du Jura*, par l'auteur des *Horizons prochains*. — 4 vol. 1864 et 1865.

riorité réelle qui à elle seule assure déjà la notoriété, et qui, unie à un mérite véritable, en augmente infailliblement le prestige.

Voilà ce qui fait tout d'abord à madame de Gasparin, dans notre littérature contemporaine, une place que les remarquables qualités de son esprit n'auraient peut-être pas suffi à lui assigner. Elle a cette abondance qui est l'indice d'une certaine vaillance de caractère. Fort jeune et avant son mariage, si je ne me trompe, elle voyageait et racontait déjà ses voyages, sous le pseudonyme trop modeste d'une « ignorante. » Sa véritable entrée dans la carrière d'auteur toutefois fut un livre sur le *Mariage au point de vue chrétien*. C'était très-long, très-grave, écrit d'un style laborieusement périodique, que l'auteur a travaillé depuis à assouplir, d'autres diraient à disloquer. L'ouvrage était d'ailleurs en plus d'un sens une prise de possession : l'auteur n'y débutait pas seulement dans la carrière littéraire, elle annonçait des opinions théologiques très-arrêtées, un protestantisme très-belliqueux, un zèle singulier pour la conversion du prochain, et avec tout cela une liberté de ton et d'allure, qui tranchait d'une façon piquante avec ces graves préoccupations. Là était l'originalité du livre, et cette originalité l'écrivain l'a conservée : c'est proprement sa marque distinctive dans les lettres.

Une fois à l'œuvre, madame de Gasparin ne s'est plus reposée. Elle a mis au service de ses convictions une activité et une persévérance incomparables. Les quinze ou vingt années qui suivent la publication du *Mariage au point de vue chrétien* nous la montrent abordant tous les genres, l'historiette et la controverse, la philanthropie et la satire. Elle cherche à populariser dans de simples récits ses idées sur le bonheur conjugal. Elle signale à ses coreligionnaires les dangers qui les menacent des deux côtés du droit chemin : ici la tentation d'imiter les institutions catholiques, spécialement les sœurs de charité ; là, au contraire, les tendances trop radicales et qui n'iraient à rien de moins qu'à tout niveler dans l'Église. Et tout cela à grand renfort de textes bibliques, avec des discussions infinies sur le sens de tel mot, la portée de tel verset, mais avec beaucoup de verve, parfois même de droit sens. Il faut lire dans les *Défauts des chrétiens d'aujourd'hui* certaine description de réunion dévote, où maîtres et domestiques boivent ensemble du thé et mangent des meringues, quitte à reprendre le lendemain leurs rôles respectifs. Le matin venu, il n'y a rien de changé ; c'est toujours : « Pierre, apporte-moi mes bottes. » Madame de Gasparin a souvent ainsi le trait incisif, qui porte et qui pénètre. Le dernier ouvrage de cette période de sa vie littéraire et l'un des plus considérables que l'auteur ait écrits, est le *Journal d'un voyage au Levant*. La spirituelle voyageuse décrit tour à tour la Grèce, l'Égypte et la Syrie. Partout elle est restée elle-même : vivante, alerte, amusante à force de ne douter de rien. Il faut voir comme elle juge l'antiquité du haut de son orthodoxie protestante. A Athènes, elle se croit obligée de lire l'*Iliade* ; les dieux d'Homère ne lui reviennent pas : « Quels vauriens ! s'écrie-t-elle ; voilà le mot lâché.

On pourrait écrire sur la tombe de Jupiter : *Mauvais fils, mauvais père, mauvais époux !* » Platon passe encore plus mal son temps ; le fond, chez lui c'est le faux, le bestial et le niais. Après quoi on ajoute avec satisfaction que la sagesse de l'homme laissée à elle-même ne pouvait faire mieux. C'est ainsi que les préoccupations théologiques sont toujours là, chez madame de Gasparin, prêtes à se montrer et à tirer parti de l'occasion.

Madame de Gasparin avait déjà publié une quinzaine de volumes petits et grands, lorsqu'il y a quelques années elle chercha à renouveler sa manière et son succès. Elle y a réussi. Les jolis in-18 qui se sont succédé depuis les *Horizons prochains,* renferment encore des dissertations religieuses, des nouvelles, des voyages ; mais le procédé employé n'est plus le même, et l'on a pu, sans faire trop de violence aux mots, donner à l'écrivain, dans cette nouvelle phase de son talent, le titre d'humoriste protestant.

Entendons-nous toutefois. Le terme d'humoriste s'emploie dans des acceptions assez diverses. Dans son sens le plus élevé, et tel que l'ont entendue les maîtres, l'*humour* est l'expression du désaccord que tout homme réfléchi aperçoit entre l'idéal et la réalité, et qu'il retrouve dans le monde comme dans sa propre nature et sa propre destinée. Cette contradiction, le drame la prend au tragique, et l'ironie la tourne en amertume; mais elle a aussi son côté comique, puisque le ridicule n'est autre chose qu'un désaccord entre le fait et l'idée, et il peut arriver ainsi que l'artiste se détache assez de lui-même pour rire de la comédie universelle et du rôle qu'il y joue malgré lui. Voilà l'humour telle qu'elle se montre dans Aristophane, Shakspeare, Sterne, Jean-Paul, Carlyle. Mais on comprend en même temps que ce désintéressement suprême de l'humoriste entraîne un mélange de gaieté et de tristesse, de sentiment et de plaisanterie, puis le passage subit de l'un à l'autre, partant les contrastes tranchés, quelque chose, en un mot, de spontané, de capricieux, d'imprévu. D'un autre côté, ces allures excentriques ne supposent pas nécessairement la conception fondamentale qui constitue l'humour dans son acception la plus haute ; elles peuvent n'être qu'un simple genre littéraire, un procédé destiné tout ensemble à dispenser l'écrivain du labeur d'une pensée suivie ou d'une composition régulière, et à stimuler le goût blasé du public. Il est à peine nécessaire de dire que si madame de Gasparin mérite le nom d'écrivain humoriste, c'est dans cette dernière acception du mot. Rien de plus éloigné de la suprême ironie que la conception religieuse de la vie et du monde, et madame de Gasparin, je l'ai dit, est avant tout un écrivain religieux.

Quoi qu'il en soit, madame de Gasparin se livre avec un entrain évident à sa veine nouvelle. Elle s'y sent à son aise, elle y abonde. Voici coup sur coup quatre volumes de voyages, lesquels promettent d'être suivis de beaucoup d'autres, et où ce genre d'inspiration ou de procédé, comme on voudra, se marque toujours davantage. Et il y a un public pour ces livres, il ne faut pas en douter ; ils ont du succès, ils le méritent à bien des égards ; bref, malgré leur caractère un peu sectaire, la critique ne saurait les ignorer.

Un mot d'abord sur le cadre de ces récits. L'auteur et son mari demeurent en Suisse, et passent les étés sur les bords de l'Orbe, au pied du Jura, dans une campagne qui s'appelle ici Valpeyres. De là, chaque année, on fait des courses, non-seulement dans les environs, mais au loin, dans les autres parties de la Suisse, et jusqu'en Allemagne, en Italie. Ces courses se font en troupe. Les chefs, ce sont l'auteur et son époux, qui figurent dans le livre comme M. et madame de Belcoster ; puis viennent les associés, M. Nerins, le pasteur de la paroisse, et quatre ou cinq demoiselles, mademoiselle Lucie, mademoiselle Hélène, etc. Telle est la petite société que madame de Gasparin décore du nom de « Bande du Jura, » et dont elle s'est chargée de décrire les pérégrinations et d'enregistrer les aventures.

Il y a deux manières d'écrire un voyage. La première est celle qui raconte et dépeint tout uniment, tirant son intérêt de la nouveauté des lieux parcourus, ou de la puissance d'imagination et de style qui renouvelle des scènes déjà familières. Et puis il y a une autre manière. On traverse des pays cent fois décrits ; on désespère de rajeunir des thèmes rebattus ; alors, au lieu de raconter ce qu'on a vu, on y cherche matière à réflexions ou à fantaisies. Les plus petits incidents de la route prennent de l'importance. On décrit le cheval, le cocher, les passants ; on donne le menu des repas ; on redit les conversations ; on s'évertue à tirer de tout quelque chose de plaisant ou de piquant, un tableau, une scène, une moralité. C'est là le genre humoristique, celui dans lequel Topffer me paraît avoir médiocrement réussi, et celui que madame de Gasparin a adopté après Topffer, en y apportant quelques prétentions et aussi quelques qualités de plus, mais sans en éviter toujours les écueils.

Toutefois, avant de dire les défauts, je voudrais dire les qualités. Si les premiers sont évidents, les secondes ne sont pas moins apparentes. On reconnaît tout d'abord qu'on a affaire ici à une âme pure, généreuse, bienveillante. On se dit à chaque pas : les braves gens, et que le monde vaudrait mieux s'il y en avait beaucoup de semblables ! Tout n'est pas également gai dans ces volumes, mais tout y est innocent. Il y a des ridicules, mais qu'ils sont amplement rachetés par la droiture et l'élévation des sentiments ! Et qu'on ne s'imagine pas que la belle morale y tienne place de tout mérite littéraire. Madame de Gasparin est tout entière ici, avec son entrain, son abondance, ses saillies. Elle y a également apporté un vif sentiment de la nature et des arts. Car elle a une organisation d'artiste. Elle comprend et admet bien des choses qui sembleraient devoir lui rester fermées. Elle sait se reporter au milieu des mœurs et des existences d'autrefois, dans les siècles valeureux et poétiques. Elle n'est pas insensible à l'héroïsme, même dans le crime. Elle avoue jusqu'à une secrète sympathie pour les fiers coquins et les grands drôles. Ses enthousiasmes ne sont pas toujours également bien placés. Son admiration pour le dôme de Milan me paraît excessive. Mais sur Raphaël, par exemple, elle s'est exprimée en termes justes et sentis : « Ses toiles, dit-elle, rayonnent d'une lumière tranquille, elles n'arrêtent pas les battements du cœur ; c'est une souveraineté d'harmonie qui est parce qu'elle est ; or, il faut quelque travail pour se rendre compte de cette transparence de l'idée, de cette simplicité géniale de l'exécution, pour comprendre, en un mot, qu'il y a là quelque chose comme la perfection absolue. » Madame de Gasparin a plus encore le sentiment de la nature. Ses paysages sont pleins de couleur, de senteurs, de lumière. Elle rencontre souvent le trait qui montre les choses. Ici le taureau, « les naseaux humant la terre, court et puissant, sa tête frisée ramassée sur ses gros fanons. » Là une vache, qui « s'interrompt de paître, lève la tête et pousse une longue bramée à l'immensité. » Avec cela, il est vrai, un manque de contour, de dessin, de repos. Quelque chose d'enfiévré et d'empourpré. Tant de mots, tant d'éclat qu'on ne distingue plus rien. C'est brillant et confus.

Au surplus, si madame de Gasparin pèche par l'abus des descriptions, c'est un défaut commun à tous les genres de voyages. Mais il est d'autres inconvénients auxquels le voyage humoristique est spécialement exposé. Le plus grave est la nécessité d'être piquant à tout prix. La route qu'on parcourt n'étant ici qu'un texte ou un prétexte, le voyageur est obligé de tout tirer de son fond, et il faut que ce qu'il en tire en vaille la peine. De là, presque inévitablement de l'effort. L'écrivain a beau avoir de la verve, comme madame de Gasparin, cette verve lui fait parfois défaut, et alors il s'échauffe à froid, il se bat les flancs sans parvenir à s'élever dans les airs, il est tendu, recherché, artificiel. C'est une fâcheuse position, et dans laquelle un auteur avisé ne se mettra jamais, que d'être obligé d'étonner continuellement son lecteur. Impossible de dire à quelles extrémités une semblable nécessité peut entraîner la plume !

Sterne visait au sentiment; madame de Gasparin, elle, se pique de bonne humeur et de naturel. Mais Sterne est quelquefois tombé dans la sensiblerie, et madame de Gasparin dans la farce. Sa préoccupation évidente est de montrer jusqu'à quel point l'orthodoxie peut s'allier à la joie. Elle a fait comme une gageure de prouver que la haute dévotion n'exclut ni la gentillesse, ni même l'espièglerie. Sûre de ses intentions, elle se donne donc carrière. Elle s'avance vive et délurée. Elle dit tout ce qui lui passe par la tête. Elle ne scandalisera jamais son prochain, oh non ! mais elle sera bien aise de lui faire ouvrir de grands yeux. Aussi prodigue-t-elle la grosse caricature, la fantaisie échevelée, la rencontre bizarre, l'invention folle. Il faut qu'elle amuse, qu'elle soit drôle. Et elle l'est quelquefois. Lisez plutôt la dissertation physiognomonique que voici :

« Notre wagon à l'américaine offre ces vastes perspectives de nez qui donnent toujours à réfléchir : trompette, pied de marmite, évent de baleine, cornet à bouquin, tout y est ! Il y a aussi des nez pédagogiques, nez très-honnêtes, mais un peu lugubres ; nez accoutumés à gémir sur les imperfections du prochain ; nez élargis par l'aspiration des choses grandes; nez habitués à l'autorité ; nez qui prêchent les autres, et que les autres ne prêchent pas. Il y a encore des nez revenus de tout ; ceux-là se plissent avec un mélancolique dédain. Il y a des nez armés en guerre : rien qu'en les voyant, on croit entendre le clairon des batailles. Il y a des nez prudents, il en est de retors, et d'autres bonasses, à qui l'on ferait tout croire, et d'autres si fins, si fins, qu'ils sentent passer l'ombre d'une idée ! »

Cela n'est pas délicat, cela n'est pas exquis, mais cela est drôle. Or, je le répète, la drôlerie ici a été jugée indispensable. C'est le bonbon sous le sucre duquel se déguisent les moyens de conversion. On aurait de la peine à s'imaginer jusqu'où, à cet égard, va, chez madame de Gasparin, le besoin d'attirer les âmes. Elle affiche le sans-façon. Elle ne craint pas le mot risqué. Elle dira, très joliment du reste, en parlant des femmes de Rubens : « Un tas de luronnes qui sautent dans leur peau ! » Elle risquera des plaisanteries auxquelles on ne se serait guère attendu en si correcte compagnie. Les demoiselles que chaperonnent l'auteur ne veulent pas être trop chaperonnées ; elles aiment les beaux jeunes hommes, les militaires surtout. « Et rentrer chez soi, s'écrie-t-on, sans un pauvre petit cuirassier pour se désennuyer un peu ! » Ces dames, une autre fois, se demandent ce qu'elles feraient si elles étaient enlevées par un Turc :

« — Moi, je me défendrais.

— Moi, je supplierais.

— Moi, je bouleverserais le harem !

— Moi, je convertirais le sultan !

— Moi, je ferais tourner les tables !

— Moi, les têtes !

— Moi, je cirerais les bottes.

— Moi j'entortillerais le jardinier, un esclave chrétien, un duc et sénateur, et je me... »

Et de là, comme c'est dimanche, on se rend au « culte évangélique italien, » on chante des cantiques, on voit déjà une religion plus pure éclairer l'Italie ! Je ne sais rien dans le livre qui en marque mieux le caractère que ces transitions-là.

Le mal, après tout, n'est certes pas grand. C'est affaire à l'auteur de savoir ce qu'elle peut se permettre en ce genre. Il n'est que trop vrai, en même temps, que ces disparates tiennent à un manque de goût, et que le manque de goût perce dans ces volumes sous bien des formes différentes. C'est ainsi que nos charmantes voyageuses parlent tour à tour patois, jargon, argot. On *s'embête* dans ce livre, et on *mécanise* celui qui vous embête. On fait aussi des calembours. Passe pour le calembour. Il a pour lui de saintes autorités. On en trouve dans l'Écriture, dans les Pères de l'Église. Mais encore faut-il que le calembour ait sa pointe. Or, je le demande, y a-t-il quelque agrément ou quelque sel à parler d'un *pic* qui se *pique* d'honneur, ou à s'écrier : « ô clémence par trop inclémente à Clément ! » Et que dire d'une plaisanterie comme celle-ci : « A tous les cœurs bien nés la pâtisserie est chère ! » Ou comme celle-là : « Étant donnés un embarcadère, une bande et un chemin de fer, trouver l'âge du capitaine. » Quel amusement puiser dans des dialogues tels que le suivant : — « Mangeons du chocolat ! — Vous l'avez ? — Non. — Au fond du panier ? — Non. — Oublié ! dans le convoi de Neuchâtel ! » Évidemment, madame de Gasparin a oublié la différence qui sépare ce qui se dit de ce qui s'imprime. On rit volontiers dans la conversation d'une foule de choses qui font le plus triste effet du monde dès qu'on les fixe sur le papier.

Tels sont donc, en dépit de bien des mérites aimables et solides, tels sont les reproches qu'on peut faire à madame de Gasparin. Son livre a le sans-façon, mais non pas le naturel ; de la vivacité, mais point de grâce ; plus de bizarrerie que d'originalité ; de l'imprévu plutôt que de la profondeur : rien qui fasse penser, point de repos ni d'horizon. A défaut de ces qualités, l'ouvrage du moins est-il amusant ? Eh bien ! non. Il voudrait l'être sans doute ; il aspire à être très-gai, très-plaisant, très-divertissant ; c'est proprement la prétention de l'auteur, la gageure qu'elle a faite avec elle-même, la condition du genre qu'elle a adopté. Et elle y aurait réussi, si la bonne humeur et l'esprit tout seuls y suffisaient. Malheureusement elle a trop couru après la gaieté, et elle n'a pas mis dans la plaisanterie assez de choix ni de finesse. Mais tout cela ne serait rien encore si le livre n'avait entrepris d'unir, dans la plus bizarre des alliances, le ton tapageur de l'écolier en vacances avec l'onction du prédicateur en tournée de mission. Ce mélange du sacré et du profane produit trop souvent des effets burlesques. La bande voyageuse, on l'a vu, appartient au plus strict puritanisme. Son chef, M. de Belcoster, nous est représenté « comme un grand saint, » Madame de Belcoster elle-même comme « une âme dévorante et dévorée. » On a emmené avec soi le pasteur de la paroisse. Quant à mesdemoiselles Lucie, Hélène, etc., elles peuvent avoir du goût pour les cuirassiers, mais cela ne les empêche pas de prendre part tous les jours à des exercices de piété. On chemine donc, faisant des lectures édifiantes, s'excitant à des retours de contrition, se consolant en pensant que Jésus a eu pitié de nous, s'entretenant des « gratuités de Dieu. » Arrive-t-on dans une ville, on ira bien voir les « luronnes » de Rubens, mais on se fera scrupule de paraître au théâtre. Ce n'est pas tout, le prosélytisme se joint à la dévotion : on distribue des Bibles; on prêche les guides, les cochers, les passants; on fait à un cicerone italien une homélie sur « les droits de la vérité ; » on prie pour tout le monde, voire pour un chien éclopé. Et qu'on ne croie pas que je veuille jeter du ridicule sur ces pratiques, quelque étranges ou exagérées qu'elles puissent sembler ; je ne connais rien de plus respectable qu'une piété sincère, alors même qu'elle est étroite. Ce qu'on peut reprocher à notre auteur, c'est uniquement d'avoir mêlé des choses si graves à tant d'autres qui le sont si peu. On n'est pas accoutumé, de ce côté-ci du Jura, à marier si étroitement le calembour et la prière, les facéties et les *mea culpa*. M. de Belcoster peut être un grand saint, mais il aime trop les aubergines. Rien n'est divertissant comme de se moquer des Anglais, mais ce divertissement pourrait être mieux placé qu'à côté d'une exhortation sur l'amour du prochain. Madame de Gasparin nous en croira si elle le veut, mais ces brusques passages de la dévotion à la farce, produisent sur le lecteur l'effet le plus désagréable : c'est un soubresaut qui met de mauvaise humeur, c'est une dissonance qui agace les nerfs, trop heureuse l'auteur quand ce n'est pas un ridicule dont les profanes s'amusent à ses dépens !

Novembre 1865.

XI

LETTRES SUR L'ANGLETERRE

PAR LOUIS BLANC [1].

Les lettres dont se composent les deux volumes de M. Louis Blanc ont, pour la plupart, été publiées dans le journal même où je vais essayer d'en rendre compte. La tâche peut sembler délicate. L'auteur, en effet, n'est pas de ceux qu'on loue banalement, sans distinction et sans discussion : ce serait, à vrai dire, lui manquer de respect. Et, d'un autre côté, critiquer le nouvel ouvrage de M. Louis Blanc, n'est-ce pas critiquer le journal où nous écrivons l'un et l'autre ? N'est-ce pas faire acte d'anarchie? Eh bien! non; le lien qui unit les collaborateurs du *Temps* leur a toujours paru compatible avec une grande liberté ; il y a place dans la communauté de leurs efforts pour bien des diversités secondaires ; et d'ailleurs, M. Louis Blanc et moi ne nous trouvons-nous pas au bénéfice de la latitude toute spéciale que l'usage ga-

---

[1]. 2 vol. 1865.

rantit à l'article *Variétés* et à l'article *Correspondance* ?

Ceci dit, je me sens à l'aise pour exprimer l'admiration que m'a fait éprouver la lecture des *Lettres sur l'Angleterre*. Je les connaissais presque toutes sans doute, et je n'avais plus rien à apprendre sur les qualités qui distinguent la manière d'écrire de M. Louis Blanc : la netteté lumineuse, la sûreté de correction, la mâle simplicité, le mot qui peint et plus souvent encore celui qui burine. Mais je crois bien qu'avant de relire ces morceaux à la suite les uns des autres, je n'avais pas été aussi frappé de l'étendue des connaissances, de l'abondance des idées, et surtout de la flexibilité du talent de l'écrivain. On trouvera dans ces volumes des modèles accomplis de tous les genres : ici un exposé du système électoral anglais, là une discussion sur le droit de visite, ailleurs l'histoire de la puissance de la Grande-Bretagne aux Indes ; il y a des récits dramatiques comme ceux de plusieurs causes célèbres, de larges et fins portraits comme ceux de MM. Gladstone et Bright, des descriptions pleines de mouvement et de gaieté comme celles des courses d'Epsom et des fêtes de Noël. Puis, au milieu de tout cela, des mots ingénieux, profonds, quelquefois de beaux mots, celui-ci par exemple, qui, à bien des égards, pourrait servir d'épigraphe au livre tout entier : « La voix ne porte qu'à une condition, c'est de venir des entrailles. »

Mais ce qu'il y a de plus intéressant dans ces volumes c'est le sujet principal, je veux dire l'Angleterre telle que l'a comprise M. Louis Blanc, l'impression que ce pays et ses institutions ont produite sur l'esprit d'un juge si compétent.

Disons-le tout de suite : M. Louis Blanc admire fort l'Angleterre; il n'est pas une de ses lettres où il ne rende hommage à sa grandeur et à ses vertus, pas une où l'on ne reconnaisse à quel point il est touché du spectacle d'une liberté si virile. Et cependant, on sent que M. Louis Blanc n'est pas prévenu en faveur des Anglais : il les admire plus qu'il ne les aime; il a pour eux plus de respect que de sympathie. L'affection a toujours son aveuglement; on se fait plus ou moins illusion sur les défauts de ceux pour qui l'on éprouve quelque faible; on excuse ces défauts, on les dissimule : or M. Louis Blanc n'a point de ces tendresses ; il est juste, il est souverainement impartial, mais il n'est que cela.

M. Louis Blanc est d'une raison exigeante. Il n'y a pas beaucoup de place dans sa vive intelligence pour les choses de l'imagination, poésie, fantaisie, humour. Et il veut que tout soit raisonnable comme lui. Il ne comprend pas que les institutions et la vie publique d'un grand pays ne soient pas parfaitement graves et logiques. Aussi trouve-t-il à redire, en Angleterre, à des usages que leur antiquité protége, mais qu'il serait difficile de défendre au point de vue de l'utilité ou du sens commun. Passe encore pour les courses d'Epsom ; ce sont des fêtes populaires ; et d'ailleurs, comme notre écrivain le dit si joliment, « dans l'échelle des niveleurs, le derby tient la troisième place, après l'amour, qui n'est qu'un niveleur d'occasion, et la mort. » La qualité de niveleur, voilà une circonstance atténuante. Mais gare lorsque, de près ou de loin, nous en viendrons à la politique, et surtout, lorsqu'au lieu d'égalité, il s'agira tout au contraire de rang, de pompe, d'apparat! L'auteur a de la peine à contenir ses sarcasmes en voyant lord Palmerston installé « gouverneur des cinq ports. » La procession du lord-maire, il ne s'en cache pas, lui paraît indigne d'une nation majeure comme l'est la nation anglaise. Et ces réceptions, dans lesquelles une fière aristocratie s'incline si profondément devant la reine : oh! pour le coup, notre austère écrivain n'y tient plus ; ce culte de la monarchie lui semble païen ; il y voit une contradiction avec le bon sens d'un peuple qui demande précisément à la royauté de s'effacer autant que possible.

J'estime, quant à moi, que la contradiction n'est qu'apparente, ou, ce qui revient au même, qu'elle trouve son explication dans l'une des vertus politiques de l'Angleterre. La royauté, l'aristocratie, l'étiquette, les uniformes ridicules, les pompes bizarres, tout cela est un effet de l'attachement des Anglais à l'usage comme usage, à la tradition comme tradition. Nous autres, en France, nous nous hâtons de renverser ce qui ne peut justifier d'une signification évidente ou d'une utilité directe. Il semble que nous fassions chaque matin un examen de conscience pour savoir ce que l'on pourrait bien encore effacer des choses anciennes. Nous ne sommes pas seulement égalitaires en fait d'institutions, mais utilitaires en fait de coutumes. Nous ressemblons à ces maniaques qui, possédés d'un esprit d'ordre excessif, font sans cesse le tour de leur appartement, l'inventaire de leur mobilier, et condamnent sans pitié aux flammes les objets dont ils peuvent rigoureusement se passer. Ou bien encore, nous traitons nos établissements et nos lois comme on traite aujourd'hui la ville de Paris, renversant des quartiers entiers, pour peu qu'ils aient un air d'antiquité ou qu'ils dévient de la ligne droite. Aussi, sommes-nous toujours tout habillés de neuf. Les Anglais, eux, trouvent que les habits qui ont déjà servi ont du bon : ils s'y sont faits, ils en ont l'habitude, et ils estiment que c'est déjà quelque chose. L'Angleterre respecte ce qui est parce que cela est ; elle ne le renverse point avant d'y avoir constaté un abus ou d'y avoir rencontré un obstacle. L'Angleterre, en un mot, procède par voie de réforme, et nous par voie de révolution. Lequel est le plus sûr ?

Il est un autre point sur lequel la France et l'Angleterre ne diffèrent pas moins, et qui, dès le premier moment, a dû attirer l'attention d'un observateur tel que M. Louis Blanc. Je veux parler du rôle de l'État. On peut caractériser en deux mots la différence des deux pays à cet égard. Il semble, en France, que l'État n'ait jamais assez d'attributions ; il semble, en Angleterre, qu'il n'en ait jamais assez peu. Notre tendance est d'investir les pouvoirs publics de toutes les fonctions ; la tendance de nos voisins est de réduire l'action de ces pouvoirs au minimum. M. Louis Blanc a donné des exemples frappants de la jalousie des Anglais en ce qui concerne l'intervention de l'État. Lorsque la guerre des États-Unis priva l'Angleterre de coton et jeta les ouvriers du Lancashire dans une détresse affreuse, le pays tout entier s'émut de la plus active compassion : riches et pauvres se réunirent pour venir au secours de leurs concitoyens; les souscriptions volontaires dépassèrent la somme de treize millions et demi. Ce n'est pas tout : on se sentit fier de l'héroïsme déployé par cette population souffrante. Et cependant, avec tout cela, la nation, comme nation, ne se crut pas tenue de secourir les victimes de la crise, et il resta bien entendu que l'obligation légale de venir en aide aux ouvriers affamés continuait d'incomber aux paroisses. Autre exemple plus frappant encore peut-être de cette défiance à l'égard de l'autorité. On se rappelle la terreur dans laquelle les *garrotteurs*, il y a deux ou trois ans, jetèrent les habitants de Londres. On ne pouvait plus sortir de chez soi, après le coucher du soleil, sans s'attendre à être attaqué par deux ou trois brigands, si bien que chacun avait soin de se munir d'un revolver ou d'un assommoir. Eh bien, alors même, et dans une situation qui menaçait ainsi chacun dans sa sécurité personnelle, les citoyens se préoccupèrent beaucoup plus de se défendre eux-mêmes que d'armer l'autorité de pouvoirs nouveaux ; et l'on peut se figurer quel fut l'étonnement de notre compatriote en voyant, en pleine panique, les individus n'attendre de protection que de la force de leur bras, et le principe de la défense personnelle l'emporter sur celui de la protection sociale.

On comprend que M. Louis Blanc ne regarde pas cette

tendance comme très-saine, ni cet état de choses comme très-normal, puisqu'il va jusqu'à reprocher au gouvernement anglais de n'avoir pas acquis le jardin de Shakspeare au nom et aux frais de la nation, et d'avoir laissé à une souscription volontaire le soin d'honorer ainsi la mémoire du poëte. L'auteur s'élève à cette occasion contre « cet excès de décentralisation qui est la maladie de l'Angleterre, comme l'excès contraire est notre maladie [1]. » Et là-dessus, viennent de belles et pénétrantes paroles : « De ce côté du détroit, dit-il, on tient à ce que tout se fasse par les individus, et ce système a certainement du bon : il imprime aux âmes une activité énergique ; il élève le niveau de la dignité humaine, en inspirant à chacun ce sentiment de confiance en soi que les Anglais appellent si bien *self-reliance* ; il fait des hommes, là où l'excès du système opposé tend à faire des enfants. Mais en revanche, il affaiblit le lien social, il accoutume les esprits à vivre dans une sphère étroite ; il leur dérobe la vue des larges horizons, et comme il ne demande rien qu'à l'individu, c'est souvent l'égoïsme qui lui répond. »

Voilà qui est admirablement bien dit ! Est-ce complétement juste ? Non. Je vois éclater ici la différence entre la théorie où tout est simple, et la réalité où tout est complexe, et où un seul élément suffit pour renverser les résultats donnés par la pensée pure. Qui ne serait

---

1. Je recommande pourtant à nos centralisateurs un passage *Lettres sur l'Angleterre*, au t. II, p. 392.

tenté, en effet, de conclure du raisonnement de notre auteur, que l'Angleterre est livrée à un individualisme excessif, que les citoyens y vivent dans l'isolement, et enfin que l'esprit public y languit, tandis qu'en France, au contraire, le lien social est plus fort, et que la vie nationale, si j'ose me servir de cette expression, y circule avec plus de vivacité. Or, c'est justement l'inverse qui est vrai. M. Louis Blanc n'a pas tenu compte de cette liberté qui, permettant aux Anglais de se communiquer les uns aux autres toutes leurs idées, et de s'associer pour toute espèce de fins, a fait de la société anglaise un corps organisé, articulé, dont toutes les parties sont en rapport les unes avec les autres, et où chaque développement, chaque progrès, devient rapidement le bien commun de tous. En France, au contraire, ce qui est organisé c'est l'État, ce n'est pas la nation; c'est le gouvernement, c'est l'administration, ce n'est pas le peuple. Les citoyens ne peuvent combiner leur action; rien ne les rattache les uns aux autres; ils n'ont ni force défensive contre les empiétements du pouvoir, ni force intellectuelle, morale, sociale pour en vivre. Le pays individualiste par excellence, ce n'est pas l'Angleterre, c'est la France : c'est là, et là seulement, qu'on peut voir les héritiers d'une grande civilisation réduits à l'état d'isolement absolu, d'atomes inorganiques, je serais presque tenté de dire de poussière impalpable et stérile.

Une dernière question que l'Angleterre proposait avec l'autorité d'un grand exemple aux méditations de M. Louis

Blanc, est celle de la concurrence, ou, si l'on veut, celle de la misère.

Le principe économique sur lequel repose la société anglaise est le principe de la libre concurrence, en vertu duquel le prix des choses, et le prix du travail comme celui de tout le reste, est réglé par le rapport de l'offre à la demande. La conséquence de ce principe est, non-seulement que la vie est une lutte; que dans cette lutte, l'homme intelligent, instruit, fort ou laborieux, a l'avantage sur le paresseux, le faible, l'ignorant ou l'imbécile; mais encore, que le travail peut perdre son prix, qu'il peut manquer et laisser le travailleur dans la misère. Mal redoutable, car il y a une solidarité humaine; car les membres de la société ne peuvent souffrir sans que la société en souffre tout entière; car, à défaut de motifs plus relevés, la misère des uns fait le péril des autres. Mais jusqu'ici, en Angleterre du moins, la science sociale s'est déclarée incompétente à résoudre le problème; elle n'a rien trouvé de mieux que l'aumône pour venir en aide à la misère. Aussi M. Louis Blanc de s'écrier : « Que vaut la sagesse humaine, si elle ne peut rien contre de pareilles calamités? »

La sagesse humaine : eh! mon Dieu! elle est ce qu'elle est; elle est ce qu'elle peut. Comme toutes les choses de ce monde, elle a ses limites qu'il est bien inutile de méconnaître. M. Louis Blanc, il est vrai, est plus exposé qu'un autre à les oublier, précisément à cause de ce vif sentiment d'humanité qui le possède, et qui l'a toujours si honorablement distingué. Il ne peut

16.

se résigner à l'imperfection. Il n'admet point qu'il y ait de mal sans remède. Il ne tient pas assez compte de la nature humaine, et il s'imagine trop facilement pouvoir la modifier. Il supporte impatiemment que la force soit la force, et la faiblesse la faiblesse. Ces inégalités naturelles lui sont en scandale. Ne pouvant les nier il voudrait les supprimer, et peut-être ne comprend-il pas assez que les moyens qu'on est tenté d'employer à cet effet, risquent fort d'être violents et artificiels. Le crime même, en dépit de ces histoires de Palmer, de Roupell, de John Paul, qu'il a si dramatiquement racontées, le crime lui paraît être surtout un produit de la misère. Il ne nous dit pas ce qu'il pense de la sottise, de la maladie et de la mort, mais je ne serais pas étonné qu'il en rêvât aussi l'abolition. M. Louis Blanc n'est pas seulement un cœur généreux, c'est essentiellement aussi un génie idéaliste.

Et c'est justement là ce qui fait sa valeur et celle de son livre. Notre écrivain parle quelque part d'une « protestation solennelle contre les caprices du sort et la tyrannie des choses. » Eh bien, oui, il y a une tyrannie des choses, et s'il importe aux sociétés de ne pas méconnaître des lois contre lesquelles elles risqueraient de se briser, il n'importe pas moins à la dignité humaine que quelqu'un proteste contre ces limites, au nom de l'âme, au nom de l'espérance, au nom de l'idéal. Or voilà ce que personne n'a fait avec plus de persévérance et de conviction que M. Louis Blanc.

Décembre 1865.

XII

DICTIONNAIRE GÉNÉRAL

DES LETTRES, DES ARTS, ET DES SCIENCES MORALES ET POLITIQUES [1].

MM. Dezobry et Bachelet ont publié, en 1857, un dictionnaire d'histoire et de géographie, qui se distingue de quelques ouvrages semblables par la modicité du prix, le développement donné aux articles, les indications bibliographiques, le choix des collaborateurs, et, enfin, par une honorable impartialité. Je n'y ai découvert aucune de ces complaisances qui servent à ménager aux livres l'approbation du clergé et l'entrée dans les séminaires. Mais ce qui assure à cet ouvrage une supériorité décisive, c'est la place qu'y a prise l'histoire des institutions. On y trouve des détails sur les Constitutions, les formes de gouvernement, les établissements publics, les emplois, les dignités ; on y rencontre des mots tels que *conciles, parlements, chartes, élections, députés* ; et, pour tous ces mots, des informations précises, allant

1. Par MM. Bachelet et Dezobry. 1862.

jusqu'au régime même sous lequel nous vivons. Je ne veux pas dire qu'il n'y ait ni lacune, ni erreur dans ces gros volumes. Le chapitre des institutions politiques et judiciaires de l'Angleterre est incomplet. On y chercherait en vain les détails nécessaires pour comprendre quels sont, chez nos voisins, l'organisation des tribunaux, le rôle du conseil privé, celui du conseil des ministres. On n'y trouverait pas davantage la Constitution des divers cantons de la Suisse, ou celle des divers États de l'Allemagne. L'insuffisance des renseignements équivaut quelquefois à des erreurs. *L'habeas corpus* n'a pas de bonheur en France ; il est en blanc dans nos lois, il l'est presque dans nos dictionnaires. A entendre MM. Dezobry et Bachelet, il consisterait dans l'ordre donné par un magistrat d'élargir un prisonnier, et cet ordre « tout citoyen qui croit être arrêté arbitrairement peut l'obtenir, en s'adressant au lord-chancelier ou à l'un des juges de la cour du banc du roi. » Voilà tout ce qu'en disent nos auteurs. M. Bouillet, de son côté, n'est pas moins discret. Je défie bien qui que ce soit, en lisant des explications telles que celles-là, de se faire une idée nette d'un droit que les Anglais regardent comme la pierre angulaire de leurs libertés. Il semblerait, en vérité, à en croire nos auteurs, que tout prisonnier n'a qu'à le vouloir pour se faire élargir. Autant vaudrait, à ce compte, supprimer tout de suite l'arrestation préventive. Le fait est que le célèbre statut de 1679 autorise le citoyen qui a été arrêté à exiger qu'on le fasse comparaître immédiatement devant le tribunal compétent, pour y apprendre quels sont les motifs de son arrestation, et pour en contester, s'il y a lieu, la validité. Inutile d'ajouter que, s'il y réussit, il est aussitôt mis en liberté. On comprend quelle est la portée de ce privilége : la justice ne renonce pas à l'arrestation préventive, mais l'usage de cette arme terrible est soumis à un contrôle qui en prévient l'abus.

Je le répète, d'ailleurs : à part des imperfections inévitables, le *Dictionnaire historique* de MM. Dezobry et Bachelet reste, et restera probablement longtemps, le meilleur ouvrage de ce genre que nous possédions.

Les mêmes auteurs viennent de publier un livre qui est le complément naturel du premier.

Si l'on embrasse dans sa pensée l'ensemble des connaissances humaines, et si l'on en sépare les sciences historiques qui forment le sujet du dictionnaire dont j'ai déjà parlé, il reste deux groupes considérables de sciences, dont les unes ont un caractère plus spécial, plus précis, plus rigoureux, tandis que les autres entrent davantage dans le cercle des idées générales et dans la culture de la société-polie. Je range parmi les premières les sciences mathématiques et naturelles, et parmi les autres, les lettres, les beaux-arts et la philosophie. C'est ce dernier groupe qu'embrasse le nouveau dictionnaire de MM. Bachelet et Dezobry, sauf qu'ils ont étendu la sphère de la philosophie, et y ont fait entrer tout ce qu'on appelle aujourd'hui les sciences morales et politiques. J'ignore s'ils ont l'intention de compléter un jour le cercle de leurs publications : un volume encore, et l'on peut dire qu'ils nous auront donné une encyclopédie abrégée, peu coûteuse, commode à manier, un véritable dictionnaire de la conversation [1].

Examinons rapidement les diverses parties dont se compose le volume que j'annonce aujourd'hui.

La partie consacrée aux lettres a ceci de précieux, qu'elle joint partout l'histoire à la théorie. C'est ainsi qu'on y trouve, non-seulement l'histoire des littératures anciennes et modernes, mais aussi celle des différents genres littéraires, tels que l'épopée, la ballade, la comédie, l'éloquence, la critique. Il y a même une histoire du goût. Ce n'est pas tout : on y trouvera encore des notices, des analyses même des ouvrages les plus célèbres, des articles sur les grands poëmes, les romans de chevalerie, sur la *Cité de Dieu* de saint Augustin, sur le *Tom Jones* de Fielding, sur la *Divine Comédie* et le *Décaméron*. La *Somme* de saint Thomas y manque. Dante m'a paru légèrement traité. Il est faux que l'épithète de *divin*, appliquée à son poëme, s'explique par les matières théologiques qui y sont traitées ; il est inexact de dire que ce poëme est une œuvre lyrique ; enfin, on n'apprend absolument rien au lecteur en appelant la Divine Comédie « une sorte de monument expiatoire élevé par Dante à la mémoire de l'amour enthousiaste et mys-

[1]. La série de ces publications doit, en effet, être complétée par un *Dictionnaire général des sciences* dont le premier volume a déjà paru.

tique qu'il porta dans sa jeunesse à Béatrix Portinari. »
Ce qu'on demande à un dictionnaire, ce ne sont pas des
phrases, mais des données précises. La précision fait
trop souvent défaut dans les renseignements qu'on nous
donne ici. Pourquoi dire que chacune des trois parties
de la *Comédie* est « d'environ trente chants » ? Qu'est-
ce qui empêchait d'en donner le chiffre exact ? De quel
droit l'auteur de l'article parle-t-il des « indigestes élu-
cubrations des cerveaux germaniques » sur ce sujet,
tandis que nous devons aux Allemands ce qu'on a écrit
de plus solide et de plus savant sur le poëte florentin ?
M. Baret a-t-il lu les écrivains dont il parle ? Les con-
naît-il autrement que par certain article de Revue qui
fourmille d'erreurs et qui n'est propre qu'à égarer ?

Je passe au mot *Revue*. Même vague, même à-peu-
près. Les revues anglaises, est-il dit, ne publient
« guère » que des articles anonymes : point du tout, la
règle est absolue. Elles donnent « souvent » à leurs
écrivains la direction des affaires ; je voudrais savoir
combien l'auteur pourrait en citer qui soient arrivés-là.
La *Revue d'Edimbourg* a été fondée en 1803 ; lisez : 1802.

Un autre collaborateur du dictionnaire, prétend que
« le caractère le plus frappant de la littérature anglaise
aujourd'hui, c'est la prédominance de la prose sur la
poésie. » Il était difficile de plus mal tomber. L'Angleterre est le pays de l'Europe où il y a actuellement le
plus de poëtes distingués, où l'on fait le plus de vers,
et où les vers trouvent le plus de lecteurs.

Les mêmes négligences se trouvent dans les articles

relatifs à la littérature et à la philosophie allemandes. Bitzius, le romancier bernois, n'y figure que sous son pseudonyme de Jérémie Gotthelf. L'auteur du *Gladiateur de Ravenne* est appelé Frédéric Hahn. Schopenhauer n'est pas même nommé parmi les philosophes !

Je note, dans le département des lettres, de nombreuses et intéressantes notices sur les langues, leurs caractères et leur histoire. Malheureusement, l'article principal, celui qui devait servir de point de départ aux autres, le morceau sur la classification des langues est précisément le plus court et le plus insuffisant. Comme j'ai dit franchement tout le bien que je pense du dictionnaire de MM. Bachelet et Dezobry, et que je crois agir dans leur propre intérêt en leur signalant les fautes qu'ils auront à corriger dans une nouvelle édition, je me permettrai encore quelques critiques. Je prends l'article sur les langues sémitiques ; j'y lis que cette dénomination est inexacte, parce qu'elle renferme les Phéniciens et exclut les Perses ; il fallait dire qu'elle est inexacte, si l'on s'attache aux données ethnologiques de l'Ancien-Testament. J'y lis encore que les langues sémitiques ont une tendance vers l'unité et se sont réduites, avec le temps, à un seul idiome, l'arabe ; comme si cette prédominance de l'arabe était le résultat d'un développement organique des langues sémitiques ! D'après l'auteur de l'article sur la langue anglaise, cette langue emploierait rarement la rime dans les vers : il faut que cet auteur ait lu bien peu de poëtes anglais. Dans le même article, la distinction faite entre les deux auxiliaires du futur, *shall* et *will*, est complétement erronée.

Je passe à la section des beaux-arts. Cette section, comme la précédente, se fait remarquer par l'introduction de bien des renseignements qu'on cherche vainement dans d'autres ouvrages du même genre. Ainsi, sous le mot *Rome*, le catalogue des monuments anciens et modernes de cette ville. Ainsi, surtout, la description et l'histoire des cathédrales les plus célèbres. La notice sur les égouts de Paris (*Paris cloacal*) mérite une mention spéciale. Tout cela est très-utile, très-bien imaginé. Il y a cependant quelques erreurs à relever. L'horloge de la cathédrale de Strasbourg, par exemple, est tout entière l'ouvrage de M. Schwilgué, et n'a rien de commun avec l'ancienne horloge dont elle a pris la place.

La partie des beaux-arts est ornée de figures insérées dans le texte. Ces figures ne sont pas très-remarquables, mais elles sont d'une exécution suffisante, et elles assistent quelquefois le lecteur. Malheureusement il y en a ou trop ou trop peu. On en rencontre qu'on n'attendait assurément pas, telles que la vue de l'abattoir de Grenelle et le modèle des chaises à louer dans les promenades de Paris. Il est, au contraire, bien des articles où les illustrations auraient été secourables et où elles font défaut. Pourquoi l'architecture grecque et l'architecture ogivale sont-elles réduites à s'en passer ? Pourquoi l'ordre ionique n'est-il pas représenté par une image comme les autres ordres ? Il y a là un arbitraire que je ne m'explique pas.

J'arrive à la dernière partie, celle qui traite des sciences morales et politiques. C'est, à mon avis, la moins nouvelle et la moins parfaite. J'excepte de ce jugement les renseignements statistiques sur une foule d'institutions, d'établissements, de points de droit, de matières administratives. Ces informations sont d'une utilité évidente. Mais, à côté de la statistique, il y a la théorie, les idées morales, les doctrines politiques, et c'est là que je trouve bien des critiques à faire.

Quand je parle de doctrines politiques, j'ai tort. Il n'y a rien de semblable dans ce dictionnaire. Il est resté, autant que possible, en dehors des discussions, et peut-être le devait-il. Mais cela ne suffit pas pour justifier un dictionnaire des sciences morales et politiques qui n'a que trente lignes sur la Démocratie, trois sur la Révolution, et rien sur les libertés civiles et politiques! N'y avait-il donc pas moyen de parler de ces sujets historiquement et objectivement (comme on dit en Allemagne), sans tomber dans les considérations périlleuses, sans emprunter le langage des partis? MM. Bachelet et Dezobry n'ont-ils pas été obligés de se prononcer sur des questions non moins délicates? N'ont-ils pas traité tous les problèmes de la philosophie? Il est vrai qu'ils ont pris à cet égard le parti le plus sûr : ils se sont ralliés à la philosophie officielle.

Il y aura un chapitre curieux à faire, quand on écrira un jour l'histoire du dix-neuvième siècle en France ; ce sera le chapitre de la philosophie. L'écrivain qui entreprendra cette tâche se trouvera en face d'une situation étrange. Un homme, un seul homme, a su faire par la haute position universitaire à laquelle ses talents l'avaient porté, ce que d'autres hommes ont fait jadis par l'autorité de leur génie et la puissance de leurs doctrines. Écrivain d'une rare élégance, historien ingénieux et superficiel des systèmes, sans vues nouvelles, du reste, sans avoir fourni à la science une idée originale, sans prendre place lui-même parmi ces penseurs dont il a si agréablement retracé les enseignements, il est parvenu à imprimer le sceau de sa propre impuissance sur deux générations de professeurs. Les philosophes précédents agissaient sur les intelligences par l'audacieuse initiative de leur pensée ; l'action ici s'est exercée dans un sens purement négatif : on a soigneusement rétabli l'empire du préjugé ; on a prêché le devoir de s'abstenir ; on a appris aux penseurs à tirer leur chapeau devant les dogmes établis ; on a donné pour tâche à la philosophie de ne choquer personne et de ne rien renverser ; on a fait consister la sagesse à éliminer de la philosophie tout ce qui pourrait la compromettre auprès du clergé et de la bourgeoisie.

Voilà la tradition philosophique actuelle, celle qui domine depuis bientôt quarante ans, celle qui pèse encore sur nous de tout son poids. En veut-on la preuve ? Je la trouve dans le dictionnaire qui nous occupe. Tous les articles respirent le plus pur esprit de l'école. Partout l'appel déclamatoire au bon sens, partout la prétention de trancher les questions au moyen de certains grands mots en *isme*, qui dispensent de tout examen. Ce n'est pas tout. Il semblerait véritablement que la philosophie devenue officielle en France, celle des lycées et des manuels, soit la philosophie par excellence, et qu'elle constitue la règle à laquelle tous les systèmes doivent être ramenés, le programme d'après lequel il faut juger de l'état passé et actuel de la science. J'ouvre notre volume au mot *Métaphysique*. J'y lis que « la métaphysique comprend l'ontologie, la théologie, la cosmologie et la psychologie rationnelle. » En vérité ? Ni plus, ni moins ? Pourquoi cela ? Qui vous l'a dit ? Est-il impossible d'imaginer une autre classification ? Avez-vous le droit de donner celle-ci comme un fait acquis ? N'est-il pas injuste de nous présenter votre opinion pour résultat incontesté de la science ? Je continue de lire, et je vous entends exposer quelle est « la vraie méthode » et « la vraie métaphysique. » Je ne crois pas, pour ma part, qu'un vrai philosophe se soit jamais donné ainsi pour l'organe absolu de la vérité. J'aurais bien des choses encore à relever dans ce court article, mais je passe à un autre, celui qui traite du *panthéisme*.

L'auteur de ce morceau nous donne une définition étrange du panthéisme. Suivant lui, le mot ne convient pas à la doctrine qui ne reconnaît d'autre Dieu que l'ensemble des choses. Pourquoi ne lui convient-il pas ? Pourquoi exclure cette acception du mot ? On ne nous en donne aucune raison, si ce n'est que « le véritable panthéisme » est autre chose. Toujours la même impuissance à se placer à un point de vue historique ! Toujours le même penchant à confondre une manière personnelle de voir avec la vérité !

Admettons cependant qu'il y ait un véritable et un faux panthéisme, et voyons en quoi consiste le véritable. Il peut, nous dit-on, se résumer dans ces mots : « Dieu est tout. » — La formule n'est pas claire, mais elle signifie, nous le voyons plus bas, que Dieu est la seule réalité, le fini n'étant qu'une apparence ou une manifestation de l'infini. Maintenant, je voudrais bien savoir en quoi cette opinion diffère de celle qui considère l'ensemble des choses, le grand Tout, comme le seul et vrai Dieu. Si tout est Dieu, il me semble que Dieu aussi est tout. Dire que le grand Tout est Dieu, c'est dire que les existences finies dont se compose le grand Tout ne sont que les manifestations de cet infini qu'on appelle Dieu, et par conséquent c'est dire absolument la même chose que « le vrai panthéisme. »

L'auteur du même article trouve que la doctrine de la création du monde explique parfaitement les rapports du fini et de l'infini. L'auteur de l'article est bien heureux.

Le parti pris philosophique perce plus naïvement encore dans l'article *Scepticisme*. L'opinion qui ne croit pas pouvoir affirmer la réalité objective des conceptions de la raison est partout traitée dans ce travail comme une erreur volontaire, et par conséquent coupable. On dirait l'orthodoxie ecclésiastique foudroyant une hérésie. Le scepticisme est une « prétention ; » il « veut » condamner l'esprit humain à l'incertitude, il ne « veut pas » que la vérité soit accessible à l'homme ; il n'a pas de raisons, il n'a que des « prétextes. » Après quoi, on est fort étonné d'apprendre que le scepticisme est invincible en théorie et sans dangers dans la pratique. D'ailleurs, ajoute l'auteur, la question est uniquement de « savoir ce qu'est la vérité pour l'intelligence telle qu'elle est. » Comme si Kant avait jamais dit autre chose !

Je finis l'examen du dictionnaire de MM. Bachelet et Dezobry par les articles qui se rapportent à la religion. Il va sans dire qu'ici encore, ce sont des faits que nous cherchons plutôt que des doctrines. Ce n'était pas une raison cependant pour être si court sur les mots *religion* et *théologie*, *rationalisme* et *révélation*. Ce dernier n'a pas vingt lignes. Le grand mouvement rationaliste de l'Allemagne en a obtenu dix. Il n'y a pas un mot sur les diverses branches des études théologiques, sur leur histoire et leur état actuel. Rien, rien de sérieux sur la religion, son origine, son essence, ses manifestations, son histoire. Jamais nous n'avions eu lieu en pareille occasion de constater l'indifférence de l'esprit français pour tout un ordre de sentiments et de connaissances. Car, cela est évident, les auteurs du dictionnaire ne sont ici qu'à moitié responsables. Ils connaissent leur métier. Ils savent ce que demande le public; où se porte l'intérêt, l'attention. Ils savent que s'il y a à cet endroit une lacune dans leur ouvrage, personne ne s'en apercevra.

Et la mythologie, cette science toute nouvelle, déjà immense, qui jette tant de jour sur les origines et les développements de l'humanité, qui nous fait suivre les croyances de nos pères depuis le berceau du monde jusqu'aux superstitions de nos campagnes, qui occupe en ce moment en Europe tant d'excellents esprits et de savants éminents ; la mythologie qui, avec la philologie, a renouvelé l'histoire des races, quelle place croyez-vous qu'elle tienne dans le nouveau dictionnaire ? Juste neuf lignes.

On lit au mot *chrétien* que ce nom fut employé pour la première fois à Antioche, « vers l'an 141. » Du moment qu'il s'agissait d'un à-peu-près, l'auteur aurait bien pu nous faire grâce de l'unité. Il y a, du reste, dans ce renseignement une erreur d'un siècle.

L'article capital de la section théologique du dictionnaire est, sans doute, l'article *Bible*. Il s'en faut malheureusement de beaucoup qu'il soit complet ou correct. Les erreurs y abondent. Il est faux que la Bible renferme la littérature hébraïque complète, car elle renferme le Nouveau-Testament qui n'a pas été écrit en hébreu, et il y a beaucoup d'ouvrages écrits en hébreu qui ne sont pas dans la Bible. — « Il existe, dit l'écrivain, une division de l'Ancien-Testament en trois parties : *la loi, les prophètes* et les *écritures*. » « Il existe, » est joli ; c'est la division consacrée et canonique des Juifs. — L'auteur, continuant d'analyser cette division, place Daniel parmi les prophètes ; encore une erreur : Daniel n'est pas parmi les prophètes. L'auteur attribue à l'Église catholique une distinction entre les livres *canoniques* et les livres *deutéro-canoniques*, distinction qui a précisément été rejetée au concile de Trente. En revanche, il range tous les livres du Nouveau-Testament parmi les deutéro-canoniques, ce qui est l'une des bévues les plus étranges qu'on puisse commettre en pareille matière. L'auteur, enfin, regarde tous les livres dits *apocryphes*, c'est-à-dire tous ceux qui ont jamais été fabriqués par des imposteurs, comme des « livres de la Bible. » L'histoire des traductions de l'Ancien et du Nouveau-Testament est pleine de lacunes. La meilleure version qui existe, celle de de Wette, n'est pas même mentionnée.

J'aurais bien d'autres objections à présenter, bien d'autres fautes à signaler, mais je m'arrête ; je risquerais, je le sens, en relevant d'inévitables imperfections, de donner au lecteur une fausse idée de l'ouvrage dont j'ai voulu l'entretenir. Quelques réserves que j'aie cru devoir faire, le dictionnaire de MM. Bachelet et Dezobry est le meilleur que nous possédions en ce genre ; il est excellent en plusieurs de ses parties, et on peut se fier au zèle et à l'intelligence des éditeurs pour le refondre dans les articles qui sont décidément défectueux.

Janvier 1863.

XIII

LE PRÉ AUX NOISETTES[1]

La vogue est venue au roman champêtre. Il n'y a rien là que de naturel. On a beau dire : la littérature, non plus que l'esprit humain, n'est pas infinie. Les genres littéraires font leur temps. Ils ressemblent au filon de métal qui, pour riche qu'il puisse être, arrive toujours à s'épuiser. De là une nécessité de perpétuelle transformation. La littérature est condamnée à chercher partout et à tout prix de nouvelles inspirations et de nouveaux moyens. Au commencement du siècle, on avait le roman sentimental ou passionné, celui dont *René*, *Corinne*, *Adolphe*, présentent les types immortels. Walter Scott vint ensuite, qui créa le roman historique. C'est pour le coup qu'on crut avoir rencontré une mine inépuisable. Eh bien, non : en vingt ans, les imitateurs avaient tué le genre. Il fallut chercher ailleurs. On eut alors le roman du beau monde avec ses conversations légères, ses élégances, ses égoïsmes, ses perfidies. Nouveau tour de roue : à Balzac succède Alexan-

[1]. Par Juste Olivier, auteur du *Batelier de Clarens*. 1863.

dre Dumas, le récit des aventures à l'étude de mœurs. Puis les genres se croisent, les écoles se mêlent. Nous avons le roman artistique, le roman socialiste, le roman du tapis franc. Tout cela est cuisine de haut goût. On est surmené, fatigué. Le lecteur crie merci. Il a soif de simplicité, de toutes les simplicités à la fois, celle du lieu, celle des événements, celle du langage. Nous voici arrivés au genre rustique. On découvre de nouveau le paysan et le village, comme on les avait déjà découverts une fois, à la fin du dix-huitième siècle. Notre curiosité universelle est complice d'ailleurs de cette passion subite pour la vie des champs. On demande au roman de nous faire connaître la province. Il nous faut des tableaux de mœurs locales. Le conteur devra faire passer sous nos yeux toutes ces populations diverses dont se compose l'unité de la France, chacune avec ses usages, son costume, son patois. Ainsi paraît, à la suite des fameux romans berrichons, tout un cycle d'histoires bretonnes, languedociennes, jurassiennes, etc. L'Alsace, en particulier, a ouvert aux auteurs du *Jambon de Mayence* des régions inconnues de bonhomie originale et de mets appétissants. Ce n'est pas tout. De la province à l'étranger, il n'y a qu'un pas. Grâce aux traducteurs, on avait sous la main Auerbach, l'un des créateurs du genre, Bitzius, le pasteur bernois, et ses fortes scènes de mœurs populaires. Il en est d'autres qu'il n'était pas même besoin de traduire, car la langue française ne s'arrête heureusement pas aux limites de la France. Les *Nouvelles genevoises*, de Topffer, se sont fait du premier jour une place dans notre littérature, et voici aujourd'hui le conte vaudois qui frappe à son tour à la porte et qui demande admission.

Il en est de la Suisse, voire de la seule Suisse française, comme de tout : plus on y regarde de près, plus on y voit les diversités s'accuser. Rien ne ressemble moins à Genève que le canton de Vaud, ni à l'un et l'autre que Neufchâtel. Genève est une ville, Vaud est un *pays*. La population genevoise s'est formée de réfugiés de différentes nations, réunis par le lien de cette origine commune, jetés dans le moule des institutions calvinistes, endurcis aux luttes politiques par les agitations de la ville libre. Le Vaudois, lui, est un mélange du Savoyard et de l'ancien Bourguignon ; il est campagnard : ses villes, y compris sa capitale, ne sont que de grands villages. Vigneron sur les bords du lac, pâtre dans les montagnes, il est resté plus près de la nature, il est moins cultivé, moins policé que son voisin. Le Genevois est plus monsieur, le Vaudois est plus paysan. Le premier est un capitaliste habile et qui a du crédit sur les places de l'Europe : le second est d'une nature à la fois plus pesante et plus originale ; il est tout ensemble épais et madré ; sous une écorce un peu grosse, il cache des dons rares : il a le chant, la poésie, une certaine aptitude aux hautes spéculations. Il rappelle l'Allemand, plus spécialement le Souabe. Au total, sol assez riche et profond. Tel est le pays avec lequel le *Pré aux noisettes* nous fait faire connaissance. Eh quoi, un pays dans un pré ! et quel pré ! Le pré d'un maître d'école, quelques toises de pré! Pourquoi donc pas ? Savez-vous quelle est la scène qui, entre toutes celles de ce merveilleux poëme de *Faust*, m'a toujours paru le mieux révéler l'artiste consommé? On est au matin d'un dimanche de Pâques. Tous les habitants de la petite ville sortent pour la promenade. Ils se rencontrent, ils se croisent, chacun poursuivant son plaisir ou sa chimère, chacun avec sa chanson ou sa repartie. Voici des ouvriers qui courent au cabaret, des étudiants qui suivent les jeunes filles, les notables du bourg qui discutent sur le choix du nouveau bourgmestre, sur la guerre avec la Turquie. Ici un pauvre qui mendie, là un soldat qui fredonne. Au fond, sous les tilleuls, les paysans qui dansent. Puis, à travers tout cela, le docteur qui passe avec son immense désenchantement dans l'âme, Wagner avec sa niaise ambition. C'est un tableau complet. Dans cet espace étroit, sur cette place publique, vous avez comme un abrégé de la société humaine. Telle est la puissance de l'art !

Ou bien, prenez quelqu'une des compositions de cet autre grand artiste, Louis Richter. Voyez-vous cette barque qui descend une rivière. Elle est chargée de voyageurs : les uns gagnent quelque rive voisine et reviendront bientôt ; d'autres envoient un long adieu à la patrie, car ils vont chercher fortune dans des contrées lointaines. Un jeune homme est assis à côté de sa fiancée, dont il cherche à soutenir le courage ; un second adresse un fixe et dernier regard aux rivages qui disparaissent ; un troisième ne voit rien, absorbé qu'il est dans les douleurs de la séparation qui vient de se faire. Puis, c'est une jeune fille, à l'âge où l'on ne regrette rien encore, debout, étonnée ; plus loin, un enfant qui trempe une fleur dans l'eau, qui ne voit qu'un jeu là où les autres sentent battre ou saigner tout leur cœur. A une des extrémités du bateau, un vieux joueur de harpe semble, en pinçant les cordes, donner à toutes ces émotions diverses la note secrète, le sens idéal. A l'autre extrémité, enfin, le batelier lui-même, la pipe à la bouche, la main à l'aviron, impassible, endurci, représente merveilleusement ce chœur cruel de la tragédie humaine, cette société distraite, affairée, et sous les yeux de laquelle se déroule tout le drame de nos douleurs, sans qu'elle daigne seulement entendre notre plainte ou se découvrir devant notre cercueil.

C'est ainsi, toute proportion gardée d'ailleurs, que M. Olivier a su retracer la vie vaudoise dans l'espace de son pré, que dis-je ? la vie humaine dans les limites de son village vaudois. Eh oui ! tout se ressemble. Les passions fondamentales, amour, envie, ambition, sont les mêmes dans les hameaux et dans les villes. Ce n'est d'ailleurs qu'affaire de perspective. Il suffit de quelques lointains habilement ménagés, pour que, par delà un premier plan bien uni, bien étroit, nous devinions le monde entier, le vaste monde.

Tel est donc le roman de M. Olivier. Le pré aux noisettes appartient à Fabrice, un simple et honnête maître d'école. Mais Fabrice a des ennemis : Regard, le syndic de la commune, La Reverdie, l'intrigant, l'homme aux bonnes fortunes. D'un autre côté il a des amis, Balthazard, le médecin du pays ; Marguerite, la fille du châtelain ; Valentin, l'amant de Marguerite ; Balalarme, l'idiot, qui, je ne sais comment, trouve moyen de répéter une foule des plus jolies chansons. On a donc les deux influences aux prises, la maison de ville et le vieux manoir. Il faut y joindre le village même, ses bonnes femmes et leurs caquets. N'oublions pas enfin la place publique, le parti novateur, le radicalisme de l'endroit, personnifiés dans Mauverney, le secrétaire de la municipalité, une figure fermement et finement tracée, mélange de convictions honnêtes, d'idées courtes et absolues, d'instincts remuants et généreux. Mais le parti radical de Lunay (c'est le pseudonyme de la petite ville vaudoise) a des intelligences avec les démocrates de la capitale. On fait ainsi connaissance avec Matigny, l'étranger réfugié, le journaliste de l'opposition, le républicain à la fois sceptique et enthousiaste. Puis il y a un voyage dans la montagne, de belles descriptions alpestres, la maison du pâtre sur la hauteur, l'épisode original de Juliane. Tout cela est artistement composé, fait un ensemble plein d'unité à la fois et de perspective. Ajoutons que tout cela est décrit et raconté d'une manière parfaitement appropriée au sujet; d'un coloris un peu gris, mais fin ; d'un style plus préoccupé de la nuance que de l'effet, plein d'une bonhomie spirituelle, tout imprégné d'un piquant goût de terroir.

Au surplus, je ne veux pas qu'on m'en croie sur parole. Voici, si je ne me trompe, un paysage que les connaisseurs ne dédaigneront pas. « Le soleil se couchait ; il lançait déjà ses longs rayons d'or qui, se brisant en poussière selon les accidents du terrain, reparaissent plus haut et remontent en courant les prairies. Çà et là, à travers le feuillage, se montrait tout à coup le lac, dont on n'apercevait pas les rives, mais où se mirait, comme dans une glace, la seule digne d'elle, une cime rose que l'on ne voyait pas non plus. Des champs de blés encore verts, quoique ayant déjà toute leur taille, ondoyaient sous la brise ; leurs flots, d'un vert clair et gai, s'inclinaient en lames régulières d'où sortait un léger murmure, le frôlement des tiges bercées par le vent, et, comme les arbres d'une forêt naine, berçant aussi avec elles leurs lianes de liserons, de coquelicots et de bluets. Il fallait toute la paix du soir pour suivre le roulis presque imperceptible, mais pourtant continu de ces vagues d'épis ; et de même, d'autres bruits isolés, plus distincts, loin de troubler cette paix, la faisaient mieux sentir. Une aile furtive remuait dans la feuillée ; le merle s'y glissait sous la basse branche avec la dernière note de son chant rustique. Le grillon, heureux de se revoir dans sa grotte, y chantait sa chanson pour se tenir éveillé et mieux faire le guet. La caille n'était pas encore venue, ou se taisait ; mais l'alouette, redoublant d'allégresse à la fin de la journée, et ne pouvant assez célébrer un si beau soir, se perdait une dernière fois dans les cieux, sans y perdre de vue son nid. »

Voilà, il faut l'avouer, qui est observé et rendu. On reconnaît l'école moderne du paysage, le besoin de serrer de plus près la nature et ses effets. Une page comme celle-ci, à côté des grandes descriptions des maîtres, n'est-ce pas un peu comme un Rousseau, un Dupré, en regard d'un Claude Lorrain ?

Il y a dans le *Pré* aussi bon nombre de portraits, de ceux dont on se dit tout d'abord qu'ils doivent être ressemblants. Je choisis celui de Claude Brun. « C'était un vieux bonhomme qui savait passablement de choses philosophiques et autres. Longtemps absent du pays, il y était rentré depuis peu. Valentin avait fait sa connaissance au bureau du journal, car c'était une manière d'écrivain. Il avait composé un assez bon nombre d'écrits en prose et en vers, ballades, chansons et poëmes, histoires où il n'avait pas mis de roman, romans où il n'avait pas mis d'histoire. Son procédé littéraire était bien simple : donner naïvement du sien sans le prendre à d'autres, et à défaut de génie y aller du moins de toute son âme. Dès sa verte jeunesse, il s'était logé dans la tête et au cœur d'écrire une histoire détaillée et suivie du pays de Lunay, et il avait exécuté le premier cette entreprise, peu différente en son genre de celle qui consisterait à tailler et polir de petits cailloux pour en bâtir une maison ; car le pays de Lunay a presque toujours été assez heureux ou tranquille pour n'avoir pas d'histoire, ou ce qu'on entend par là, c'est-à-dire de grands événements et de grands malheurs. Aussi les Lunaisiens lui surent-ils gré de leur en avoir trouvé une. Ils faisaient cependant plus de compte de ses chansons, dont quelques-unes se chantent encore parmi eux ; mais c'étaient là de ces petites choses d'occasion que plus d'un bon Lunaisien était persuadé de pouvoir faire à son tour s'il voulait : seulement, son tour ne venait jamais. D'autres ne manquaient pas d'opposer à Claude Brun ses vers pour rabaisser sa prose, et lorsqu'il tentait quelque ouvrage sérieux, de lui dire : « Fais-nous donc des chansons ! » Ces choses-là, au surplus, ne se voient pas seulement au pays de Lunay, et il y jouissait, après tout, d'une certaine réputation, qui lui était d'autant plus chère qu'elle lui venait d'amis et de concitoyens, mais qui lui laissait peu d'illusions sur le succès de sa vie littéraire. A Paris, où il avait longtemps vécu, on le trouvait trop Lunaisien, comme en Lunay on le trouvait trop Parisien. Le but avait reculé devant lui, et il en avait pris son parti, comme bien d'autres, c'est-à-dire qu'il ne l'avait pas pris. A trente ans, il s'était dit que l'on ne réussit bien que vers quarante ; à quarante, qu'on le peut encore à cinquante ; à cinquante, que beaucoup ont dû attendre jusqu'à soixante ; à soixante, il aurait les exemples (et il en savait) de ceux qui ne sont arrivés à leur but qu'à soixante-dix ; à soixante-dix, il se réciterait la fable de l'octogénaire qui plantait ; il avait ainsi du temps devant lui. Il en riait avec lui-même ; mais avec les autres, c'était plutôt dans le secret espoir de s'entendre contredire qu'il se donnait pour un homme fini... Il professait le culte de l'idéal et de l'invisible. L'âge et la réflexion l'avaient, toutefois, mis en défiance de plus d'un argument que l'école même donne pour tel. D'autre part, le scepticisme lui paraissait souvent bien affirmatif, le matérialisme un peu trop empressé de conclure que tout se réduit à une question de nerfs, et qu'il n'y a plus d'électricité dès l'instant qu'il n'y a plus de fil électrique. Pour lui, dans la nature et l'histoire, il y avait de la pensée, et par conséquent un penseur ; des lois, un ordre et un plan, et ainsi, quels qu'en soient le nom et l'essence inconnue, un ordonnateur. Tout rentrait dans ce plan, et il s'y fiait. Comme d'autres, il pouvait essayer de résister à cette colonne d'air supérieur qui nous attire et nous presse, et hors de laquelle la respiration manque, pour ainsi dire, à notre âme ; mais prétendre n'en pas sentir le poids mystérieux lui semblait aussi sûr que de fermer les yeux pour ne pas voir ce qui gêne ou ce qui déplaît. Seulement, il ne jugeait pas aussi facile de le suivre que l'imaginait tel autre, et il voyait s'y mêler plus d'un nuage trompeur ou obscur : surtout que l'on pût le mesurer chacun à sa propre mesure, et imposer cette mesure à d'autres, il le croyait encore moins. — Ceux, disait-il, qui arrangent à leur gré la table du père de famille, pourraient bien la trouver ordonnée et composée tout différemment de ce qu'ils se figurent. L'essentiel sera d'y être admis. Fût-ce au dernier bout, il s'en contenterait bien. »

J'avais mes raisons pour citer ce passage tout au long. Le portrait qu'on vient de lire n'a pas seulement bien de la physionomie et du trait, il est ressemblant. J'en ai connu l'original. Je le vois encore, ce Claude Brun : un œil malin et bon, une barbe qui commençait à grisonner. Vaudois transplanté à Paris, il s'était fort acclimaté parmi nous, mais il n'avait garde de renier le sol natal. Il était philosophe sans intolérance et religieux avec élévation : esprit aiguisé, âme honnête, l'un et l'autre dans une nature solide, carrée. Il avait en effet écrit bien des choses, de la prose et des vers, et comme tant d'autres, il n'avait pas fait une œuvre. Je me trompe : ses chansons en sont une. Il était né chansonnier. Il fourrait partout quelque refrain. On entonne encore, sur les rives de son lac, telle de ses poésies qui est une ode. Mais ce n'est pas là, dans la grande chanson, celle qui dérive de Béranger, que j'aime le mieux Claude Brun. Il s'est créé un genre à lui. Qu'on se figure tantôt un petit drame, tantôt une suite de pensées et de tableaux, une fantaisie rêveuse. Le vers est bref, les consonnances multipliées; on sent, on devine plus qu'il n'est dit ; on voit tourbillonner les marionnettes :

> Ainsi font, font, font
> Les follettes
> Marionnettes,

et ces marionnettes, ce sont l'enfant, la jeune fille, la dame, le héros, le monarque, qui, emportés dans une sorte de danse des morts, viennent faire leurs « trois petits tours » sur la scène du monde, et puis s'en vont où va toute chose. Il y a dans tout cela bien de la grâce, et surtout cet élément propre de la poésie qui manque si souvent à la nôtre, la vive et capricieuse imagination. Tel était Claude Brun, ou plutôt tel il est, car on m'assure qu'il écrit encore. Il s'est mis à raconter ; il fait des romans aujourd'hui, des romans du cru, où il met ce qu'il sait si bien, son lac, ses montagnes, cette révolution qui l'a porté à l'étranger et qui lui a laissé si peu d'amertume. Ses récits ont cela de bon, comme il le dit lui-même, qu'il y met naïvement du sien, et « à défaut de génie y va du moins de toute son âme. » Les romans de Claude sont du genre du *Pré aux Noisettes.* Qui sait? Le *Pré aux Noisettes* est peut-être de lui. Oh! pour le coup, voilà un trait de lumière! Comment donc n'y avais-je pas encore songé? Plus de doute : Juste Olivier n'est qu'un pseudonyme, et c'est à Claude Brûn, au brave cœur, au naïf talent, que nous devons le joli conte dont j'ai parlé, cette fraîche histoire toute parfumée de sagesse et de poésie.

Décembre, 1863.

XIV

LE MARQUIS D'ARGENSON [1]

Il y a plusieurs d'Argenson qui appartiennent à l'histoire. L'un d'eux, Marc-René d'Argenson, est célèbre comme lieutenant de la police sous Louis XIV, et comme président du conseil des finances et garde-des-sceaux sous le Régent. Il mourut en 1721, laissant deux fils : le marquis et le comte d'Argenson. Ce dernier, le plus jeune, fut pendant quinze ans ministre de la guerre. La bataille de Fontenoy fut gagnée et la paix d'Aix-la-Chapelle signée pendant qu'il remplissait ces fonctions. L'Encyclopédie lui a été dédiée. Il était lié avec Voltaire. Quant au marquis d'Argenson, il tient moins de place dans les annales du règne de Louis XV, mais il a laissé des livres, et ses écrits, sans être de premier ordre, compensent en quelque mesure ce qui manque à l'auteur comme illustration politique.

1. JOURNAL ET MÉMOIRES DU MARQUIS D'ARGENSON, *publiés pour la première fois d'après les manuscrits autographes de la Bibliothèque du Louvre, pour la Société de l'Histoire de France, par Rathery*. 1830-1865. 7 vol. in-8. Il y en **aura huit**.

René-Louis d'Argenson était né en 1694, et avait commencé la vie publique, comme on faisait volontiers alors, par le Parlement, le conseil d'État et une intendance. Ambitieux, mais moins homme d'État que théoricien, portant des préoccupations littéraires et philosophiques dans les affaires, il commença de bonne heure à noter les faits dont il était le témoin et les réflexions que ces faits lui suggéraient. Il a laissé ainsi, outre le traité intitulé : *Considérations sur le gouvernement de la France*, publié peu d'années après sa mort, des souvenirs personnels d'une assez grande valeur pour l'étude du règne de Louis XV. On en connaissait déjà des extraits imprimés dès le siècle dernier, sous le titre *d'Essais dans le goût de ceux de Montaigne*, puis sous celui de *Loisirs d'un homme d'État*, et enfin, en 1825, sous le titre de *Mémoires du marquis d'Argenson*. C'était assez pour exciter la curiosité, pas assez pour la satisfaire. On peut en dire autant d'une nouvelle publication faite par l'un des descendants de l'auteur, M. René d'Argenson, et qui, puisant plus largement dans les papiers de famille, ne donnait pourtant pas encore le texte complet du journal [1]. C'est alors que la Société de l'histoire de France est intervenue, et s'est chargée de faire imprimer « aussi exactement que possible » le manuscrit qui existe à la Bibliothèque du Louvre. Un éditeur

---

1. *Mémoires et Journal inédit du marquis d'Argenson*. Paris, chez Jannet, 1857-8. 5 vol. faisant partie de la bibliothèque elzévirienne.

tout à fait compétent, M. Rathery, a été chargé de diriger le travail. Il ne s'agissait pas, en effet, de livrer purement et simplement l'original à l'impression : il y avait des rédactions diverses à fondre, des emprunts à faire aux autres ouvrages inédits de l'auteur, des répétitions à éviter, quelques suppressions à opérer dans l'intérêt du goût et de la décence.

Il est juste d'ajouter que si M. Rathery a rempli sa tâche avec toute la conscience qu'on pouvait désirer, il n'a pas eu cependant accès aux papiers de famille, et que la publication de 1857, très-inférieure en somme à celle de la Société de l'histoire de France, n'en renferme pas moins quelques morceaux qui ne se trouvent pas dans l'autre. Avis aux curieux et à ceux qui, en toutes choses, aiment à tenir tous les fils, à rassembler tous les documents.

Le marquis d'Argenson avait commencé son journal vers 1725, et il écrivait encore peu de jours avant sa mort, en janvier 1755. Il n'y a qu'une lacune, celle des deux années que dura le ministère de l'auteur, et encore cette lacune est-elle comblée par des fragments des Mémoires qu'il avait eu l'intention d'écrire sur cette période de sa vie. Bien que d'Argenson affectât de ne rédiger son journal que pour lui seul, il y mettait certaines prétentions. Il se propose des modèles illustres. On y lit des résolutions comme celle-ci : « De plus en plus je composerai ces Mémoires dans le goût du *Journal de l'Estoile* : naïveté caustique, détails instructifs et anecdotes. » Ce parti pris de naïveté n'est déjà pas si naïf ! Une autre fois, après des exhortations morales qu'il s'adresse à lui-même : « Je crois, dit-il, avoir composé tout cet article dans le goût de mon Sénèque que je lis actuellement. » Ce qu'il y a de sûr, c'est que d'Argenson n'est pas destiné à prendre rang auprès de ses émules. Il n'est ni moraliste profond, ni grand politique, ni même conteur très-amusant. On rencontre çà et là sous sa plume quelque portrait assez vivant, quelque anecdote piquante, mais il n'y a pas en lui l'étoffe d'un écrivain. Ses Mémoires sont de ceux qu'on consulte plutôt qu'on ne les lit. La forme n'ajoute guère d'agrément au fond, et le fond se compose trop souvent de petits faits, de bavardages sans portée, de conjectures ou de discussions fatigantes. En un mot, il faut un travail pour dégager de ces volumes les deux sujets qui méritent surtout l'attention, la personne même de l'auteur et l'état de la France à l'époque où il écrivait.

Je dis la personne de l'auteur. En effet, si ses talents et son caractère ne sont pas éminents, ils échappent pourtant à la banalité. L'intérêt qu'il nous offre est distinct de sa valeur personnelle. On commence par ouvrir son Journal pour y puiser des renseignements sur le dix-huitième siècle, puis on se demande quel fut l'auteur de cette volumineuse chronique. Alors, et comme il arrive d'ordinaire lorsqu'on envisage de près un être humain, on trouve en lui un assez curieux sujet d'observation. D'Argenson, n'est pas grand, assurément, mais il est étrange. Il n'excite pas l'admiration, mais il pique la curiosité. Or, c'est bien quelque chose. A celui qui s'est épris de l'étude de l'homme rien ne paraît indifférent; il n'est pour lui pas un exemplaire de notre commune nature qui reste tout à fait sans leçon et sans profit; mais il aime surtout les traits accusés, et d'Argenson, quelque jugement qu'on porte sur lui, n'est pas une physionomie effacée.

D'Argenson a eu soin de nous renseigner sur ses dispositions les plus secrètes. A la fois très-vain et se défiant de lui-même, il est sans cesse occupé à se remettre en l'esprit ce qu'il peut valoir. De là de nombreux examens de conscience, des analyses multipliées de son caractère, qu'il ne faut pas sans doute trop prendre au pied de la lettre, malgré ses airs d'impartialité, mais où l'on parvient assez bien à discerner la vérité. Il souffrait beaucoup d'un fond de timidité dont il ne se défit jamais. Peu sanguin, dépourvu de tempérament, lent de conception, tourné en dedans, il paraissait gauche et sournois. La cour ne vit jamais en lui qu'un songe-creux et un balourd. Aussi le distinguait-on de son frère, l'homme habile, par le surnom de d'Argenson *la Bête*. Notre rêveur ne se faisait pas illusion sur ce qui lui manquait; mais il se rattrapait, pensait-il, sur la raison et sur l'âme. Il se flattait d'avoir l'une étendue, l'autre élevée, toutes les deux portées à la justesse et à la grandeur. Et lorsqu'il avait clairement conçu un projet digne de son ambition, il s'enflammait et trouvait la hardiesse nécessaire à l'entreprise, et la constance qui naturellement lui manquait encore plus que la hardiesse. Cependant le succès lui était nécessaire : « Me trouvant, dit-il, à la tête d'une armée victorieuse, je ne vois pas pourquoi je ne conquerrais pas toute la terre; mais, à la tête d'une armée battue, je me vois plus poltron qu'un lièvre et plus imbécile qu'un dindon. »

Il revient souvent sur cette passion dont il avait besoin pour agir, et qui en même temps l'empêchait de mettre aux affaires la souplesse du vrai politique. Le sentiment, chez lui, se mettait tout de suite de la partie, l'entraînait à l'engouement ou à l'indignation. Il a porté sur lui ce singulier jugement : « Je me sens doux et sévère, écrit-il ; je tiens de Paméla et de Porcius Caton. » Et, cette note persiste : « Je ne me prends jamais que par l'estime, dit-il encore. Les qualités du cœur, le grand, sans vanité, me vont au cœur ; les vices du cœur me révoltent et m'animent ; la souffrance avec douceur m'attendrit, me perce, me fend le cœur. » Il n'est pas jusqu'à ce mot de *cœur* qui, revenant quatre fois en quatre lignes, montre de quoi d'Argenson se flatte et se pique.

Il ne faut pourtant pas être dupe de d'Argenson. Il est préoccupé de la misère des campagnes ; il a de beaux mots sur les classes souffrantes : c'est de tout point un philanthrope, mais sa philanthropie ressemble à celle du marquis de Mirabeau, le fameux « ami des hommes ; » elle n'empêche pas qu'il ne soit des plus difficiles à vivre. Il est en guerre avec tous les siens, acharné contre eux. Il s'est séparé de sa femme, dont il se plaît à énumérer les défauts, et qu'il appelle la femme la plus avare de

Paris. Il ne tarit pas en insinuations, en accusations, en injures sur le compte de son frère. C'est par ce frère, à l'en croire, qu'il a été chassé de toutes les places, poursuivi avec lâcheté et trahison. Il lui reproche d'avoir volé l'État. Il l'appelle Jésuite, adroit valet, vieux renard de courtisan. Allez au fond, dit-il, vous ne trouverez chez lui que malignités et méchancetés. Il ne traite guère mieux son propre fils, un pédant, selon lui, et dont le cœur est mort. Il y a même un curieux passage où notre marquis trouve le moyen de frapper à la fois sur son fils et sur son frère, et de se faire en même temps la belle part : « Plus j'examine mon frère, plus je trouve que tout ce qu'il a au-dessus de moi, ne consiste qu'en la médiocrité qu'il a dans l'esprit. Avec cela on est plus fin, on est plus adroit, on ne fait nulles fautes par l'esprit, mais beaucoup par le cœur et par le génie ; on devient riche, on séduit les hommes par leurs intérêts, etc., et mon fils se trouve être de la même trempe. Les jésuites les vantent beaucoup tous les deux. »

L'aigreur, dans ce passage, s'accroît de l'amour-propre blessé. D'Argenson est pétri d'amour-propre. Rien de plus inquiet que sa vanité. Il se plaît à noter dans son Journal ce qu'il a recueilli de flatteur sur son propre compte. Un jour c'est le garde-des-sceaux qui l'a déclaré propre à toutes les charges du gouvernement. Une autre fois c'est le public qui raconte ses vertus : « On parle beaucoup de la vie décente et retraite philosophique que j'ai menée pendant six mois à ma campagne de Segrez, des véritables amis que j'y ai vus, de la tranquillité, des amusements, de la confiance, promenades, etc.; surtout des bonnes études qu'on y fait tout le matin. Le roi en a parlé à mon frère avec éloge. » Singulier philosophe, qui se regarde dans la glace pour voir s'il fait bonne figure sous le manteau!

D'Argenson ne déguise pas plus son ambition que sa vanité. Il se propose un plan où il fait entrer toute espèce de règles, de projets, et il appelle cela *étudier pour être premier ministre*. Il n'a jamais perdu ce but de vue. Les années ont beau passer, il se console en se rappelant que le cardinal de Fleury n'a été appelé au gouvernement de l'État qu'à l'âge de quatre-vingts ans. Un jour il a un songe éveillé. L'État va si mal que le roi s'alarme et envoie chercher notre marquis comme le seul homme capable de le sauver. Et là-dessus d'Argenson de nous conter complaisamment toute la scène telle qu'elle s'est passée dans son imagination. Il consent à venir au secours du prince, mais il fait ses conditions. Il sera premier ministre; le roi n'écoutera que lui et ne parlera affaire que devant lui; on exilera Maurepas; on défendra la cour au maréchal de Noailles; le frère même de l'auteur, le comte d'Argenson, sera relégué dans sa terre des Ormes. Sa majesté aura une maîtresse, c'est trop juste, mais elle en changera. Pour ce qui le concerne, d'ailleurs, le nouveau ministre n'est pas exigeant. Il ne demande d'autres appointements que ses pensions, et, de temps en temps, une gratification de 25 à 30,000 livres. Il aurait un appartement au château, un dîner de six couverts. Moyennant quoi, nous l'avons vu, il sauverait l'État, donnerait la paix au royaume, rétablirait les finances, et tout cela, a-t-il soin d'ajouter, en n'exigeant du roi presque aucun travail. Le joli rêve de Perrette !

Le pauvre d'Argenson a passé sa vie à se morfondre, en attendant les hauts emplois qu'il croyait dus à sa capacité. Intendant du Hainaut, il demande en vain l'intendance de Flandre. Nommé à l'ambassade de Portugal, il se flatte que le cardinal de Fleury va être destitué ou va mourir, que Chauvelin reviendra alors au pouvoir, et que lui-même entrera aux affaires à la suite de Chauvelin. Il se garde donc bien de partir pour son ambassade, et il finit par être révoqué. Il faut voir dans le Journal avec quelle crédulité d'Argenson s'imagine sans cesse que son jour va venir. Il se persuade qu'il y a un complot, que le roi en est, que tout est prêt pour un changement de ministère, que le coup d'État va éclater. Cependant Chauvelin ne revient pas de l'exil, et d'Argenson finit par renvoyer ses espérances à la mort du cardinal. Le roi, se dit-il, veut ménager son vieux précepteur, et ne fera rien aussi longtemps qu'il vivra. Là-dessus, scènes de la meilleure comédie. Notre ambitieux suit avec anxiété toutes les péripéties de la santé du ministre. Un jour, « l'éminence tousse, son rhume augmente, ce qui ne vaut rien au renouveau pour les vieillards. Il a de très-mauvaises nuits, à ce que je sais bien. » Un autre jour, c'est une grosseur au bras. D'Argenson a soin de faire remarquer que la grosseur augmente, et que c'est une marque de la dissolution du sang. « Il est vrai, ajoute-t-il, que s'il meurt de cela, cela lui donne quelque ressemblance avec le grand cardinal de Richelieu, qui est mort de gangrène au bras; il vient d'être purgé à Issy; il est fort changé, crochu, cornu, courbé, rabougri. » Vain espoir! il n'est que trop évident, le cardinal ne veut pas mourir; il s'est remis à manger comme un diable; il se porte à miracle (« un miracle à l'envers, » fait observer notre écrivain); il n'a eu qu'une fluxion sur l'œil, pour tout tribut, au printemps; il va à l'adoration de la croix, et se relève trois fois comme pourrait faire un homme de vingt-cinq ans; avant-hier, il a travaillé depuis six heures du matin jusqu'à six heures du soir. En vérité, c'est à en perdre patience. Cependant d'Argenson ne se décourage pas encore; il a recours, dans ces occasions, à Bachelier, le valet de chambre du roi et l'agent de ses plaisirs; il n'est pas fier, notre marquis; il est au mieux avec ce personnage équivoque, et c'est dans ses confidences qu'il retrempe l'opiniâtreté de ses espérances.

D'Argenson n'était encore que chancelier du duc d'Orléans lorsque le cardinal mourut. Cette charge n'avait point de caractère politique. Elle n'eut d'autre effet que de mettre en présence deux personnages qui disputaient de singularité. D'Argenson nous a laissé un portrait de ce duc d'Orléans, fils du régent et grand-père de Louis-Philippe Égalité, qui se piquait de théologie et mourut en religion. L'esquisse ne manque pas de trait, et montre que notre écrivain a ses moments de verve et de rencontre.

« Ce prince dévot a plus de folie encore que de dévotion ; dans sa misanthropie, il hait les hommes, et ceux qu'il supporte ne jouissent près de lui que d'une tolérance fort passagère, et qu'il ne croit pas lui-même durable. Il se connaît assez pour savoir l'inconstance de ses goûts, mais leur retour ne le porte à aucun besoin de la société. Quelquefois il parle raisonnablement et éloquemment, mais plus souvent il fait des pointes et tombe dans dans de véritables écarts. Ces écarts vont à la minutie, ce qui prouve que son esprit est de petit étage. Il croit avoir découvert que ses goûts et ses talents vont à la critique et aux langues anciennes orientales ; il passe à Sainte-Geneviève son temps à causer avec quelques érudits de ces pères, sur un passage hébreu ou chaldéen, sur la ponctuation d'un verset hébreu. Actuellement, il travaille à bien fixer la situation du Paradis terrestre. »

Le cardinal de Fleury mourut enfin en 1743, et d'Argenson parvint l'année suivante au ministère des affaires étrangères, non sans l'aide de ce frère qu'il a si peu ménagé, et qui occupait le ministère de la guerre. On était en pleine guerre de la succession d'Autriche. Le marquis suivit le roi dans la campagne de Flandre ; il fut présent à la bataille de Fontenoy ; on connaît la lettre qu'il écrivit à ce sujet à Voltaire, et qui se trouve dans les œuvres de celui-ci. Elle est alerte, pittoresque On y voit la cour couchant sur la paille, la nuit gaie comme une nuit de bal, les bons mots qui se croisent, le roi lui-même « chantant une chanson qui a beaucoup de couplets et qui est fort drôle. » Chacun s'étonne de ne pas être plus ému. Le Dauphin se demande : « Quoi! n'est-ce que cela? » Pour d'Argenson, il n'a pas été lui-même au feu, et il prend moins facilement son parti des horreurs du combat. Il ne peut supporter l'aspect du champ de bataille, plaies fumantes, ennemis agonisants, cadavres nus. « J'avouerai, dit-il, que le cœur me manqua et que j'eus besoin d'un flacon. » La bataille de Fontenoy, d'ailleurs, ne rentrait pas dans ses plans. Il avait été opposé à la campagne de Flandres, comme plus brillante qu'utile. Il aurait voulu porter la guerre en Italie, et en chasser une bonne fois les Autrichiens. Cette idée lui tenait à cœur depuis longtemps. Il rêvait une émancipation de l'Italie, et voulait en faire tantôt une confédération, tantôt un royaume aux mains de la Sardaigne. Il désirait surtout la paix, et fut doublement mortifié lorsqu'il fut renvoyé du ministère à la veille de ce traité d'Aix-la-Chapelle, qu'il se plaît à dénigrer, et qu'il aurait bien voulu avoir l'honneur de signer.

Au surplus, d'Argenson n'avait jamais regardé les affaires étrangères que comme l'un des départements de cette autorité qu'il rêvait de voir concentrée tout entière entre ses mains. Il resta toujours dans sa propre pensée, premier ministre naturel et présomptif. Il avait beaucoup réfléchi au gouvernement de la France, et il avait sur cette matière des vues à lui et arrêtées. Son système, en définitive, revenait à ceci : une démocratie monarchique, une autorité tempérée par des pouvoirs consultatifs. Il n'admettait aucune opposition effective à la royauté. Le Parlement lui semblait factieux. Il écrivait au cardinal de Fleury pour l'inviter à supprimer « un corps qui devient un si grand sujet de scandale. » Quant à la noblesse, il l'aurait ramenée au modèle de l'aristocratie anglaise, une classe dépouillée de priviléges féodaux, ouverte à tous les mérites ; bref, un ordre, au lieu d'une caste. Parlant d'un édit d'anoblissement : « On fait dire au roi, écrit-il, qu'il est juste que les distinctions obtenues par les pères se communiquent aux enfants : voilà comment est détruite l'heureuse égalité entre citoyens, que voulait tant Lycurgue ; voilà comment on n'est plus fils de ses œuvres, mais d'une heureuse naissance et du mérite de ses pères. » D'Argenson invoque l'autorité de Lycurgue, mais il remonte plus haut encore et il veut que l'État se conforme à l'exemple de la divinité elle-même. « Tout l'art du gouvernement, dit-il dans un passage qui résume parfaitement sa doctrine, consiste à imiter absolument celui de Dieu sur les hommes (et je crois que cette idée n'est pas basse), donner tout le pouvoir au gouvernant, n'en laisser aucun au gouverné, puisque qui donne tout au premier n'excepte rien pour le second ; mais cacher ce pouvoir absolu, en ne présentant au gouvernant que l'idée d'une liberté totale, comme Dieu la présente aux hommes, et quand cette liberté devient nuisible, l'arrêter là seulement où elle l'est, l'arrêter net et absolument. » Et ailleurs : « Tout bien considéré, je n'aime pas ces consultations au peuple, ni aucune assemblée des États-Généraux, car cela n'imite point le gouvernement de Dieu, qui ne consulte point les hommes sur les opérations générales. » D'Argenson avait écrit un ouvrage, resté manuscrit, sur la question de savoir *Jusques où la démocratie peut estre admise dans le gouvernement monarchique.* L'épigraphe, tirée de Britannicus, indique assez quel était l'esprit du livre :

> Que dans le cours d'un règne florissant,
> Rome soit toujours libre, et César tout-puissant.

Nous venons de dire quelle était l'aversion de notre auteur pour toute opposition et tout corps capable d'en offrir. Il n'épargne pas même l'Église. Il demande que le clergé soit dépouillé de ses priviléges, que les couvents soient supprimés. Il ne redoute pas moins l'hérésie, la philosophie, tout ce qui remue les esprits et les questions. Les protestants lui donnent de l'humeur, il les exclut des charges publiques. « Plût à Dieu, s'écrie-t-il, que ces damnés de réformateurs ne fussent pas venus approfondir les mystères ! » Qu'on pense ce que l'on veut, mais que l'on se taise, voilà son principe. Si on l'écoutait, « on dirait : Dieu et son Église vous ordonnent de croire Trinité, Incarnation, Grâce, etc. Une petite définition, l'Écriture sainte, un bon catéchisme, et voilà tout ce que vous en aurez. Si vous voulez disserter sur cela, *silence*; si vous voulez disputer, *punition.* »

On le voit, il y aurait de la simplicité à regarder d'Argenson, ainsi qu'on l'a voulu faire, comme l'un des précurseurs du libéralisme moderne. Précurseur de l'absolutisme démocratique, du césarisme égalitaire, à la bonne heure.

Si d'Argenson en voulait aux corps capables d'opposition, il n'en voulait pas moins au gouvernement de palais. Il demandait que ce fût le roi qui régnât, le roi en son conseil, et non pas la cour. « La cour, la cour, la cour! s'écriait-il; dans ce mot est tout le mal. » Il distinguait très-bien le changement que Louis XIV avait introduit dans la constitution de la royauté en France, en créant à Versailles une capitale de la cour. Versailles était ainsi devenu comme un sénat occulte de la nation ; les affaires s'y traitaient par l'intrigue, par des influences de valets et de femmes, sans compter qu'un faste oriental, développé par une étiquette ruineuse, épuisait les finances de l'État. L'idéal de d'Argenson était tout autre ; on peut le définir en deux mots : un monarque comme Henri IV et un ministre comme Sully. Il revient sans cesse à ces noms; et il ne faut pas s'en étonner : comme le gouvernement qu'il rêve est tout personnel, il faut qu'il soit exercé par le plus digne. Mais comment la vue d'un Louis XV sur le trône de Henri IV, n'avertissait-elle pas d'Argenson de la vanité d'un système qui faisait tout dépendre de la valeur individuelle du prince? Il ne paraît pas que cette objection se soit présentée un seul moment à l'esprit de notre utopiste.

Le duc de Richelieu appelait d'Argenson le secrétaire d'État de la république de Platon. On ne peut mieux dire. Le caractère chimérique se retrouve, en effet, dans toutes les conceptions du marquis. Une fois son imagination en train, il refait l'homme, la société et la carte d'Europe à son gré, sans s'inquiéter des résistances que la réalité peut offrir. Il aborde toutes les rêveries, il hasarde toutes les suppositions. Parfois il rencontre juste. Il a prédit la Révolution française et la guerre des barricades dans les rues de Paris. Il a annoncé la formation des colonies anglaises de l'Amérique en république indépendante. Il a prévu les prodiges de la navigation moderne : « Un jour viendra, dit-il, qu'on ira dans une ville peuplée et policée de Californie, comme on va par le coche de Meaux. » A la vérité, il n'était pas moins convaincu qu'on trouverait l'art de voler en l'air, et ses projets ne sont pas moins hardis que ses prévisions. Il propose d'établir des *ménageries d'hommes heureux*. « Voici comment j'accommoderais le grand parc que je dis : j'y bâtirais quatre ou cinq villages, dont les habitants seraient les plus fortunés paysans que je pourrais établir; les maisons enjolivées, propres, peintes en dehors, de jolie architecture rustique; les bestiaux gras et bien tenus, leurs familles bien vêtues et heureuses. Nous aurions des musettes, des chalumeaux pour former des danses et de jolies images champêtres. » Ces ménageries font penser au phalanstère. Et, en effet, il y a quelque chose d'essentiellement phalanstérien dans l'imagination de d'Argenson. Il aurait voulu que le roi réglât la distribution de la journée de ses sujets, bien entendu après avoir consulté l'Académie des sciences. Il y aurait une heure pour le travail, une pour le délassement, une pour les visites. Les cloches des églises sonneraient les différents exercices. « Toute une ville, ajoute l'écrivain ravi, toute une ville aurait l'air d'un couvent. On verrait le silence et la solitude dans les rues à l'heure de la retraite, et, à cinq heures, tout prendrait un air de fête ; les promenades, le concours des équipages, l'illumination des soupers, tout aurait, ce me semble, un grand air de joie, d'abondance et d'ordre. » Une autre analogie entre les chimères de d'Argenson et celles de Fourier se montre dans le dédain du premier pour le mariage. Dédain est trop peu dire, puisqu'il appelle le mariage « un droit furieux. » C'est bon pour la canaille et pour les protestants; mais la mode en passera. Sinon il faudra l'interdire. « Je tranche net que le mariage devrait être défendu par de bonnes lois; que je méprise et que je fuis tous gens mariés, qu'ils ne seront jamais de mes amis, et que je n'en prendrai jamais à mon service. »

On vient de voir quel était d'Argenson. Honnêteté et libertinage, générosité et petitesse, raison et intolérance, philanthropie et haine des siens; l'ambition, et une ambition assez haute ; de l'intrigue, mais avec l'amour de son pays ; des idées lumineuses et fécondes au milieu de rêveries extravagantes ; un système qui prétendait marier la démocratie au pouvoir absolu : tels sont les traits du personnage énigmatique que nous offre le Journal publié par la Société de l'Histoire de France. Je reviendrai une autre fois à ces curieux volumes pour y chercher, non plus la physionomie de l'auteur, mais celle du temps où il écrivait.

Décembre 1865.

XV

LA FRANCE SOUS LOUIS XV

I

J'ai parlé, il y a quelques semaines, du Journal du marquis d'Argenson. J'ai rassemblé les traits dont se compose le caractère de cet homme d'État incomplet, excentrique, et dont il est difficile de dire s'il fut plus sage ou plus fou. Je reviens à ses Mémoires aujourd'hui, et, laissant de côté les informations qu'ils offrent sur la cour, les ministres et les partis, j'y cherche des renseignements sur la misère du peuple, ces souffrances sans nom, sans bornes, qui, de longue main, préparèrent la Révolution. Le jour n'est plus où l'on faisait consister toute l'histoire dans la biographie des rois et le récit des guerres. Nous avons appris à tenir compte du mouvement des esprits, de l'état des mœurs, et enfin de la condition des classes qui forment, après tout, le gros et la substance des nations. Douloureux spectacle, le plus souvent, et dont l'esprit se détourne avec effroi : tout était éclat et élégance dans les régions supérieures, tout ici est navrant, soulève le cœur. Ah! l'humanité! de combien de sang et de larmes n'a-t-elle pas arrosé la voie de ses perfectionnements!

Avouons-le cependant ; si l'histoire, telle qu'on l'écrivait jadis, ne parlait que des souverains, elle avait bien quelque excuse pour en agir ainsi. Le souverain, jadis, c'était l'État, l'arbitre absolu du sort des peuples. La France n'était-elle pas personnifiée en Louis XIV? De nos jours même, ses destinées ne se sont-elles pas confondues avec celles de Napoléon? Et, pour revenir au temps où vivait d'Argenson, n'est-il pas évident que les vices de Louis XV ont été l'une des causes les plus actives de la ruine de la monarchie?

D'Argenson est prévenu en faveur de Louis XV. Grand partisan des prérogatives royales, il avait besoin d'un prince qui ne fût pas trop au-dessous de la tâche qu'il lui assignait, et il chercha longtemps à se faire illusion sur l'incapacité de celui que le sort lui avait donné pour maître. Aussi note-t-il avec soin tous les traits favorables. Le jeune roi avait d'abord été très-timide : le voilà maintenant qui se montre, qui se dessine. Il a observé tout en paraissant ne rien voir. Il a du bon sens, de la mémoire, de la discrétion. Il travaille avec ses ministres. Il est affable avec ses courtisans, et « leur parle avec une familiarité adorable. » A l'armée, en 1744, il s'est très-bien conduit. Il lit actuellement les Mémoires de Sully : comment ne pas croire qu'il annonce un second Henri IV? Ce qui est certain, c'est qu'il annonce les mœurs de son illustre aïeul. Mais notre marquis n'est pas disposé à lui chercher querelle là-dessus, bien au contraire : « Il se montre homme de tous points, s'écrie-t-il dans son enthousiasme, et n'est-ce rien, à cet égard, que d'avoir pris une maîtresse avec qui il vit joliment? » D'Argenson est donc au comble de ses vœux. « Tout cela nous promet un heureux règne : Dieu nous le garde ! » Et il ajoute, en courtisan qu'il est et en courtisan démocrate : « Ce sera donc à cette âme-là qu'il faudra chercher à plaire, et non à de vilains sujets devenus rois, et qui ont des passions d'envie, d'orgueil et de malfaisance. »

Les espérances de d'Argenson ne devaient pas tenir longtemps. Il fallut bien finir par ouvrir les yeux. Les années avaient passé, le roi était arrivé à l'âge d'homme, et il n'était toujours qu'un enfant. « Il ne se nourrit l'esprit de rien ; il se lève à onze heures, il mène une vie de petit-maître et d'homme inutile. » Il ne redoute pas seulement le travail suivi, mais d'approfondir quoi que ce soit. Il ne veut pas entendre parler des affaires de l'État ; on est des huit jours sans pouvoir tenir conseil ; à peine les ministres peuvent-ils obtenir une demi-heure par semaine pour leur portefeuille. Le fond de cette nature est la faiblesse, et Louis a tous les défauts des faibles. S'il est doux, c'est qu'il redoute les scènes, et quand il se fâche, sa colère tourne aux petits dépits et à la rancune. Il abrite sa timidité sous la duplicité. Il ne songe du matin au soir qu'à tromper ceux qui l'entourent. Il est, selon l'expression de d'Argenson, « envieux de tous les délices de la dissimulation. » Il aime à semer de faux bruits. « Il ne dit pas une parole, ne fait pas un geste, une démarche, que pour cacher ce qu'il veut et pour donner le change. » Ajoutez à cela la peur du diable. Son confesseur lui refuse l'absolution ; il ne fait plus ses Pâques ; mais il lui en revient souvent des inquiétudes. « Au moindre bobo, il craint l'éternité et ses horreurs. » Vient enfin le moment où il a épuisé les plaisirs ; il s'ennuie ; il voit que tout va mal, et qu'il n'y peut rien ; il s'affaisse dans une espèce de mélancolie. D'Argenson n'a plus qu'un espoir : peut-être le cardinal de Fleury est-il cause de tout le mal ; peut-être sa mort réveillera-t-elle le prince de son apathie. « Je conviens, écrit le courtisan, qu'il faut une foi d'Abraham pour écrire cela. Tous les jours ce dilemme devient plus fort, et ses propositions plus opposées et plus extrêmes : *ou le roi est beaucoup, ou le roi n'est rien.* » Le cardinal mourut enfin, et il fallut bien se rendre à l'évidence. Notre marquis avait compté sur un Henri IV, et il se trouvait en présence d'un Louis XIII et pis encore.

D'Argenson a tracé du roi un portrait assez complet et achevé, précisément vers cette époque de la mort de Fleury, qui fut aussi celle où il arriva lui-même aux affaires et où il eut occasion de voir le monarque de plus près.

« Voulez-vous des détails de ce caractère ? l'on y trouvera tout celui des Français si connu des étrangers. Contrastes partout, effets d'une imagination trop légère et trop maîtresse du jugement ; des talents perdus ; un bon goût qu'on ne peut fixer ; de l'exactitude dans les petites choses, l'inconstance et le manque de plan dans les grands objets ; grand géographe, sans application politique ni militaire ; le talent de dessiner et le goût de l'architecture pour les petites commodités, sans rien accorder au grand ; l'esprit de jeu avec l'imprudence dans les affaires ; diseur de bons mots et de bêtises ; de la mémoire sans souvenir ; patience et colère ; promptitude et bonté ; habitude et inconstance ; mystère et indiscrétion ; avidité des plaisirs nouveaux, dégoût et ennui, sensibilité du moment, apathie générale et absolue qui lui succède ; désespoir de la perte d'une maîtresse, infidélité qui l'outrage ; des favoris sans amitié, de l'estime sans confiance ; bon maître sans humanité. »

La suite du Journal ne fait que charger les ombres du portrait. On voit le prince s'enfoncer de plus en plus dans sa nullité. Il fait des nœuds et de la tapisserie. Il interroge des valets sur des dentelles volées, et y passe deux ou trois heures. A l'Ermitage, quand il va souper chez la marquise de Pompadour, il ne dédaigne pas de manier les casseroles. Et quand, par hasard, il sort de sa crapule pour s'occuper des affaires de l'État, c'est par des actes de violence ou d'arbitraire. On le vit, en 1751, se faire apporter les minutes des délibérations du Parlement au sujet des hôpitaux, les mettre dans sa poche, ordonner qu'il n'en fût plus question. Aucun de ses prédécesseurs n'avait jamais rien osé de pareil.

Le règne d'un prince tel que Louis XV ne pouvait qu'être fatal à la France, à une époque où la monarchie était devenue absolue, et, par suite, le gouvernement complétement personnel. Toutefois, quand on cherche ce qui rendit le règne de Louis XV si désastreux, on reconnaît que ce fut surtout le trouble apporté depuis longtemps dans les conditions économiques du pays, trouble aggravé par la Régence, et qui, dès lors, ne cessa plus d'aller en augmentant. Louis XV ne créa pas le mal ; seulement, tandis que toute l'habileté, toute la vigueur, tout le patriotisme du monde auraient à peine suffi à conjurer une catastrophe, le successeur de Louis XIV l'accéléra au contraire en augmentant les folles dépenses, et en faisant ainsi peser de plus en plus sur le pays le plus odieux système d'impôts qui fut jamais.

D'Argenson a vu le danger et d'où il venait. Voici ce qu'il écrit en 1751 :

« Un politique disait hier qu'il fallait définir ainsi notre gouvernement actuel : *une anarchie dépensière* ; et, par ces deux principes opposés, l'autorité chemine à sa propre destruction ; car il faut de l'autorité pour gouverner et pour tirer de grosses sommes de la nation. Cette prodigalité est d'institution, d'habitude et de mollesse. Louis XV a trouvé l'institut et l'étiquette de dépense établis par Louis XIV ; il aurait cru déroger d'en rien diminuer ; les intéressés à la dépense le lui ont persuadé ainsi ; et qui est-ce qui a osé lui parler au contraire ? »

Il n'est pas une page du Journal qui ne justifie cette expression d'anarchie dépensière appliquée au gouvernement de la France. Jamais scrupule d'économie ne paraît être entré dans l'âme du roi. On payait des sommes folles pour des bagatelles, pour la musique d'un ballet, pour un meuble, pour une voiture. Le roi commandait un jour à la manufacture de Vincennes (transférée plus tard à Sèvres), pour plus de huit cent mille livres de porcelaine. Les constructions et réparations dans les demeures royales montaient en une année à dix-neuf millions cinq cent mille livres, en vingt-cinq ans à trois cent cinquante millions. « Le tout, ajoute notre chroniqueur, pour ne faire que des nids à rats, à faire et à défaire. » Madame de Pompadour était possédée du goût des bâtiments. Il lui fallait partout des résidences. On lui construisait un hôtel à Paris, un autre à Fontainebleau, dans la ville; des châteaux et des maisons de campagne à la Muette, à Crécy, à Meudon, à Bellevue, à la Celle. Le château de Crécy coûta près de trois millions. On ne savait où trouver l'argent, mais on allait toujours. « L'architecte de la maison de campagne que madame de Pompadour fait bâtir à Meudon aux frais du roi, exposa à M. de Machault, contrôleur-général, qu'il lui fallait au moins 200,000 livres pour cette semaine, ayant cinq cents ouvriers sur les bras qui n'étaient pas payés. M. de Machault dit qu'il avait des bons signés du roi pour 800,000 livres de plus qu'il n'y avait d'argent au Trésor royal. Il le mena avec lui au travail du roi. M. de Machault ayant exposé le cas à Sa Majesté, en lui demandant lequel des payements précédemment ordonnés Sa Majesté voulait qu'on proposât à cet architecte, et lui montrant la lettre de madame de Pompadour, le roi lui a tourné les talons et s'en est allé. » Outre les dépenses de la maîtresse, il y avait celles des filles du roi. L'aînée seule était mariée ; elle avait épousé l'infant d'Espagne. Les noces avaient coûté des sommes folles. « On assure qu'une dame de la cour a dit au roi : Mais, sire, quand il s'agira du mariage de M. le Dauphin, Votre Majesté fera donc mettre le feu aux quatre coins de Paris ? Le roi a répondu : Ah ! on verra bien autre chose. » Ce n'était pas tout. Madame infante venait voir son père, et c'est lui qui payait voyage, séjour, retour ; il en coûtait plus d'un million. Puis elle allait tenir cour à Parme, et, comme son mari n'était pas riche, le roi lui donnait deux cent mille livres de pension. Madame Henriette aura son tour. On lui forme une maison « qui sera sur un grand pied, avec bouche, écurie, gardes, etc. ; cela coûtera 800,000 livres à l'État. » Et de même pour les autres. « Il est déclaré qu'on va faire revenir de Fontevrault les deux dames de France qui y restent, et, en même temps, on leur fera une maison de grande dépense. Cela va augmenter environ de deux millions la dépense de la cour. J'ai vu le roi Stanislas vivre en roi à Chambord avec cinq millions et pas davantage, et avoir encore de quoi faire des libéralités au bout. On compte que ces dames de France, qui ne seront jamais bonnes à rien, coûteront au roi tous les ans six à sept millions, ayant deux maisons séparées en officiers, en dames, bouche, écurie, etc. » Enfin, il y avait les fêtes. Celle de Versailles, à la fin de 1751, fut magnifique. La grande galerie du château était éclairée de huit mille bougies. Le feu d'artifice se tira sur une esplanade qui couvrait le bassin de Latone. On racontait qu'une seule fusée avait coûté huit cents livres, et une bombe deux mille écus. « C'est une dépense énorme, écrit d'Argenson ; celles que font les gens de cour pour avoir deux habits neufs et magnifiques chacun, pour les deux jours de fêtes, et cela par ordre du roi, achève les ruines. »

La ruine avançait, en effet, et atteignait déjà la maison du roi. Au commencement de 1752, deux années étaient dues. D'Argenson, en 1753, rapporte ce qui suit : « Les pourvoyeurs ont déclaré qu'ils ne pouvaient plus fournir la table de Sa Majesté, et se sont cachés ; il en a fallu prendre de nouveaux, sur qui l'on n'est pas moins en crainte. Les palefreniers du roi demandent l'aumône, et tout est de même. Cependant les dépenses augmentent dans la maison, il n'y a plus ni ordre, ni règle. Chaque voyage aux maisons de campagne du roi, même celui de Trianon, coûte cent mille livres. M. le premier écuyer s'enrichit dans son district, et ainsi tous les autres. Les dames d'atour des princesses gagnent quatre-vingts sur cent. L'on dit que leur café au lait avec un petit pain à chacune de ces dames coûte deux mille francs par an, et ainsi du reste. Personne n'a autorité pour morigéner cette maison royale, qui est un abîme pour la nation. »

D'Argenson revient souvent sur cette idée. « La cour est le tombeau de la nation, » dit-il. Et il a raison. Ce sont les dépenses de la cour qui, jointes au système suivi dans l'assiette et la perception des impôts, ont fini par exaspérer la France. La Révolution, dans les classes supérieures, a été produite par les idées; dans le gros de la nation, elle a été le paroxysme du désespoir.

L'inégalité des impôts avait cet effet à la fois odieux et absurde, que les charges du pays étaient supportées par ceux qui se trouvaient le moins en état de payer. En vain quelques réformateurs avaient-ils voulu porter remède à cet abus. L'impôt territorial de Machault n'eut pas plus de succès que la dîme royale de Vauban. L'utilité de ces projets, non moins évidente que leur équité, ne pouvait rien contre l'influence des classes qu'il s'agissait de dépouiller de leurs priviléges. La taille épargnait le clergé, la noblesse, beaucoup d'officiers publics, c'est à-dire justement les plus riches. Être taillable, c'était être roturier. Pouvait-on espérer que les privilégiés renonçassent à un avantage qui était en même temps le signe de leur supériorité sociale? Quant à la capitation, elle devait porter sur tous les sujets du roi, mais elle était éludée. La conséquence naturelle de ces exemptions, qui allaient se multipliant, était un accroissement continuel des charges pour ceux sur qui elles pesaient.

Le mode de perception des impôts en aggravait encore le poids. Un grand nombre étaient affermés à des financiers qui payaient à l'État une redevance déterminée, et qui, profitant de la différence entre cette redevance et les recettes effectives, avaient intérêt à exercer une extrême rigueur dans les recouvrements. Les fermes, d'ailleurs, étaient ou accordées à des influences toutes-puissantes, ou livrées à vil prix pour parer à des besoins pressants, de sorte que l'État ne profitait guère de l'accroissement des charges. D'autres impôts étaient en régie, et n'en étaient pas plus productifs. D'Argenson parle d'une taxe sur le beurre et sur les œufs, qui en deux ans avait rapporté quatre millions, mais qui en avait coûté cinq de régie, ce qui faisait un million de perte. Il ne faut pas oublier, enfin, les expédients malheureux : dépréciation des monnaies, irrégularités dans le payement des rentes, velléités de banqueroute. La conséquence en était un ébranlement universel du crédit. Les faillites se multipliaient. Les meilleurs billets perdaient douze ou quinze pour cent. Les hommes les plus riches ne trouvaient pas deux mille francs à emprunter. Les fortunes les mieux assises étaient atteintes. D'Argenson en rapporte un curieux exemple : « Je puis dire que tout doit manquer d'argent, après ce que je vois arriver au trésor de Mgr le duc d'Orléans. (On se rappelle que d'Argenson était le chancelier du duc.) Ce prince a pour deux millions trois cent mille francs des plus beaux biens qu'il y ait au monde, pour un million par an des plus beaux bois, du canal qui est en droits au comptant, et pensions qui se paient par préférence, etc.; cependant voici que nous sommes à sec depuis deux mois, et qu'on ne fait point d'état de distribution. »

On peut juger du reste par cet exemple. Le clergé s'était épuisé en dons gratuits ; il déclarait que tous les bénéfices étaient ruinés, et qu'il était « temps de se reposer et de payer soi-même ses dettes, au lieu de fournir au roi de nouvelles sommes pour rembourser les siennes. » La noblesse, obligée à toutes sortes de dépenses, était aux abois. La gêne devenait visible, universelle. « On remarquait hier à la comédie, où il y avait bien du monde, qu'il n'y avait que de vieux habits, très-peu d'habits neufs, et nuls habits brillants, s'ils ne sont vieux. Chacun se regarde, n'en dit mot, mais se retranche. » Je le crois bien ! le Trésor ne payait plus. Il était dû, en 1751, deux années de pensions au Conseil, deux années de gages au Parlement, quatre années aux procureurs-généraux pour les avances et les faux-frais. Le prêt, dans plusieurs provinces, avait failli manquer aux soldats. L'officier était dans la pénurie, les troupes mal tenues. Les manufactures tombaient. Il fallut interrompre les travaux de la grande route entre Tours et Bordeaux. On en était venu jusqu'à suspendre le payement des jetons des académies.

Et cependant, qu'était-ce que ces souffrances au prix des misères du peuple ?

II

Celui qui voudrait étudier la condition du peuple dans les diverses périodes de notre histoire, reconnaîtrait probablement que l'extinction de la féodalité eut d'abord pour effet d'augmenter les souffrances plutôt que de les diminuer. Le serf trouvait une compensation à sa dépendance dans la protection de son seigneur et dans un état social qui, pour être souvent troublé, n'en offrait pas moins les garanties de tout ordre établi. Cela est si vrai qu'au quatorzième siècle, lorsque les rois de France eurent donné l'exemple de l'affranchissement, beaucoup de serfs refusèrent la liberté.

Ce qui succéda à la féodalité, ce fut provisoirement l'anarchie ; il fallut des siècles pour qu'un ordre nouveau s'en dégageât, et Dieu sait quel fut le sort du vilain dans ce chaos social ! La guerre y ajoutait ses horreurs, toute espèce de guerre : invasion des Anglais, lutte de la couronne contre les grands feudataires, troubles de religion, longue et universelle mêlée qui se termina par la guerre de Trente Ans. Le soldat régnait seul alors, endurci et pillard : le soldat, disons plutôt le bandit. On ravageait pour ravager ; on massacrait pour massacrer. On tuait sans distinction de sexe ni d'âge, et l'on torturait ceux que l'on tuait.

La période des Valois est la plus lugubre de notre histoire. Sous les Bourbons, la France revint peu à peu à l'ordre, mais elle n'y revint que lentement, et à travers des maux qui durèrent encore plus d'un siècle. L'année même où finissait la guerre de Trente Ans, commençait cette Fronde dont M. Feillet nous a raconté les douleurs. Je renvoie à son livre ceux qui ne craignent pas les émotions navrantes. Ils y verront la licence des troupes, non-seulement sous un Condé, mais sous un Turenne ; ils y liront un ordre de police qui contraint les femmes et les filles de faire la moisson et la vendange, « attendu la rareté des gens de journée causée par la grande mortalité. » Il y eut un village de Picardie où deux enfants furent trouvés se nourrissant des cadavres de leur père et de leur mère !

On sait assez aujourd'hui que le bien-être général ne répondait guère, sous Louis XIV, à l'éclat extérieur du règne. Preuve en sont de nombreuses émeutes, à grand-peine réprimées par les galères et les exécutions capitales. N'est-ce pas, d'ailleurs, en ce temps que La Bruyère écrivait son morceau si connu sur le paysan ? « On voit certains animaux farouches, des mâles et des femelles, répandus par la campagne, noirs, livides et tout brûlés du soleil... Ils se retirent la nuit dans des tanières, où ils vivent de pain noir, d'eau et de racines ; ils épargnent aux autres hommes la peine de semer, de labourer et de recueillir pour vivre, et méritent ainsi de ne pas manquer de ce pain qu'ils ont semé. »

La Bruyère écrivait ces lignes vers 1689. Qu'aurait-il dit s'il avait vécu jusqu'à la guerre de la succession d'Espagne, et cette épouvantable année 1709, où la famine acheva de dévorer le royaume, épuisé par huit années de campagne ? Mais à quoi bon l'éloquence des écrivains ? Voici ce qu'un curé de village portait alors sur le registre de sa paroisse : « Je certifie à tous qu'il appartiendra, que toutes les personnes qui sont nommées dans le présent registre, sont tous morts de famine, à l'exception de M. Descrots et de sa fille. » Et il ajoutait en note : « L'an 1709, il n'y eut ni bled ni vin dans tous les pays voisins. Les pauvres peuples ont vendu tout ce qu'ils avaient pour avoir quelques pains d'orge ou de sarrazin. On a mangé des charognes mortes depuis quinze jours ; les femmes ont étouffé leurs enfants de crainte de les nourrir » [1].

Nous voici arrivés à Louis XV et il ne nous reste plus

---

1. Voyez la *Famine de 1709 dans le val de la Loire*, publié

qu'à reprendre le journal de d'Argenson pour voir si la régularité du gouvernement et l'adoucissement des mœurs avaient apporté quelque remède aux souffrances des classes inférieures.

Loin de là. J'ai dit ce qu'étaient alors les impôts. Lourds et injustes, on les levait, en outre, avec la dernière rigueur. On cherchait des gens sans pitié pour ce service. Plus la misère rendait le recouvrement des tailles difficile, plus on donnait à gagner aux receveurs, c'est-à-dire à prendre sur les tributaires. Les frais des saisies surpassaient le montant de la taxe. D'Argenson nous montre le collecteur suivi de l'huissier, enlevant aux pauvres leurs habits, leur dernier boisseau de froment, jusqu'aux loquets des portes, et vendant tout pour le quart de la valeur.

Si le paysan était pressuré, la classe moyenne avait bien aussi sa part d'oppression. Les habitants aisés des paroisses étaient déclarés solidaires des autres, et tenus de payer pour eux. De plus, on obligeait les bourgeois à nourrir chacun un ou deux pauvres. A Châtellerault, sur une population de quatre mille habitants, il n'y en avait pas moins de dix-huit cents ainsi mis à la charge du reste.

La conséquence d'un traitement si rigoureux était la ruine de la campagne. Les villages fondaient; on les

dans les *Mémoires de la Société d'émulation de Moulins*. J'emprunte cette citation à M. Rathery, qui la donne dans une note du *Journal de d'Argenson*, t. II, p. 149.

abandonnait pour se retirer dans les villes, à Paris surtout que l'autorité ménageait aux dépens du reste du royaume, ayant grand soin que le pain n'y renchérit pas. Il ne renchérissait pas seulement dans les provinces, il manquait. « La misère, écrit d'Argenson en 1739, avance au dedans du royaume à un degré inouï ; les hommes meurent drus comme mouches, de pauvreté, et en broutant l'herbe. » Le premier président de la cour des aides, Le Camus, haranguant le roi, cette même année, à l'occasion de la paix, ne craignit pas de mettre sous les yeux du monarque « ce peuple qui gémit dans la misère, sans pain et sans argent, obligé de disputer la nourriture aux bêtes qui sont dans les champs. »

La peinture que d'Argenson fait du paysan n'est pas moins triste que celle qu'a tracée La Bruyère. Il semble même que l'abrutissement ait augmenté : « On devient sauvage de plus en plus dans la province que j'habite. J'y ai trouvé beaucoup plus d'indifférence pour ce qui se passe, tant dans le gouvernement qu'au dehors de la patrie. Ils ignorent le règne. Les habitants ne sont plus que de pauvres esclaves, des bêtes de trait attachées à un joug, qui marchent comme on les fouette, qui ne se soucient et ne s'embarrassent de rien, pourvu qu'ils mangent et qu'ils dorment à leurs heures. » Ils ne voulaient plus se marier, de peur de donner le jour à des enfants aussi malheureux qu'eux. Ceux qui le pouvaient s'exilaient. Un impôt sur l'exportation du tabac ayant ruiné nos populations frontières, quinze cents familles passèrent de la Flandre dans les Pays-Bas, et quatre mille familles d'Alsace s'établirent de l'autre côté du Rhin. Les autres, s'affaissant dans un morne désespoir, appelaient la mort. Elle ne leur répondait que trop. La peste aidait à la famine. D'Argenson nous assure qu'en dix ans la population du pays avait diminué d'un tiers.

Il va sans dire que les délits et les crimes augmentaient en même temps que la misère. On volait tant à Paris, que personne n'osait sortir après sept heures du soir. Il fallut employer les Suisses à renforcer le guet. Dans la province, des bandes de brigands enlevaient les voyageurs, prenaient les châteaux. Que voulez-vous? la faim les poussaient. A Saumur, un homme avait été condamné à mort pour vol avec effraction : on fut obligé de lui faire grâce parce qu'il fut reconnu qu'il avait volé pour manger, n'ayant rien mis sous la dent depuis trois jours.

A la fin, il y eut des soulèvements. La disette de 1739 causa des révoltes dans l'Angoumois, en Normandie ; à Paris même, on ne pouvait empêcher les mécontentements d'éclater. Le roi passant par un faubourg, le peuple s'ameute et crie : Misère! famine! du pain! Même scène en 1752. « Dimanche dernier, le roi, la reine et la dauphine furent à Paris remercier Dieu à Notre-Dame de la convalescence du Dauphin. On avait fait baisser le pain au marché de samedi, pour mieux faire recevoir leurs majestés. Cependant un pauvre homme s'attacha au carrosse de la reine, dès l'endroit du chemin qu'on nomme le Point-du-Jour, pour crier en montrant du pain noir : Voilà, madame, ce qu'on nous fait payer trois sous la livre ! » Ne semble-t-il pas, en lisant ces récits, qu'on assiste aux premières journées de la Révolution ? Et l'émeute ne se bornait pas à des cris. Il y eut, en 1750, une très-vive émotion à Paris, sur un bruit que des enfants de bourgeois avaient été arrêtés pour être transportés aux colonies. Là-dessus espèce de panique, soulèvement furieux. Le peuple casse les vitres, pille les maisons, tue les archers. Il suffit qu'un homme ait l'apparence d'un officier de police pour être déchiré. On poursuit un exempt chez un commissaire, on l'assomme à coups de pied et de bâton, on le jette par les fenêtres, une femme l'achève, on promène son cadavre. La populace proposait d'aller chez Berryer, le lieutenant de police, de le massacrer, de lui manger le cœur. Il fut même question de se rendre à Versailles et d'y brûler le château, si bien qu'il fallut envoyer des troupes pour garder le pont de Sèvres et le passage de Meudon. Le roi effrayé partit secrètement pour Compiègne, et, voulant éviter Paris, il fit ouvrir un nouveau chemin à travers la plaine Saint-Denis, celui qu'on a appelé le *Chemin de la Révolte*. D'Argenson sent très-bien la gravité de ces faits. « Voilà, dit-il, le peuple sans frein et qui peut tout oser avec impunité, car il n'y aura point de punition de ces massacres. Quand le peuple ne craint rien, il est tout. »

Il n'en est pas moins vrai que le prestige de la royauté durait encore. Ce fut le dernier préjugé qui disparut. On accusait les ministres, la favorite, mais on hésitait à faire remonter le blâme jusqu'au souverain. Il ne fallut rien de moins que l'excès des maux dont souffrait la

France et le spectacle de l'abaissement où était tombé Louis XV, pour que la nation s'en prît enfin à l'autorité royale. On voit quel est l'étonnement de d'Argenson lorsque le respect commence à fléchir. Il s'effraie de voir cette autorité mise en question, une autorité si sacrée. Il ne revient pas de l'audace avec laquelle on chansonne le prince, on le caricature : « Une estampe le représente garrotté, la reine de Hongrie le fouettant, l'Angleterre disant *Frappez fort!* la Hollande disant avec un rouleau : *Il vendra tout.* Cela s'appelle l'estampe des quatre nations. » Il y avait aussi des satires sérieuses, véhémentes, l'une entre autres, qui s'adressait ainsi au roi :

Lâche dissipateur des biens de tes sujets,
Toi qui comptes les jours par les maux que tu fais!

et où, vers la fin, on lisait ce vers :

Et c'est pour t'abhorrer qu'il reste des François.

On alla plus loin encore. « Il paraît un poëme de deux cent cinquante vers horribles contre le roi. Il commence par : *Réveillez-vous, mânes de Ravaillac*. Le roi l'ayant entendu lire, a dit : Je sais bien que je mourrai comme Henri IV! »

La révolution était donc prête dès le milieu du dix-huitième siècle; tous les éléments en étaient rassemblés et n'attendaient plus qu'une occasion pour se combiner et produire l'explosion universelle, irrésistible. L'occasion, ce fut justement l'effort tenté pour prévenir le danger, lorsque depuis longtemps il était trop tard. On ferait un livre, si l'on voulait réunir les passages dans lesquels les contemporains exprimaient l'appréhension des événements qui mirent fin à la monarchie : les uns accusaient les idées, d'autres les mœurs publiques, d'autres les abus, mais tous s'accordaient à prévoir une catastrophe. Mademoiselle Aïssé écrivait en 1726 : « A propos, il y a une vilaine affaire qui fait dresser les cheveux à la tête. Elle est trop infâme pour s'écrire, mais tout ce qui arrive dans cette monarchie annonce bien sa destruction. » Madame de Tencin, en 1743, en disait autant : « A moins que Dieu n'y mette visiblement la main, il est physiquement impossible que l'État ne culbute. » Rousseau, en 1761, se demandait s'il ne devait pas chercher un asile hors de France, avant les troubles qui semblaient menacer ce pays. Le parlement de Rouen ne craignait pas de dire au roi, en juillet 1763 : « Les maux sont à leur comble, et présagent l'avenir le plus effrayant. » Je ne crois pas, cependant, que personne ait été plus préoccupé du danger que d'Argenson, et en ait mieux compris les causes.

Ce n'est pas qu'il désirât la Révolution ; loin de là. Nous avons vu qu'il poussait jusqu'à la superstition le respect du pouvoir monarchique. Mais il était forcé de reconnaître que les abus étaient trop grands et les réformes trop impossibles. Il sentait, pour me servir de ses propres expressions, souffler dans toute l'Europe un vent de misère, de ruine, d'impôt et de révolte. L'expérience, d'ailleurs, avait été faite, et condamnait la royauté. « La mauvaise issue de notre gouvernement monarchique achève de persuader en France et par toute l'Europe, que c'est la plus mauvaise de toutes les espèces de gouvernement. Je n'entends que philosophes dire, comme persuadés, que l'anarchie même lui est préférable, puisqu'elle laisse au moins les biens à chaque habitant. » En un mot, d'Argenson se rendait à l'évidence. Les faits parlaient trop haut pour que les théories n'abdiquassent pas. Il est des jours où notre monarchiste a perdu toute illusion, toute espérance, et où il ne craint pas de mesurer l'abîme qui va engloutir l'ordre social. « La révolution est certaine dans cet État-ci, s'écrie-t-il ; il s'écroule par les fondements ; il n'y a plus qu'à se détacher de sa patrie et à se préparer à passer sous d'autres maîtres, et sous quelque autre forme de gouvernement. »

On ne peut s'empêcher de frémir en pensant au désespoir avec lequel un citoyen, aussi attaché à son pays que l'était d'Argenson, devait tracer de pareilles lignes. A la vérité, il avait le tort de regarder la patrie comme tellement liée à une forme de gouvernement que l'une dût périr avec l'autre. Il ne comprit pas que la révolution, dont il reconnaissait l'imminence, devait en définitive marquer pour la France et l'Europe une ère de rénovation. Mais si sa pénétration n'alla pas jusque-là, il avait deviné avec une singulière netteté, non-seulement le danger que courait la monarchie, mais encore la marche que devaient suivre les événements. Il y a des moments où le bon homme a comme des lumières prophétiques.

Ce sont surtout les remontrances du Parlement qui

l'inquiètent. Il sent bien que toute intervention de ce corps est une diminution de l'autorité royale, et que d'ailleurs on n'en restera pas là. Derrière le Parlement, il voit déjà s'élever les États-Généraux. Dès 1731, dans ses *Pensées sur la réformation de l'État,* il indiquait ainsi la suite des événements :

« Les choses se trouvent dans un certain branle d'autorité qui fait qu'elles vont toutes seules pendant quelque temps ; mais que le gouvernement devienne plus faible, alors ceux qu'on voit aujourd'hui les plus abaissés s'élèvent et se trouvent de grandes forces pour attaquer l'autorité royale. Les grands seigneurs, et même les princes du sang, savent se mettre à la tête du parti. Alors on demande des États-Généraux pour des réformations d'abus, les mécontents se déclarent, les ambitieux se couvrent du manteau du bien public, et tel qui n'eût été qu'un médiocre courtisan devient un grand homme à la tête de ces partis. »

Préoccupé des troubles qui menacent l'État, d'Argenson comprend le rôle que Paris pourra être appelé à jouer, et passant de là à la guerre des rues, il la décrit comme s'il avait assisté à nos révolutions contemporaines :

« Le roi ne songe pas assez à la sûreté de Paris, qui est souvent de grande conséquence pour son autorité. On a vu des barricades ; c'est une invention qui a fait fortune depuis le duc de Guise, dont on s'est servi depuis, et que les Parisiens savent à présent. Ils s'en serviront à la première occasion ; c'est un moyen de résistance qui a grande force. Alors les rues de Paris deviennent des retranchements redoutables. Chaque barricade est un épaulement placé de dix pas en dix pas, et dressé en un moment dans tout Paris. De là, ainsi que des fenêtres des maisons, on vous canarde à coup sûr. Que faire donc alors? Tirer le canon de la Bastille? *Non talibus armis tempus eget.* Bombarder Paris? Détruire le chef de l'État? Cependant tout peut causer des séditions dans ces bourgeois : une denrée un peu trop chère, un édit bursal, un favori du peuple maltraité. »

En tout ceci, il n'est encore question que d'une espèce de Fronde, avec demande d'États-Généraux et diminution du pouvoir royal. Mais peu à peu les craintes de d'Argenson vont plus loin. Il sent que les nouvelles théories politiques font leur chemin. Il commence à se demander si les troubles qu'il redoute n'entraîneront pas un changement dans la forme même de l'État, si le temps ne viendra pas où l'on prononcera le mot de république. Et il n'en reste pas là. En 1751, il ne se fait plus d'illusion et aborde enfin l'idée d'une « totale révolution. » Je ne sais rien, comme prévision historique, de plus curieux que ce passage :

« Il nous souffle d'Angleterre un vent philosophique de gouvernement libre et anti-monarchique; cela passe dans les esprits, et l'on sait comment l'opinion gouverne le monde. Il se peut faire que ce gouvernement soit déjà arrangé dans les têtes pour l'exécuter à la première occasion, et peut-être la révolution se passerait-elle avec moins de contestation qu'on ne pense. Il n'y faudrait ni prince, ni seigneur, ni l'enthousiasme de la religion : cela se ferait par acclamation, comme les bons papes s'élisent quelquefois. Tous les ordres sont mécontents à la fois. Le militaire, congédié le moment d'après la guerre, est traité avec dureté et injustice, le clergé vilipendé et bafoué, comme on sait, les Parlements, les autres corps, les provinces, les pays d'États, le bas peuple accablé et rongé de misère, les financiers triomphant de tout et faisant revivre le règne des juifs. Toutes ces matières sont combustibles, une émeute peut faire passer à la révolte, et la révolte à une totale révolution, où l'on élirait de véritables tribuns du peuple, des comices, des communes, et où le roi et ses ministres seraient privés de leur excessif pouvoir de nuire. »

Il est temps de revenir à la misère du peuple. Ce n'est pas qu'en parlant de la Révolution, je me sois écarté de ce lugubre sujet. La Révolution n'a pas seulement été une conséquence de l'excès des souffrances ; c'est elle aussi qui y a mis fin. On peut penser de notre siècle tout le mal que l'on voudra, une chose cependant reste certaine. Qu'on prenne l'histoire ; qu'on considère, je ne dirai pas les siècles de barbarie, mais ceux où la société s'était régularisée et policée ; qu'on se représente cet ordre de choses qui a duré si longtemps, où la guerre était à peu près permanente, où le roturier supportait presque toutes les charges de l'État, et où l'imperfection des communications, et plus encore celle des notions économiques, mettaient les populations à la merci d'une récolte manquée ; qu'on repasse en son esprit les douleurs sans nom dont je donnais tout à l'heure quelques exemples, et dont la famine de 1816 et 1817 a été comme une dernière réminiscence ; qu'on se rappelle tout cela, qu'on pèse toutes ces considérations, et l'on sera bien forcé de reconnaître que l'humanité a fait de nos jours un pas immense dans la voie de son amélioration. Je ne crois pas qu'à cet égard, sauf peut-être l'ère des Antonins, l'histoire nous offre une période comparable aux cinquante années qui viennent de s'écouler depuis la fin de l'Empire. Jamais on n'avait vu l'action de la société tendre aussi efficacement au noble but qui lui est proposé : faire jouir le plus grand nombre d'individus possible du bien physique et moral. Or, ce mémorable progrès, je le répète, c'est à la Révolution que nous le devons. Il n'y a pas à en douter : le sort des peuples n'a changé, vraiment et définitivement changé, que depuis qu'ils ont pris en mains leurs propres affaires, et qu'ils sont intervenus dans leur gouvernement. Gardons-nous de fermer les yeux sur nos innombrables défaillances; gardons-nous de faire de la démocratie le fétiche d'un nouveau culte, le talisman destiné à guérir tous les maux de l'humanité; mais gardons-nous aussi de méconnaître les conquêtes qui nous honorent, et qui par là même nous *obligent!*

Janvier 1866.

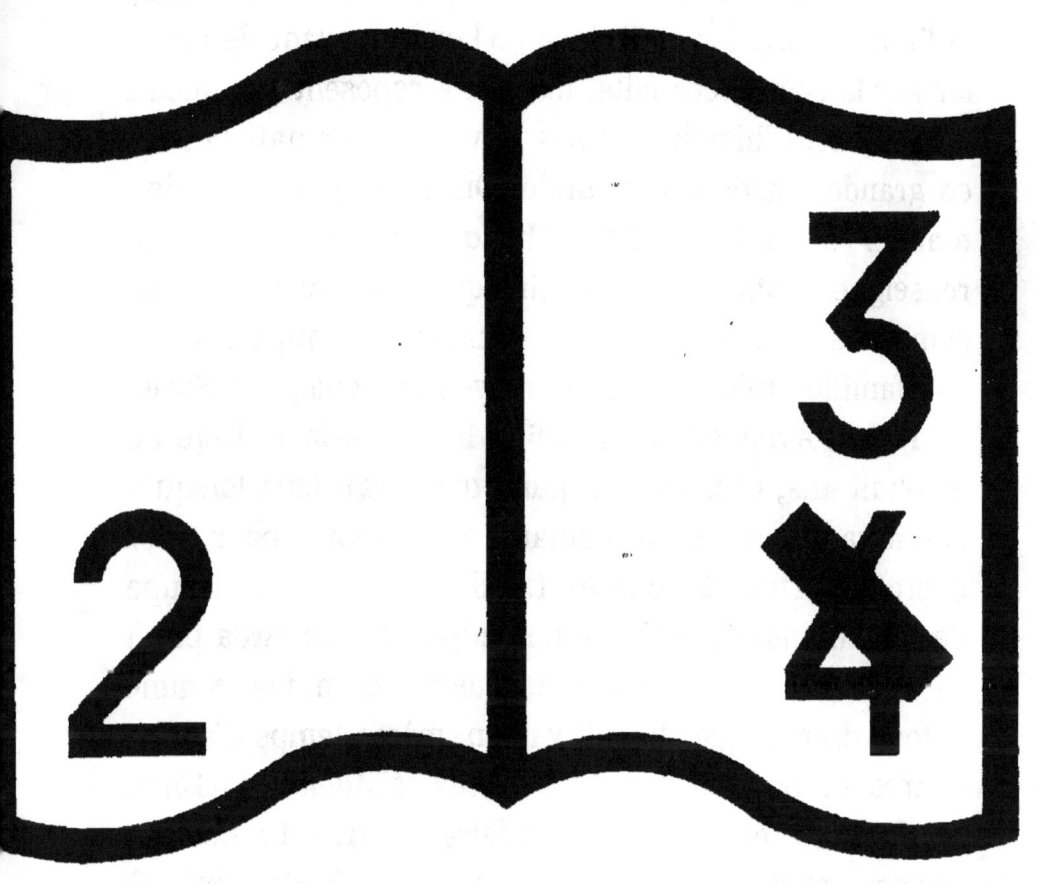

Pagination incorrecte — date incorrecte

NF Z 43-120-12

le délit de chasse qui le força de quitter sa ville natale, et l'humble métier qu'il faisait à Londres avant de monter sur la scène, ces faits, dis-je, ne reposent sur aucun fondement. L'histoire de ses ouvrages dramatiques est en grande partie conjecturale. On a été jusqu'à se demander si l'auteur était catholique ou protestant. Les renseignements un peu certains que nous avons sur son compte se réduisent à ceci. Shakspeare appartenait à une famille aisée de la classe moyenne, et naquit à Stratford-sur-l'Avon en avril 1564. Il se maria à l'âge de dix-huit ans, et n'en avait guère que vingt-deux lorsqu'il laissa sa femme et ses enfants à Stratford, pour aller chercher fortune à Londres. Là, il entra dans une troupe de comédiens que dirigeait Burbadge, et il ne tarda pas à se distinguer, sinon comme acteur, du moins comme auteur dramatique. Il cultivait en même temps d'autres genres de poésie, et publia *Vénus et Adonis* en 1593, et *Lucrèce* en 1594. Le théâtre l'enrichit; nous le voyons acheter une maison et des terres à Stratford, où il aimait à retourner, et où il finit par se retirer, vers 1604, à l'âge de quarante ans. Mais s'il quitta la scène, il ne renonça pas pour cela à l'art dramatique. Plusieurs de ses ouvrages sont postérieurs à la date que je viens d'indiquer. Il mourut le 23 avril 1616, la même année que Cervantes, vingt-quatre ans après l'auteur des *Essais*, et vingt ans avant la représentation du *Cid*. Ces dates indiquent assez bien le degré de formation de la langue dans Shakspeare, un anglais moins archaïque que n'est pour nous le français de Montaigne, et moins arrêté cependant que n'est celui de Corneille. L'authenticité du fameux portrait connu sous le nom de *Chandos Shakspeare*, et qui appartient aujourd'hui à la Galerie nationale de Londres, n'est pas assez établie pour que nous puissions nous flatter de connaître les traits du poëte. Sa descendance directe est depuis longtemps éteinte ; il avait laissé deux filles mariées, qui eurent des enfants à leur tour, mais des enfants qui moururent sans postérité.

Ce qu'il y a de plus étrange dans la vie de Shakspeare, c'est l'indifférence qu'il semble avoir éprouvée pour sa réputation d'auteur dramatique. Il a publié avec le plus grand soin ses poëmes et ses sonnets, et il n'a fait imprimer aucune de ses pièces de théâtre, ni laissé de direction à cet égard à ses héritiers. On dirait qu'il n'eut, en les écrivant, d'autre souci que celui du succès scénique et du profit qu'il en pouvait retirer. Et qu'on ne s'imagine pas que cette indifférence fût commune à tous les auteurs dramatiques de l'époque : Ben Jonson, lui, se donnait autant de peine pour corriger ses ouvrages que pour les composer. Mais ce qui complique encore le problème, c'est que les pièces de Shakspeare étaient de son vivant extrêmement recherchées des lecteurs. La preuve en est qu'une quinzaine furent imprimées dès lors et à plusieurs reprises, bien que sans sa participation ni son aveu, et de la manière la plus incorrecte, véritables contrefaçons destinées à satisfaire à tout prix la curiosité du public. On fit même paraître sous le nom du poëte des pièces qui n'étaient pas de lui. Shakspeare

XVI

SHAKSPEARE[1]

Le plus grand nombre des livres écrits sur Shakspeare appartiennent à l'une de ces deux classes : des panégyriques, qui ne nous apprennent pas grand'chose, ou des commentaires qui sont utiles assurément, mais qui ne suffisent pas à l'intelligence du poëte. Il n'est point de lecteur du grand dramatiste qui n'ait désiré avoir sous la main quelque ouvrage substantiel, dans lequel il trouverait des renseignements sur la vie de Shakspeare, sur l'ordre et la date de ses pièces, sur l'état dans lequel elles nous ont été conservées, sur l'interprétation qui en a été donnée, sur les caractères distinctifs du génie de l'écrivain. Cet ouvrage profiterait des travaux des érudits sans se perdre dans les détails, et chercherait à plaire aux hommes de goût sans se noyer dans le vague des considérations esthétiques. Mais j'ai tort de parler de ce vœu, comme si rien n'avait été fait pour y répondre. Il y a longtemps déjà que M. Mézières a conçu le projet

---

[1]. *Prédécesseurs et contemporains de Shakspeare.* — *Shakspeare, ses œuvres et ses critiques.* — *Contemporains et successeurs de Shakspeare*, par A. Mézières; 2ᵉ édition, 3 volumes.

du livre dont je viens de tracer le programme, et qu'il a rempli ce programme avec beaucoup de savoir et de goût. Son volume sur Shakspeare est certainement le meilleur manuel qu'on puisse indiquer aux lecteurs qui veulent consacrer au poëte anglais cette étude sérieuse à laquelle seule il livre tout le secret de sa puissance. M. Mézières d'ailleurs ne s'en est pas tenu là. Du moment qu'il cherchait à introduire dans son sujet la précision des informations historiques, il lui était impossible de faire abstraction des alentours de Shakspeare, je veux dire des modèles que le poëte a imités, de l'influence qu'il a exercée, de tout cet ensemble de conditions littéraires et sociales au milieu desquelles il s'est produit, et au milieu desquelles il faut le replacer si on veut véritablement le comprendre. Voilà ce que M. Mézières a très bien vu, et voilà ce qui donne tant de prix à ses volumes sur les *Prédécesseurs et les Contemporains de Shakspeare*, l'histoire la plus complète que nous ayons du théâtre anglais jusqu'au xviie siècle.

Il y a juste deux cent cinquante ans que Shakspeare est mort; il appartient donc à une époque de pleine lumière historique. Il ne fut point d'ailleurs de ceux dont le mérite n'est reconnu que longtemps après eux. Ses contemporains rendirent hommage à son génie, et les vers si connus de Milton montrent assez quelle place tenait le grand dramatiste dans l'estime de la génération qui suivit. Et cependant, nous ne savons presque rien de la vie de cet homme extraordinaire. La plupart des faits dont la tradition a composé sa biographie, tels que ne fit rien pour empêcher ces publications. Il mourut, et ce ne fut que sept ans après sa mort, en 1623, que parut enfin un recueil de ses œuvres dramatiques. Ce recueil s'annonçait comme imprimé sur les originaux, mais rien n'était moins fondé que cette prétention, ainsi que le montrent les fautes de tout genre dont fourmille le volume. Les éditeurs avaient suivi les précédentes éditions, et là où celles-ci leur manquaient, ils s'étaient servis des copies faites pour les besoins du théâtre.

L'étude de Shakspeare, on le comprend d'après cela, rencontre pour première difficulté l'absence d'un texte suffisamment correct et authentique. Il est de nombreux passages où l'on n'a le choix qu'entre des leçons également douteuses, absolument comme il arrive dans la lecture des auteurs grecs et latins. Il est vrai que la comparaison des *variantes*, comme on les appelle, est quelquefois curieuse ou instructive. Il est un ouvrage surtout où, par ce moyen, on saisit le génie du poëte sur le fait et comme dans l'acte de la création. C'est *Hamlet*. Nous possédons une édition de ce drame, dans lequel il est difficile de ne pas reconnaître le premier jet de la pensée de l'auteur. Polonius y porte le nom de Corambis. La marche de la pièce n'est pas celle qui a été adoptée depuis. Une scène entre la reine et Horatio a été supprimée plus tard. Enfin, tandis que la version primitive renferme quelques beaux vers qui ont disparu, elle nous donne, sous une forme singulièrement abrégée et imparfaite, les morceaux les plus célèbres du drame, le monologue d'Hamlet, par exemple, et celui du roi sur la prière.

Nous avons également les remaniements de *Roméo et Juliette*. Shakspeare, évidemment, revenait sur ses ouvrages, les travaillait, les perfectionnait.

On ne peut aborder l'étude de Shakspeare sans se demander dans quel ordre ses pièces se sont succédé. On éprouve le besoin de savoir quels ont été ses premiers essais, à quelle époque de sa vie il a produit ses chefs-d'œuvre, et si son génie s'est soutenu jusqu'au bout. Heureusement que ces questions ne sont pas aussi insolubles qu'on pourrait le supposer d'après l'obscurité où la vie de l'auteur est restée plongée. Des renseignements de diverses sortes viennent ici à notre secours, et l'on peut regarder la chronologie du théâtre de Shakspeare comme à peu près fixée. Le poëte commença par refaire pour la scène des pièces qui existaient avant lui, et dont les auteurs sont inconnus. Telle est l'origine de *Titus Andronicus*, de *Périclès*, et des trois parties d'*Henri VI*. Ces ouvrages n'appartiennent donc qu'à demi à Shakspeare, et il est impossible aujourd'hui de déterminer quelle part y a eue notre poëte. La seconde période de la vie dramatique de Shakspeare commence vers 1594, lorsqu'il avait trente ans; c'est alors qu'il écrivit les pièces tirées de l'histoire d'Angleterre, et la plupart de ses comédies. Sa dernière période, enfin, va de 1600 jusqu'à sa mort, et vit naître ses ouvrages les plus considérables, les quatre grands drames, *Hamlet Othello, Lear* et *Macbeth*, les tragédies romaines, et les charmantes comédies romanesques, *Cymbeline*, le *Conte d'hiver* et la *Tempête*. On s'accorde à admettre que

Shakspeare continua d'écrire pour le théâtre, même après avoir quitté Londres pour retourner à Stratford, et que la *Tempête* fut le dernier de ses ouvrages et comme ses adieux à l'art qu'il avait illustré.

Des adieux à l'art : passe pour cette expression, si l'on consent à n'y voir qu'une image. Mais on a été plus loin, et l'on a voulu trouver dans la *Tempête* de véritables adieux que Shakspeare aurait adressés au public, ou, comme on l'a dit encore, le testament dramatique du poëte, l'épilogue de son œuvre et de sa vie. M. Mézières a prêté à cette hypothèse l'autorité de son excellent esprit, et, tout récemment encore [1], le plus délicat et le plus ingénieux de nos critiques, M. Montégut, l'a reproduite avec une plénitude d'assurance qui pourrait faire illusion sur la valeur des arguments employés. Ce n'est pas la première fois, du reste, que Shakspeare se voit livré aux contradictions des interprètes. Chacun l'a tiré à soi, chacun a cherché et trouvé chez lui ce qu'il a voulu. On a cru l'exalter en lui prêtant toute espèce d'intentions profondes. M. Gervinus en a fait un moraliste exclusivement préoccupé de donner des leçons à la société. C'était mal tomber, en vérité, car jamais génie ne se livra à l'art avec une plus suprême indifférence pour toute autre chose que l'art même. Aux yeux de Shakspeare, c'est lui-même qui nous l'a dit, le drame est tout simplement un miroir placé devant la nature, et où elle se réfléchit sous ses aspects les plus divers. Et telle est,

---

1. Voyez la *Revue des Deux-Mondes* du 1er mars 1865.

en effet, l'impersonnalité du théâtre de notre poëte, qu'il nous est impossible d'en tirer le moindre renseignement sur ses idées, ses passions, son caractère. Mais si M. Gervinus a méconnu ce trait capital de l'œuvre de Shakspeare, que dire de M. Rio, qui la regarde comme tout entière semée d'allusions aux événements du temps et à la situation particulière du poëte? M. Rio a une thèse : Shakspeare, pour lui, est un catholique obligé de dissimuler sa foi, et qui s'en dédommage en glissant sur la scène autant d'allusions orthodoxes qu'il le peut. *Jules César* devient une glorification du complot d'Essex ; *Mesure pour mesure* est destiné à réhabiliter l'idéal ascétique et la virginité cloîtrée ; Othello avait fait la guerre sainte : preuve évidente des sympathies secrètes de l'écrivain! M. Rio aurait bien dû nous expliquer comment un auteur aussi attaché que Shakspeare au culte proscrit, a pu, dans *Roméo*, nous parler d'une « messe du soir! » Au surplus, il faut le reconnaître, M. Rio n'a fait qu'exagérer un procédé dont beaucoup d'autres ont fait usage avant et après lui. Il est reçu que la vestale dont parle Oberon dans le *Songe d'une nuit d'été* (acte II, scène 2), n'est autre que la reine Élisabeth; comme si la suite même du passage ne montrait pas qu'il s'agit de la chaste Phœbé! Le docte Warburton allait plus loin encore quand, dans le même passage, il appliquait au mariage de Marie Stuart avec le fils du roi de France l'image de la sirène sur le dos d'un *dauphin*. Mais revenons à M. Montégut. Son hypothèse sur la *Tempête* n'est pas plus solide que celle dont je viens de parler. Elle ne résiste pas un moment à l'examen. Elle se brise à la fois contre le sentiment littéraire et contre les faits. M. Montégut ne paraît pas même s'être formé une idée nette de ce qu'il voulait prouver. Shakspeare, selon lui, aurait, dans la *Tempête*, pris congé du public au moment où il allait se retirer. Ce sont ses adieux au théâtre. Mais que faut-il entendre par là? Que le poëte était sur le point de quitter Londres pour retourner dans sa ville natale? Mais voilà déjà sept ou huit ans qu'il était redevenu habitant de Straford. Que Shakspeare ne voulait plus écrire pour la scène, de peur de ne pas rester égal à lui-même? Eh quoi! Shakspeare aurait éprouvé ces craintes à quarante-sept ou quarante-huit ans, dans la force de l'âge, au moment où il venait d'achever cette *Tempête*, l'un de ses chefs-d'œuvre! Au reste, il suffit, pour réfuter de pareilles suppositions, de les énoncer dans les termes où elles se produisent. A qui fera-t-on croire que Sycorax soit la barbarie littéraire, que Caliban désigne le poëte Marlowe, que l'histoire de l'île enchantée soit « trait pour trait » l'histoire du théâtre anglais, en un mot, que la pièce entière soit une « allégorie synthétique » dans laquelle Shakspeare résume son œuvre, un tableau de ce qu'il a entrepris et exécuté dans « la solitude poétique de sa vie? » Et ce n'est pas tout. Si vous vous avisez, par hasard, d'alléguer l'intérêt dramatique de l'œuvre comme se conciliant difficilement avec des intentions allégoriques; si vous vous hasardez à dire que le poëte aurait bien pu, après tout, obéir aux seules inspirations de la fantaisie créatrice : « Ces prétendus droits de la fantaisie poétique, vous répond le critique, sont une des plus grandes impertinences de notre époque. » A la bonne heure, voilà qui est clair : le poëte n'est qu'un docteur, et l'art qu'un voile pour des enseignements !

M. Mézières a très-bien parlé du génie de Shakspeare, cherchant en quoi consiste la vraie grandeur du poëte, et ne se croyant obligé de partager ni les préoccupations systématiques de la critique allemande, ni les respects superstitieux de la critique anglaise. Ce qui fait la grandeur de Shakspeare, c'est qu'il excelle également dans chacune des parties de son art, le style, le caractère et l'invention dramatique. Personne n'a jamais mieux su construire une pièce de théâtre. L'intérêt commence à la première scène et ne se ralentit plus. Pas moyen de poser le livre avant d'avoir achevé. Ce n'est pas que l'action soit toujours une. Le *Roi Jean* est la chronique d'un règne entier. Il y a deux pièces dans le *Roi Lear*, l'histoire du roi est celle d'Edgar. Mais le lecteur est entraîné par la rapidité avec laquelle se suivent les événements. De là vient que les pièces de Shakspeare font un si grand effet à la scène. Destinées au théâtre, c'est comme telles qu'il faut les juger. On les joue fréquemment en Allemagne, et le public les y applaudit toujours. Elles réussiraient mieux encore si les conditions de la représentation n'avaient pas tant changé depuis un siècle. Nous voulons aujourd'hui une illusion scénique à laquelle le théâtre de Shakspeare ne se prête pas. L'action y change trop souvent de place. Il faut représenter des combats, des tours, des remparts. Le cinquième acte de *Jules César* nous offre toutes les péripéties de la bataille de Philippes ; le cinquième acte de *Richard III* nous montre les deux compétiteurs campés et endormis si près l'un de l'autre, que des spectres peuvent s'adresser à chacun d'eux tour à tour. Il n'est pas de mise en scène moderne capable de triompher de pareilles difficultés. Shakspeare est donc vraisemblablement destiné à être de moins en moins joué ; mais l'habileté dramaturgique qu'il a déployée n'est pas perdue pour cela : c'est de là que vient la vie, le mouvement incomparable dont sont douées ses pièces, et qu'on y sent à la lecture aussi bien qu'à la représentation.

S'il n'y a point de drame sans action, il n'y en a pas davantage sans caractères. Peut-être même la création des caractères est-elle la partie la plus haute de l'art. Il n'est rien qui ressemble plus à la puissance divine que l'acte par lequel un poëte évoque des profondeurs de son imagination des personnages qui n'ont jamais vécu, mais qui vivront désormais, et qui vont prendre place dans nos souvenirs, dans nos affections, parmi les réalités de notre monde, comme s'ils avaient véritablement été formés par la main du Très-Haut. Et si une seule création de ce genre suffit à immortaliser un auteur, que dirons-nous d'un poëte qui, comme Shakspeare, a tracé une multitude de caractères tous différents, tous vivants, unissant la physionomie la plus distincte et la réalité la plus intense à la plus haute valeur idéale ou poétique ? Le dramatiste anglais n'est en rien aussi merveilleux qu'en ceci. C'est le magicien qui anime tout de sa baguette ;

ou plutôt, c'est la nature même, capricieuse, prodigue, toujours nouvelle, pleine de surprises et de profondeurs. Ses personnages ne sont pas ce qu'on appelle des héros ; nul ne pose ; point d'abstraction. L'idée a pris corps et se développe tout ensemble avec la logique de la passion et la spontanéité de la vie. La seule chose que l'on pourrait reprocher à l'auteur, c'est parfois un changement trop brusque, et pour ainsi dire à vue, dans les sentiments de ses personnages. Aufidius, par exemple, passe trop vite de la haine à la douleur lorsqu'il voit tomber Coriolan ; et dans *Richard III,* Anne accepte trop facilement l'anneau de celui sur lequel elle vient de cracher avec mépris, Élisabeth accorde trop vite sa fille à celui qui tout à l'heure faisait massacrer ses fils. Décidément, c'est tourner un peu court, et il y a là un manque de vérité.

Il me semble qu'il y a une remarque analogue à faire sur le style de Shakspeare. Le langage qu'il prête à ses personnages n'est pas toujours approprié aux circonstances ni même aux caractères, il s'en faut. Le poëte se complaît trop souvent dans l'expression prise en elle-même et pour elle-même ; il s'y arrête, il y abonde, il entasse les équivalents, les synonymes. Ménénius se plaint du changement qui s'est fait dans l'humeur de Coriolan : « Sa figure est si amère, dit-il, qu'elle ferait tourner des raisins mûrs. Quand il marche, c'est une machine de guerre, et la terre tremble sous ses pas. Il percerait une cuirasse de son regard. Sa voix est comme un glas funèbre, son murmure comme un bé-

lier. Il siége sur son trône comme s'il était Alexandre.
Ce qu'il ordonne est aussitôt exécuté. Il ne lui manque, pour être un dieu, que l'éternité et le ciel. » Je
cite cet exemple au hasard, pour faire comprendre ce
que je veux dire. La forme, chez le poëte, déborde aussi
quelquefois ; l'expression redonde et sort de la situation.
Cette remarque s'applique encore mieux aux concetti et
aux calembours que Shakspeare met à la bouche de
chacun, sans s'inquiéter de l'occasion. Les discours les
plus pathétiques n'en sont pas exempts. L'auteur ne
laisse pas que d'avoir conscience de l'incongruité de ces
jeux de mots : « Des hommes à l'extrémité, demande
Richard II au duc de Lancastre, peuvent-ils bien jouer
ainsi sur leurs noms ? » Il est certain que les derniers
ouvrages de Shakspeare ont beaucoup moins de ces
taches que les premiers. Mais si l'esprit est quelquefois
déplacé chez notre poëte, quelle verve dans cet esprit,
quelle gaieté, quelle exubérance ! Comme la fantaisie s'y
déploie libre et capricieuse ! Comme l'excès même et
l'emportement du talent, pour me servir d'une expression de madame de Staël, vont bien à cette invention
sans bornes ! Et puis, il faut se hâter d'ajouter que cet
esprit n'est qu'une des qualités de Shakspeare. Il n'a pas
à un moindre degré l'imagination et le sentiment. Il
a tout senti et tout compris. Nul n'a plus vécu, n'a
plus observé, n'a mieux reproduit le monde extérieur,
et il est en même temps le plus lyrique des poëtes.
Il exprime, sous une forme achevée, dans une poésie
inimitable, toutes les émotions du cœur. Il dit les

choses comme nul autre, d'une manière étrange et saisissante. Il a d'incroyables profondeurs et d'incroyables délicatesses d'intuition. Il sort de ses écrits une émanation de sagesse souveraine. Il semble que les discordances s'y effacent dans une harmonie supérieure. Shakspeare a agrandi le domaine de l'âme, et je ne crois pas, à tout prendre, qu'aucun homme ait plus ajouté que lui au patrimoine de l'humanité.

Mars 1866.

XVII

ACADÉMIE FRANÇAISE

RÉCEPTION DE M. OCTAVE FEUILLET

L'Académie française a ses contrastes; c'est l'un de ses charmes. Hier, elle avait à remplacer un dominicain, et elle nommait le prince de Broglie, au caractère grave, aux savantes études; c'était, comme l'a dit M. Villemain, pour revenir tout doucement aux laïques. On y est arrivé aux laïques, et l'on donnait aujourd'hui M. Feuillet, le Marivaux du proverbe, pour successeur à M. Scribe, l'Alexandre Dumas du théâtre de Madame.

J'ai un faible pour M. Feuillet. Je sais ses petites pièces par cœur. Je pourrais les citer, au besoin. Il y en a une, par exemple, qui s'ouvre par un dialogue entre un chef de cuisine et un marmiton. Ils s'entretiennent du mariage de leur jeune maîtresse :

« *Le marmiton*.— Ainsi vous pensez, monsieur Robert, que le marié est un peu sur sa bouche ?

» *Le chef*. — Je ne te dis pas qu'il soit sur sa bouche, je te dis que c'est un homme qui sait ce qu'il mange, et qui a pour sa bouche des égards notables. Il m'a fait demander la recette de mon coulis au *Sacramento*... Je crois que mademoiselle sera heureuse avec lui.

» *Le marmiton.* — Mademoiselle n'était pas une forte mangeuse.

» *Le chef.* — Mademoiselle, comme la plupart des femmes, mange ce qu'on lui donne, sans ombre de discernement. Je l'ai vue déjeuner avec un artichaut à la poivrade et des fruits verts... Voilà les femmes ! Ce qui n'empêche pas que nous ne perdions une bonne maîtresse. »

J'aime encore mieux le début de l'*Ermitage*. Il y a une baronne qui perd son chemin.

« Une heureuse inspiration que j'ai eue de prendre par là !... C'est un marécage !... Mes bottines sont en compote... Ces choses-là n'arrivent qu'à moi !... (*Elle se trouve subitement arrêtée par un mouton qui lui barre le passage.*) Bon ! voilà mieux ! (*Elle agite son mouchoir devant les yeux du mouton.*) Pst ! pst ! Va-t'en ! je n'aime pas ces animaux qu'on ne connaît pas... (*Le mouton tourne autour d'elle en bêlant.*) Veux-tu t'en aller tout de suite !... Qu'est-ce qu'il me veut, je vous demande un peu, ce monstre-là ! (*Elle s'empêtre dans la corde qui fixe le mouton à un piquet.*) Il me tient ! Mon Dieu ! mon Dieu ! mais c'est qu'il me tient vraiment ! Au secours ! au secours !

» *Le général de Kerdic, accourant.* — Ne craignez rien, madame.

» *La baronne, hors d'elle-même.* — Au secours ! monsieur; je vous en prie en grâce! C'est un mouton enragé qui me dévore! »

Voilà où M. Feuillet excelle, dans les commérages, les bavardages, les petites manières, les menus propos de toutes sortes de gens. Là il est naturel, il est vif, il est le roi du genre. Aussi je ne crains pas de dire que je mets le théâtre de M. Feuillet fort au-dessus de ses romans. Le discours de réception de M. Feuillet m'a beaucoup surpris, mais rien ne m'y a plus étonné que le soin avec lequel l'orateur a dissimulé ses proverbes, pour ne parler que de ses livres. Il s'est posé en romancier. Il s'est même cru obligé de faire l'histoire du genre. Or, les romans de M. Feuillet, vous les connaissez; ce sont de courts et faciles récits, mais que je ne m'attendais pas à voir rattacher à la grande lignée de *Gil Blas*, de la *Nouvelle Héloïse*, de *Paul et Virginie*, de *René* et de *Corinne*. J'aime assez la *Petite comtesse*; la donnée en est monstrueuse, mais le récit y est rondement mené. Le *Roman du jeune homme pauvre* m'a toujours paru plus faible : sujets, caractères, incidents, tout en est, sinon vulgaire, du moins rebattu. Quant à *Sibylle*, à cette petite fille qui, entre huit ans et dix-huit, trouve le moyen de convertir son curé, sa bonne et son amant, qui a des lumières pour l'athée, pour le protestant, et même pour l'Église, j'attendrai, pour en parler, que la congrégation de l'Index ait prononcé; ce sont matières de haute édification, et dans lesquelles, si je ne me trompe, la littérature n'a guère à voir.

Le discours de M. Feuillet a été ce qu'il devait être,

un peu long, un peu pâle, un peu traînant. Est-ce la faute de l'orateur? Nullement. Vous allez prendre dans un salon un homme aimable qui débite avec grâce des riens charmants, et vous le hissez tout à coup à la tribune aux harangues : autant enlever à Tityre son chalumeau rustique et lui donner un trombone. C'était pitié, je vous assure, de voir cet esprit subtil et élégant s'essayant à l'éloquence académique, et substituant les trois membres d'une période à ce petit parlage des marquises et des comtesses qu'il manie d'une façon si ravissante. M. Feuillet s'est cru obligé de faire une histoire du roman, et il n'a pas su trouver un seul trait pour caractériser les chefs-d'œuvre du genre, un seul de ces traits qui marquent et qui restent. L'usage lui imposait un éloge du membre auquel il succédait, et il nous a donné, en effet, une dissertation sur Scribe, un compte rendu de son œuvre ; il a dit des choses assez justes, assez passablement exprimées ; mais quant à nous laisser une image un peu nette, un peu vive de Scribe, de ce talent à la fois vulgaire et puissant, fécond et borné, de cet homme qui a enchanté pendant quarante ans le public des théâtres et dont le nom appartient à peine à la littérature, quant à définir l'originalité très-réelle de cet écrivain qui n'a jamais su écrire, M. Feuillet n'y a pas réussi, il ne l'a pas même essayé. Je ne lui en fais pas un crime. Je ne lui fais pas même un reproche du style de son discours. Quand un homme marche dans un sac, on n'attend pas que ses mouvements montrent beaucoup d'agilité ou de grâce. Encore une fois, M. Feuillet n'est pas orateur. Il s'est appliqué à se draper dans le costume de rigueur, et, comme il arrive d'ordinaire en pareil cas, il a trébuché dans les plis de sa toge. Il est même quelquefois tombé. Il sera lui-même bien étonné quand, revenu des émotions de la séance, il relira son discours à tête reposée, et qu'il y trouvera des phrases et des expressions comme les suivantes : « Des écrivains qui répandent sur une forme légère les plus puissants prestiges de l'esprit français; » — « en accueillant le roman dans votre famille illustre, vous lui commandez les convenances, les respects, la dignité des choses légitimes régulières; » — « il mérita l'honneur et le frein de votre adoption ; » — « bientôt les plus rares esprits, tourmentés par des inspirations nouvelles, écloses au souffle nouveau des temps, hésitaient à les enfermer dans les cadres consacrés, » etc.

Le triomphe de la séance a été pour M. Vitet. De peur sans doute de provoquer les comparaisons, M. Vitet a eu soin de ne montrer que les qualités auxquelles le discours du récipiendiaire avait le moins de prétention. Il a été fin, pétillant, plein de tact et de grâce; il a tracé de Scribe un portrait à la fois flatté et ressemblant, également remarquable par les traits ingénieux et par les réserves habilement indiquées; il a, en parlant de M. Feuillet lui-même, au milieu des éloges que les usages académiques obligent d'exagérer toujours un peu, il a su indiquer la part que la critique pourrait au besoin revendiquer; il a enfin, laissant à l'éloquence de son nouveau collègue la cause chère aux dieux (*victrix causa diis placuit*), il a laissé échapper une protestation généreuse en faveur des vaincus de nos discordes civiles, sur quoi une triple salve d'applaudissements a montré que l'auditoire était du parti de la générosité.

En résumé, la séance dont je rends compte m'a suggéré plusieurs réflexions. Il me paraît évident que les règlements de l'Académie ont besoin de réformes. Je voudrais, par exemple, que les récipiendaires, au lieu de la trompette d'usage, fussent invités à jouer de l'instrument qui leur est familier : M. Thiers raconterait une bataille, M. Berryer improviserait un plaidoyer, M. Mérimée dirait un conte espagnol, celui-ci jouerait une comédie, celui-là chanterait une chanson, — tout, oui tout, plutôt que de voir de nouveau un homme d'esprit comme M. Feuillet obligé de faire des phrases dont tout son esprit ne parvient pas à le tirer. En second lieu, et comme amendement à ma première proposition, je demanderais, si l'on conserve le discours, que la commission chargée d'examiner celui du récipiendaire fût chargée d'en contrôler un peu le style, d'en éliminer les phrases prétentieuses ou incorrectes, les manières de parler ternes ou louches : bref, tout ce qui, dans le langage d'un nouveau-venu, pourrait compromettre la langue dont les intérêts ont été confiés à l'Académie. Je demanderais encore que l'Institut fournît un lecteur attitré aux académiciens que la nature n'a pas doués de nerfs assez fermes ou d'un organe assez sonore pour affronter les froideurs d'un auditoire qui ne ratifie pas toujours les choix de l'assemblée. Enfin, et surtout, je voudrais qu'on eût soin de mieux distribuer les rôles, de mieux appareiller les orateurs, de réserver les honneurs de la séance pour le nouveau-venu, et qu'on ne permît pas au directeur, qui n'est là après tout qu'un personnage secondaire, d'accaparer la meilleure partie des succès et des applaudissements.

27 mars 1865.

RÉCEPTION DE M. DE CARNÉ

L'Académie française a reçu hier M. le comte de Carné. On ne peut pas dire précisément que cette réception ait été l'un des grands jours de l'Académie, l'une de ces fêtes de l'intelligence qu'elle célèbre quelquefois. La séance a été bonne, elle n'a pas été piquante. Il y avait du monde, il n'y avait pas foule. On a applaudi, mais sans beaucoup d'enthousiasme. On s'est amusé... tout au plus. Les réceptions sont comme les enterrements, il y en a de plusieurs classes : la cérémonie d'hier n'était pas de premier ordre.

Il y a une chose que j'admire beaucoup à l'Académie sa ponctualité. On commence à deux heures précises, et, ce qui est plus extraordinaire encore, on s'arrange pour avoir toujours fini à quatre heures. A deux heures donc, le récipiendaire est arrivé accompagné de ses parrains, MM. de Montalembert et Guizot, et suivi d'un grand nombre de membres de l'Institut. Quelques-uns l'avaient précédé dans la salle, M. Thiers entre autres, dont l'arrivée a été saluée par les plus vifs applaudissements.

M. de Carné a lu l'éloge de Biot (je constate qu'à

l'Académie on prononce le *t* à la fin de ce nom). Cet éloge est bien fait; il se laisse lire; on y remarque un joli mot de Monge à Napoléon. M. de Carné écrit sans prétention, il lit sans emphase; s'il ne s'élève jamais bien haut, il ne reste jamais en deçà de l'attente qu'il a éveillée. Il y a du bon goût dans cette médiocrité acceptée et en quelque sorte volontaire.

On peut pécher pourtant par excès de modestie. C'est ce que M. de Carné me semble avoir fait, lorsqu'il a déclaré que l'Académie avait voulu récompenser en lui « la persévérance dans les mêmes travaux, et surtout la fidélité aux mêmes pensées. » La persévérance et la fidélité sont de grandes vertus, mais on me permettra de croire que l'Académie exige de ses membres des titres plus littéraires. Je n'aurais pas relevé ce mot, si M. Viennet n'avait eu l'air de ratifier le jugement de son collègue, en mettant la faiblesse des choix de l'Académie à la charge du public : « Pourquoi, a-t-il eu l'air de nous dire à tous, pourquoi ne nous offrez-vous pas de sujets plus marquants? » Appliquée à M. de Carné, cette mise en demeure manquerait évidemment de justice; le nouvel académicien rentre bien dans la moyenne.

M. de Carné a fait quelques excursions dans le champ de la littérature. Il a beaucoup loué le style de M. Biot. Il a même fait de ce savant « un écrivain de premier ordre. » C'était peut-être aller un peu loin, même pour un éloge académique. M. de Carné a surtout vigoureusement combattu la théorie de l'art pour l'art. Je ne sais s'il a très-bien compris ce qu'il combattait. L'art pour l'art, si je ne me trompe, signifie tout simplement l'art pour le beau, ce qui me paraît aussi légitime que ces autres formules : la science pour la vérité, la foi pour la religion. Avons-nous, oui ou non, des sentiments d'un ordre particulier, qui sont parfaitement distincts de l'émotion que produit en nous la vérité ou la vertu, qui trouvent leur satisfaction dans la contemplation de la beauté, et qui, éveillés par la nature ou par les arts, deviennent pour nous une source de joies exquises? Poser ainsi la question, c'est la résoudre, et la résoudre dans un sens contraire à M. de Carné.

M. de Carné n'a pas été plus heureux dans la petite dissertation religieuse qui forme la dernière partie de son discours. C'est être bien peu au fait des travaux modernes, que de faire dépendre l'antiquité de la civilisation égyptienne des calculs relatifs au zodiaque de Denderah. C'est être bien peu au courant des résultats actuels de la géologie, que d'invoquer l'autorité de Cuvier sur la durée de la race humaine. Mais surtout, c'est avoir une bien étroite idée de la religion, que de la regarder comme ayant quelque chose de commun avec des questions de dates et de chiffres.

M. de Carné a terminé son discours en déclarant que le premier devoir des lettres est « de s'incliner devant la foi du genre humain, » et en sommant l'Académie de défendre les bonnes doctrines aussi bien que la bonne littérature. La meilleure réponse à cette prétention, c'est la séance même d'hier. Si l'on voulait prouver que les lettres sont un terrain neutre sur lequel toutes les opinions peuvent se rencontrer, on n'aurait qu'à invoquer l'exemple de cette illustre compagnie où l'évêque est assis à côté de l'auteur dramatique, où le catholique coudoie le protestant, où l'orthodoxe tend la main au philosophe, et, pour tout dire, où M. Viennet recevait hier M. de Carné.

Car M. Viennet, il ne s'en est pas caché, c'est le voltairianisme pur, j'allais dire naïf, le voltairianisme qui n'a rien oublié et rien appris, toujours gai et léger, qui ne fait jamais de trop grosses chutes parce qu'il n'appuie jamais sur rien, et qui, après tout, conservera sa raison d'être aussi longtemps que l'on nous fera l'apologie des Croisades et de la Ligue. Sur ces derniers points, sur les mérites respectifs du moyen âge et du dix-huitième siècle, sur toutes les sympathies et les antipathies de M. de Carné, M. Viennet s'est nettement séparé de son collègue. A ses yeux, le résultat le plus net des expéditions destinées à conquérir le Saint-Sépulcre, c'est encore la *Jérusalem délivrée*. Le dix-huitième siècle, nous dit-on, a été « sans vertus, sans courage et sans génie. Sans génie ! Et Rousseau, Montesquieu, Voltaire ! Voltaire qui à lui seul vaut toute une académie ! »

Cette vigoureuse protestation a été fort bien accueillie d'une partie du public. On sentait qu'à l'Institut comme ailleurs, comme partout, la société est aujourd'hui partagée en deux camps ; que la négation à la fois passionnée et railleuse du siècle dernier n'a pas achevé son œuvre, que nous sommes loin encore de cette sphère élevée où l'on peut être juste avec le passé, parce qu'on n'a plus rien à en craindre. Eh! mon Dieu, oui : M. Viennet n'est peut-être pas un écrivain très-profond, comme *le Siècle* n'est peut-être pas une lecture très-recherchée ; et, cependant, *le Siècle* et M. Viennet font un travail dont des ouvriers plus délicats seraient moins capables, et dont il convient de leur savoir gré.

Au total, le discours de M. Viennet a réussi. L'orateur a mis une certaine coquetterie à rappeler sa vieillesse; comme M. Ingres, qui inscrivait naguère sur un tableau : *Ætatis suœ a.* LXXXII, il a fait plus d'une gracieuse allusion à ses quatre-vingt-sept ans ! Quatre-vingt-sept ans ! M. Viennet était né lorsque Voltaire mourut. Quand on pense à ce grand âge, on se sent tout d'abord disposé à l'indulgence ; puis il se trouve que ce vieillard est plus jeune que tous les récipiendaires, et que son vert bon sens met encore joliment en déroute les longues périodes et les laborieux sophismes !

5 février 1864.

DISCOURS DE M. SAINTE-BEUVE SUR LES PRIX DE VERTU

Nous ne savons si M. de Montyon était un homme d'esprit, mais il est certain qu'il a eu un jour une inspiration de génie. Il y a quelque chose du *mens divinior* dans la disposition qui veut que les prix de vertu soient décernés par l'Académie française. On ne pouvait marquer plus heureusement le rapport qui existe entre les récompenses sentimentales décernées à la pratique du devoir, et les solennelles périodes de l'académique éloquence.

Après tout M. de Montyon avait compté sans M. Sainte-Beuve. Il n'avait pu prévoir, le vertueux capitaliste, que l'Académie compterait un jour dans ses rangs un écrivain passablement sceptique en fait de grands dévouements, singulièrement peu adonné aux émotions de l'estrade, du style le plus étranger aux fanfares, le moins propre, en un mot, qu'on puisse imaginer à couronner des rosières ou des sœurs de charité ; tout bon sens aiguisé, tout finesse pénétrante ; avec la tolérance que donne l'expérience, mais aussi avec le dédain qu'elle inspire pour bien des idoles chères au vulgaire ; sensible assurément au grand comme au beau en toutes choses, mais ne les prenant guère ni l'un ni l'autre par leur côté théâtral ; fin conseiller, mais nullement prédicateur, touché du vrai mérite, mais ne le surfaisant pas, équitable et même, au fond, indulgent, mais sans qu'on puisse précisément lui attribuer l'émotion ou l'onction. Voilà un académicien tel que M. de Montyon ne pouvait le rêver ; encore moins pouvait-il prévoir que ce prince des critiques se trouverait un jour appelé à présider la séance annuelle, et à faire le discours sur les prix de vertu !

M. Sainte-Beuve, du reste, avait un moyen de réussir, c'était de rester lui-même, et c'est ce qu'il a fait. Il a mis l'esprit là où d'autres auraient mis l'emphase, voilà tout. C'est plaisir, en vérité, de voir comment, en un sujet si étranger à ses habitudes, il a su se retrouver. On le reconnaît dès les premières lignes. Les acceptions successives du mot de vertu, le caractère de la philanthropie au dix-huitième siècle, le souvenir des plaisanteries qui accueillirent la fondation de M. de Montyon ; tout rappelle ici l'historien de la littérature et de la morale [1]. Il n'est pas jusqu'à la maligne anecdote qui ne perce sous forme d'allusion. Quelle charmante comédie que ces zélés qui en viennent « jusqu'à proposer de créer des *espions* du mérite et de la vertu, pour dénoncer les

---

[1]. M. Sainte-Beuve aurait pu citer Diderot. Cet écrivain propose formellement de donner des prix pour la vertu ; il s'imagine qu'il n'y aurait plus alors besoin de châtiment pour le crime. Il cite les Chinois. Voy. *Lettres à mademoiselle Voland*, lettre LXXIII.

beaux génies inconnus et modestes, pour découvrir les belles actions cachées, avec la même vigilance et la même adresse qu'on met à découvrir les mauvaises ! »

Et puis, M. Sainte-Beuve a beau discourir de vertus et de récompenses, le diable, comme on l'exprime, s'arrange pour n'y rien perdre. Le spirituel écrivain a-t-il jamais plus malignement dit qu'en décrivant le compromis de la philosophie et de la religion au pied de la statue de M. de Montyon : « l'extrême humilité des vertus chrétiennes consentant à se laisser dévoiler et divulguer dans l'intérêt de tous ; » et la philosophie, de son côté, « ne prenant du sentiment que l'extrême nécessaire, ne recherchant pas avant tout la singularité, et s'accommodant parfaitement des vertus chrétiennes quand elle les rencontre devant elle dans son examen. » L'exorde du discours de M. Sainte-Beuve (nous avons été sur le point d'écrire : le commencement de son article) est tout plein de ces traits inimitables.

Avec tout cela, M. Sainte-Beuve a bien été obligé de vanter l'institution que son discours égayait pour un jour. On peut croire qu'il l'a fait avec sobriété. La louange, sur ses lèvres, ressemble même un peu à l'apologie. Il excuse « le respectable M. de Montyon. » Il argue de notre caractère national : « Il était juste, a-t-il dit, que, chez la nation réputée la plus aimable, et qui est certainement la plus sociable entre toutes, la vertu se traduisît sous cette forme attrayante et douce ; qu'elle y reçût solennellement ces hommages émus et gracieux. »

Amabilité, sociabilité, — est-ce bien là le mot ?
M. Sainte-Beuve lui-même, en d'autres circonstances,
n'en aurait-il pas trouvé un plus juste ? L'idée de récompenser des vertus, de couronner des dévouements, de tirer au grand jour de l'estrade les mystères de la charité, cette idée ne tient-elle pas à une disposition théâtrale qui caractérise assez profondément notre nation ?
Ne retrouve-t-on pas cette même inclination dans bien des actes de notre vie publique ? N'est-ce pas à ce besoin de distinctions extérieures, d'éclat, de trompettes, que nous devons les concours de nos lycées, les rubans rouges de nos boutonnières, nos uniformes civils, nos prix décennaux, nos lectures solennelles, nos séances académiques, nos statues de bronze, nos monuments à tous les souvenirs et à toutes les gloires ? N'est-il pas évident que notre incomparable grandeur se passe difficilement de l'acclamation qui l'annonce et du signe qui la constate ?

Voilà ce que M. Sainte-Beuve nous aurait dit, sans doute, si l'Académie en eût été le lieu. Et puis, moraliste indulgent, il n'aurait pas manqué de rappeler en même temps, que nos défauts mêmes ne sont pas sans tenir à quelque vertu. Cette vanité qui nous rend parfois ridicules, cet appétit burlesque de titres et d'ornements qui nous distingue entre les autres peuples, tout cela a sa racine dans des sentiments qu'il faut se garder de dédaigner. On n'a pas assez remarqué que le fond même de la sociabilité, c'est en quelque mesure la vanité, puisque la vanité est le désir d'occuper les autres de soi, de leur plaire, de vivre dans leurs pensées. Et l'honneur, l'honneur à tous les degrés, l'honneur civil et militaire, ce sentiment qui remplace parfois celui du devoir, et qui souvent aussi lui prête l'éclat de l'héroïsme, l'honneur ne se rattache-t-il pas par bien des fils secrets à ces besoins de renom et d'éclat auquel M. de Montyon n'a pas compris que les vertus domestiques, du moins, doivent rester étrangères?

4 août 1865.

TABLE

I. Les Contes d'Erckmann-Chatrian............................ 1
II. Les Moralistes français par Prévost-Paradol........... 31
III. Madame d'Épinay... 47
IV. Chateaubriand au congrès de Vérone.................. 133
V. Les Alentours de madame de Sévigné.................. 157
VI. L'illusion métaphysique.. 181
VII. Le Roman de madame du Deffand..................... 191
VIII. Mahomet et le mahométisme............................ 219
IX. Le Quatorzième siècle... 241
X. Madame la comtesse de Gasparin........................ 256
XI. Lettres sur l'Angleterre, par Louis Blanc............. 273
XII. Le Dictionnaire général....................................... 283
XIII. Le Pré aux noisettes... 297
XIV. Le marquis d'Argenson....................................... 309
XV. La France sous Louis XV.................................... 327
XVI. Shakspeare.. 353
XVII. Séances de l'Académie française...................... 367
    Réception de M. Octave Feuillet............................ 367
    Réception de M. de Carné..................................... 375
    M. Sainte-Beuve et les prix de vertu..................... 381

CLICHY. — Impr. Maurice LOIGNON et Cie, rue du Bac-d'Asnières, 12.

www.ingramcontent.com/pod-product-compliance
Lightning Source LLC
Chambersburg PA
CBHW060649170426
43199CB00012B/1725